应用型人才素质教育·人文社科丛书

中西文化比较

主　编　陈坤林　何　强
副主编　伊卫风　孟节省
参　编　马　英　王　永　李晓进
　　　　钱　伟　戴湘涛

国防工业出版社

·北京·

内 容 简 介

《中西文化比较》一、二讲为总论,揭示了中西文化的起源、文化基本精神(基本思维方式和基本价值)之不同。第三讲至十三讲为分论,具体讨论了中西方在语言文化、宗教文化、科教文化、政治文化、法律文化、文学与艺术文化、建筑文化、社会习俗文化、服饰文化、饮食文化的共性与区别。

全书视野开阔,观点新颖,体例独特,通俗易懂,实用性强。适用于普通高校应用型专业的文化比较课程教材,也是适应广大社会青年业余阅读的普及性通俗读物。

图书在版编目(CIP)数据

中西文化比较/陈坤林,何强主编.—北京:国防工业出版社,2023.1 重印
(应用型人才素质教育.人文社科丛书)
ISBN 978-7-118-07833-6

Ⅰ.①中… Ⅱ.①陈…②何… Ⅲ.①比较文化-中国、西方国家 Ⅳ.①G04

中国版本图书馆 CIP 数据核字(2012)第 034582 号

※

国防工业出版社出版发行
(北京市海淀区紫竹院南路 23 号 邮政编码 100048)
三河市众誉天成印务有限公司印刷
新华书店经售

*

开本 710×1000 1/16 印张 16¾ 字数 305 千字
2023 年 1 月第 1 版第 6 次印刷 印数 10001—12000 册 定价 34.00 元

(本书如有印装错误,我社负责调换)

国防书店:(010)88540777 发行邮购:(010)88540776
发行传真:(010)88540755 发行业务:(010)88540717

应用型人才素质教育·人文社科丛书

编委会名单

编委会主任	杨叔子				
编委会副主任	刘淑艳	邢海鹰			
编委会秘书长	陈坤林	孙严冰			
编委会委员	余东升	庞海芍	姚 军	杨胜强	黄汉光
编委会成员	陈坤林	庞海芍	高 兰	向 纯	李江雪
	王 怡	周利军	蒋 梦	卓云莹	冯秋燕
	彭向君	郭汉军	黄坚学	吴 敏	王 君
	胡骄平	刘 伟	赵新生	薛吉生	戴志国
	周子善	徐 娟	蔡苏龙	郑志峰	张 海
	刘智辉	冶 芸	祝洪娇	李雪丽	白 新
	王庆华	张 龙	金 涛	牛娟玲	王厚伟
	邓 伟	方守金	沈致隆	戴湘涛	钱 伟
	伊卫风	何 强	孟节省	马 英	王 永
	李晓进				

总序

随着经济全球化以及我国改革开放、社会主义市场经济体制建立,中国高度集中的传统社会正向多样化的现代社会转型。多样化的社会存在决定了多元的社会意识。无可置疑,我国在意识形态领域已经形成了多元文化相互激荡的局面,我国高等教育面临全球化语境的文化挑战。胡锦涛同志在清华大学建校一百周年庆祝大会上的讲话中深刻指出,大学还必须"大力推进文化传承创新"。显然,人文文化占有极为重要的地位。

进入新世纪以来,中国高等教育已经迈入大众化教育的新阶段,随着教育教学改革的不断深化,素质教育的稳步推进,思想政治理论教育的不断加强和改进,我国大学生的文化素质总体上是健康发展的。但受传统的教育观念的拖累,教学改革实际进程的滞后,我国不少高校仍不同程度上存在着专业教育与人文教育的失衡、人文教育与多元文化环境的失衡、思想政治单向度教育与社会主义市场经济对全面发展人格要求相失衡的现象。如何继续有效地提高大学生文化素质特别是人文文化素质(以下简称"人文素质")仍是高校一个有待破解的难题。

《应用型人才人文素质培养模式研究》是国家"十一五"重点课题。北京理工大学珠海学院课题组承担了子课题《广东独立学院应用型人才人文素质培养模式研究》的研究工作,并取得了丰硕成果。

应用型人才人文素质培养,也是国内众多高校普遍关注的"热点"问题。华中科技大学在20世纪90年代中期同许多兄弟学校一起,在教育部直接领导下,积极倡导文化素质特别是人文素质教育,开创了我国高校人文教育的新局面。新世纪以来,全国许多高校结合本校实际,纷纷开展人文素质教育的理论与实践探索,取得了可喜进展。国防工业出版社有志于推进高校应用型人才人文素质培养大业,于2010年1月在广东珠海邀集太原理工大学、中北大学、燕山大学、华南理工大学汽车学院、南京理工大学、北京理工大学珠海学院,在教育部相关专业指导委员会专家、学者的指导帮助下,共商应用型人才人文素质通识丛书的编写工作。

与会专家学者认为:人文素质教育、全面发展人格塑造的主渠道是课程教学,应当按照人格陶冶的各个层面的知识体系,开设系列文化素质教育课程或通识课程,并编写相应系列丛书。会议决定成立《应用型人才人文素质通识丛书》(简称

《丛书》)编写领导机构和相关工作组织,由国防工业出版社牵头,与会各兄弟院校通力合作,做好本《丛书》的编写、出版、推广工作,为促进高校应用型人才的人文素质培养教育尽绵帛之力。

会议讨论决定,本《丛书》暂拟由《大学语文》、《应用文写作》、《中外史粹》、《中西哲学入门》、《中西文化比较》、《通俗美学》、《科学与艺术》、《社交礼仪》、《生活与法》、《大学生心理健康教育新编》等 10 本书组成,并将根据实际需要随时修改补充新编书目。

本《丛书》的编写,将充分尊重应用型人才的认识规律,用新的理念编写,按照"贴近学生,贴近实际,贴近生活"的原则,不过分强调抽象学理的系统性,而是以学生的认识实际为本,以学习的认识规律为据,以学生实际生活感受的"话题"为"经",以典型的人物、事件、故事为"纬",让思想在古今中外、天地人文的广阔时空中翱翔,努力将通俗与高雅、浅显与深刻、趣味与严肃、现象与规律轻松融合,以喜闻乐见的方式,以"欲罢不能"的吸引力,帮助学生增长人文知识,感受人文感情,了解人文思想,掌握人文方法,领悟人文精神。

本《丛书》能否达到我们的预期,还需在实践中检验。为推进人文素质教育,我们将矢志不渝。

我热烈祝贺《丛书》的出版,并和作者们一样,衷心期待读者的批评指正。

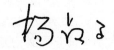

前言

当今中国进入全球化语境的时代。改革开放三十余年后的今天,中国的经济总量已进入世界前列,中国的经济技术已经成为世界经济体系不可分割的组成部分,中国的发展已离不开世界,世界的发展也离不开中国的贡献。信息网络技术把整个世界变成了"地球村",中西文化交往的规模和深度在不断发展,世界视野是一个欲求事业成功人士不可或缺的条件。

生活在当代的中国人,尤其是热情、敏感的青年学生,只要你稍加注意就无不感受到中西文化的激烈碰撞,世界多元文化与中国传统文化的冲突,群体本位文化与个体本位文化的冲突。当今中国社会是个从传统农业社会向工业、后工业社会转型中的社会。中国社会转型、发展将走向何方?中国青年学生素有爱国爱家、心怀天下的光荣传统。世界归根结底是属于青年一代的,而社会转型的先导是文化的转型,文化的选择与创新关系国家民族的前途命运。

世界文化林林总总,用辩证法的观点看问题,一切都是相对而具体地存在的,不存在普世的、抽象的、绝对的"先进"与"落后"文化模式。文化只是不同地域、不同民族的世世代代人们对自身环境的适应与选择的生存方式与生活方式,能适应这个国家、民族此时发展先进生产力要求的文化,与世界文化发展潮流大方向相一致的文化,对该国该民族就是"先进"的文化;而妨碍该国、该民族此时发展生产力要求,与世界文化发展潮流大方向不一致的文化,就是"落后"的文化。从中国土地长出来的中国传统文化未必全不适应现代社会,而西方文化部分在中国"水土不服"则是必定的历史命运。中国人只能走自己的发展道路。因此,做个有世界眼光的中国人,必须对中西文化的来由和发展比较一番,以扩大文化与理论的世界视野。

《中西文化比较》是"应用型人才素质教育丛书"中的分册。该书是向非学术型、非文化比较类专业的普通高校学生及广大社会青年介绍中西文化比较知识的普及性教材与课外阅读材料。与当前出版的同类教材相比,本书的编写有如下特点:

(1)体裁上充分考虑应用型人才的实际知识结构和文、史、哲理论知识基础,以及课程学习时数有限的实际,既要强调内容的学术性基础,又不过分拘泥于学术的系统性,用专题性的"讲"代替学科系统的"章",以便有取有舍,抓住重点,照顾到面,相互联系,单独成"讲"。

(2)在题材选用上努力做到"贴近学生、贴近实际、贴近生活",除选用一般中西文化教材通用知识外,特意增加了中西社会习俗、礼仪和服饰、饮食文化的比较等,使内容更贴近应用型人才学生工作生活实际需要。

(3)在写作方法上,努力做到语言鲜明、生动、简练,不引入过多的抽象专业理论、名词和典故的讨论,都用形象的小故事作为开篇案例引入,开篇前把对比的主要结果先行提示,帮助读者领会主要文化精神,增强本书的可读性。

在本书结构安排上,第一二讲为总论,揭示了中西文化的起源,文化基本精神(基本思维方式和基本价值)之不同。第三讲至第十三讲为分论,具体讨论了中西方在语言文化、宗教文化、科教文化、政治文化、法律文化、文学与艺术文化、建筑文化、社会习俗文化、服饰文化、饮食文化的共性与区别。

全书视野开阔,观点新颖,体例独特,通俗易懂,实用性强。

最后,还须强调的是文化是十分复杂的社会现象,切忌简单地对文化现象乱贴标签。但我们知道,凡是理论研究的进行,必须对纷繁复杂的客观事物现象进行合理的适度抽象,把边界条件简单化、明确化,把动态的时空作相对的固定,否则就没有办法研究任何事物的客观规律。本书的文化比较研究,就是采用这个办法,主要是把时间定位在中西方文化发轫期,以古典文化期的原生态文化为主要对象,此时中西方文化交流的规模和深度都十分有限,有较大的可比性。至于中西方文化的"东学西渐"、"西学东渐"大潮后,由于各种文化现象都是你中有我,我中有你,不方便作鲜明对比,部分专题则加上了附录,以叙述相关文化的近现代变迁。必须说明,限于篇幅容量和内容的复杂,部分专题本次暂未列入近现代的文化变迁,但不等于作者是用僵化的观点看问题。

本书的编写模式的新探索毕竟是初步的实践,一定还存在许多有待改进的问题,欢迎同志们多提宝贵意见,我们会认真总结经验,为应用型人才人文素质的提高作出新努力。谢谢。

目录

第一讲　河生与海育——中西文化起源比较 ·················· 1
　一、经济初态:农耕文明与商业文明 ·························· 3
　二、政治初态:臣民家国与公民城邦 ·························· 7
　三、文化初态:阴阳思维与因果思维 ·························· 13

第二讲　"和合"与"分争"——中西文化基本精神比较 ·············· 19
　一、人与自然的关系——天人合一与物我二分　顺应自然与征服自然 ··· 25
　二、人与社会的关系——群己合一与人我二分　中庸和平与崇力尚争 ··· 28
　三、人与自身的关系——身心合一与灵肉二分　情理合一与情理二分 ··· 30

第三讲　悟性与智性——中西语言文化比较 ·················· 36
　一、语言性质:悟性与智性 ································ 37
　二、语言特征:重义与重法 ································ 44
　三、语言结构:形合与意合 ································ 46
　四、修辞特点:模糊与精确 ································ 50
　五、语句结构:宽式与严式 ································ 53

第四讲　今生与来世——中西方宗教文化比较 ················ 60
　一、宗教教主:得道高人与先天真神 ························· 62
　二、宗教内容:祖先崇拜与灵魂皈依 ························· 69
　三、宗教心理:敬畏祈福与罪感救赎 ························· 75
　四、宗教伦理:世俗道德与超越精神 ························· 77

第五讲　重"术"与重"学"——中西科教文化比较 ·············· 81
　一、知识价值:实用与思辨 ································ 82

IX

二、认识途径：直觉与逻辑 …………………………………… 92
　　三、教育制度：求善与求真 …………………………………… 97

第六讲　集权与分权——中西政治文化比较 ………………………… 103
　　一、政治思维的尚一趋同与发散多元 ………………………… 104
　　二、政治制度：专制集权与制衡分权 ………………………… 107
　　三、政治人格：家国臣民与城邦公民 ………………………… 112
　　四、政治学术：治国谋略与政体研究 ………………………… 118

第七讲　"义务"与"权利"——中西法律文化比较 ………………… 129
　　一、价值取向：和谐与正义 …………………………………… 131
　　二、法理观念：法自然与自然法 ……………………………… 134
　　三、法理精神：人治与法治 …………………………………… 135
　　四、法理本位：义务与权利 …………………………………… 137
　　五、法律属性：公法与私法 …………………………………… 140
　　六、法理信仰：伦理化和宗教性 ……………………………… 142

第八讲　"抒情"与"叙事"——中西文学比较 …………………… 152
　　一、文学源头：咏诗与史诗 …………………………………… 153
　　二、文学起源：物感与模仿 …………………………………… 155
　　三、文学特征：抒情与叙事 …………………………………… 158
　　四、文学审美："空灵"与"追寻" …………………………… 162

第九讲　写意与写实——中西艺术比较 ……………………………… 170
　　一、审美理想：善美与真美 …………………………………… 171
　　二、艺术特征——写意与写实 ………………………………… 177
　　三、艺术目标：传神与逼真 …………………………………… 184
　　四、艺术风格——中和与激扬 ………………………………… 191

第十讲　人和与神和——中西建筑文化比较 ………………………… 196
　　一、建筑形制——稳定与变革 ………………………………… 197
　　二、建筑审美——人和与神和 ………………………………… 205

三、建筑材料——土木与石头 …………………………………… 207

　　四、建筑结构——群体与单体 …………………………………… 208

　　五、建筑地位——技匠与科学 …………………………………… 210

第十一讲　世俗与宗教——中西社会习俗文化比较 ……………… 212

　　一、觐礼:下跪与曲膝 …………………………………………… 212

　　二、婚礼:红色与白色 …………………………………………… 214

　　三、葬礼:厚葬与薄葬 …………………………………………… 218

　　四、节日:人节与鬼节 …………………………………………… 220

第十二讲　中西服装文化比较——宽衣与紧服 …………………… 225

　　一、服装形制——保守稳定与开放创新 ………………………… 226

　　二、审美情趣:重意轻形与重形轻意 …………………………… 228

　　三、艺术风格:强调神韵与突出人体 …………………………… 230

　　四、造型装饰:和谐简约与失衡铺陈 …………………………… 234

第十三讲　美味与营养——中西饮食文化比较 …………………… 241

　　一、饮食追求——美味与营养 …………………………………… 242

　　二、饮食结构——五谷与肉类 …………………………………… 244

　　三、饮食方式——和食与分餐 …………………………………… 245

　　四、饮食餐具——筷子与刀叉 …………………………………… 248

　　五、餐桌礼仪——敬长与尊女 …………………………………… 250

　　六、烹饪方式——"艺术"与"科学" …………………………… 253

后记 …………………………………………………………………… 256

第一讲　河生与海育——中西文化起源比较

主要内容

一、经济初态:农耕文明与商业文明
二、政治初态:臣民社会与公民社会
三、文化初态:阴阳思维与因果思维

开篇案例

十五岁的苏菲放学回家,照例去查看自己家的邮筒。今天有封给自己的信,却没有署名和地址,打开后上面写着一个问题,"你是谁?"这个问题让苏菲陷入从未有过的困惑中,因为之前她根本没想过这个问题。她怀疑是否有人投递错了,于是又去邮筒,结果发现了另一封给自己的信,上面又写了一个问题,"世界从何而来?"原本无忧无虑的中学生苏菲,让这两封没有署名的信弄得有点困惑。于是她决定像哲学家那样好好思考一下这类从未想过的大问题,从而开始了从苏格拉底到弗洛伊德的思想探险之旅。说实话,她思考了一个世界性的问题:"没有一个文化不关心'人是谁'、'世界从何而来'这样的问题。"①

水是生命之源,地球上最早的生命是在海洋中孕育的,有水才会有人的生命存在,人的生命活动离不开水。

什么是文化? 文化是人化的自然,或自然的人化,是人在不同环境的生存奋斗实践中所选择、创造,并不断积淀和创新着的一切生存条件和生存方式。文化是人

---

① 乔斯坦·贾德,《苏菲的世界》,萧宝森译,作家出版社,1996版,第13页。

类在人本身的自然及外部自然的基础上,在社会实践中不断选择、创造并保存和演化中的一切物质财富与精神财富的总和。既然文化是人创造的,水是人的生命之源,于是,文化与水之间就有了不解之缘。

尽管中国有诸多的大江大海、湖泊溪流,然而郦道元作《水经注》时唯独给黄河以"河"的最高优待,别的都称之为"水",如渭水、湘水、汾水、淮水……李白也作《将进酒》的名篇赞誉"黄河之水天上来"的磅礴气势和遥远的源头。实际上黄河的源头就在今天青海省境内的巴颜喀拉山,全长5464千米,几经迂回而形成一个巨大的"几"字形状,最终"奔流到海不复回"。这样的大河与中华文明又是如何联系在一起的呢?西方人罗素指出:"中国,在其历史的黎明时分,同埃及和巴比伦一样,都是起源于大河文明的帝国。埃及和巴比伦影响了希腊和犹太的文化,因而间接地成为我们文化的源泉。正如这些文明产生于尼罗河、幼发拉底河和底格里斯河肥沃的冲积土壤一样,黄河造就了中华文明。"[①]从地理位置上看,中华文明的起源是在黄河的中下游地区,尤其是今天的陕西、河南一带,并且也得到了考古学上的证实。

正如上述,无论是中国还是西方,文明的起源大都与水有着密切的关系。黄河造就了中国文化,两河流域繁荣了巴比伦文化,尼罗河孕育了古埃及文明,而地中海则奠基了希腊罗马的辉煌。由于四大文明古国的形成有着如此相同的因素,也正是在这个意义上,雅斯贝尔斯归纳出一个概念——轴心时代。"轴心时代"的各个文明虽然彼此之间独立发展,却都有着共同的经历,即"哲学的突破"。这种突破造就了各自文明的根本性变化,就像生命遗传中的染色体一样,深刻地决定了这种文明未来的走向,更是开创了人类文明的路径。

文化是人创造的,但人不能随意创造文化、创造历史。对此,马克思说过:"人们自己创造自己的历史,但是他们并不是随心所欲地创造,并不是在他们自己选定的条件下创造,而是在直接碰到的、既定的、从过去承继下来的条件下创造。"中国的文化是中国人在中国的具体历史时空的条件下创造出来的,西方文化是西方人在西方的具体历史时空的条件下创造出来的。

龙应台说:文化是活的,不断演进的。任何文化都是环境和人互动的产物,环境变了,文化也会变化。从共时性的角度看,每一种文化都是此时此地的人们为适应生存环境的自我选择与创造,因此很难说哪种文化就是"先进",哪种文化就是"落后",把"先进"的现代文化人为地移植到一个"落后"国家,是要发生水土不服的问题的。因此共时性的世界文化必然是多元的文化。

---

① 罗素,《中国问题》,秦悦译,学林出版社,1996版,第147页。

任何事物都有萌芽、生长、发展、衰落、死亡的过程,文化也是如此。从历时性的角度,一个地方一个民族的文化,随着其生产力发展水平的不断提高,适应先进生产力发展的文化是先进的文化,不适应生产力发展要求的传统文化就是落后的文化。批判地继承优秀民族文化遗产,建设社会主义现代化新文化,永远代表先进文化的前进方向,是民族振兴的必由之路。

中西文化是当今世界影响人口最多的两大异质文化,生活在全球化语境的中国人在社会生活实践中无不感受到中西文化的激烈冲击与碰撞。有比较才有鉴别,人们往往是在比较中认识世界的。为了把握好世界,需要进行文化比较,而中西文化比较,必须追根溯源,从中西文化的幼芽时期开始。文化的最初生成是由自然环境和人的初始生存方式决定的,因此,我们首先考察中西方的初民的经济、政治、文化生活初态,准确把握两大文明的发展脉络。

一、经济初态:农耕文明与商业文明

黑格尔说过:地方的自然类型和生长在这土地上的人民的类型和性格有着密切的联系,这个性格正是各民族在世界历史上出现、发生的方式和形式。

中国文化起源于大河,西方文化起源于海洋。我们沿着这个思路,考察中西不同的自然基础、生存方式对文化形成之影响的初始形态。

(一) 大河与农耕文明

中华文明的起源是在黄河的中下游地区,尤其是今天的陕西、河南一带。考古学证实,河南、陕西境内的仰韶文化是中华文化的早前形态,它的地理位置就是在黄河中下游附近。这种地理上的重要关联使得黄河在政治和文化上影响也变得重要起来,黄河被称为中华民族的母亲河。

黄河是中华民族的母亲河,但中华文化是多元发生的,是多向度、多民族文化融合凝聚的产物。

打开中国地图,我们可以看到 960 万平方千米的国土幅员辽阔,腹地纵深,地貌多元。东海西漠,北雪南莽,河流纵横,相对隔绝,是中国文化多元发生的自然基础。

大江大河,对中华文化的孕育起着决定性的作用。黑龙江、松花江、辽河、海河、黄河、淮河、长江、珠江各大流域,都有广阔的冲积平原,这些平原温暖湿润,雨量充沛,借助大江大河的灌溉,很早就萌发了初期的农业文明。中国目前发现原始人类化石 200 多处,遍布中国大地。从黑龙江—辽河流域一直到珠江流域均有新石器文化遗迹的分布。中国约 1 万年前进入新石器时代,公元前 2000 年进入青铜时代。其间 6000 年的新石器时代,有如下基本特征:制造使用磨制石器;发明陶器;人口开始定居,出现农业和养畜业;原始氏族社会从全盛到衰落,从母系氏族社会向父权社会过渡。从新石器时代起,中国就走向农业大国的形态。

黄河流域的仰韶文化,距今约5000年～7000年。为母系氏族公社制繁荣时期。这一时期的文化为彩陶文化,经济形态以农业为主。

长江流域的河姆渡文化,公元前5000年—前3300年,以稻作农业为主,兼营畜牧、采集和渔猎;生活用器以陶器为主,并有少量木器。

辽河流域的红山文化,公元前4000年—前3000年,主要从事农业,饲养家畜,社会结构是女性血缘群体为纽带的部落集团

黄河流域的大汶口文化,公元前4040年—前2240年,农业为主,出现了夫妻合葬,和夫妻带小孩的合葬;家庭出现,私有财产出现,开始进入父权社会。

黄河流域的龙山文化,距今约4350年—3950年。中国新石器时代晚期,农业为主。父权制社会,跨入阶级社会门槛。这一时期的文化为"黑陶文化"。

黄河流域二里头文化,距今大约3800年～3500年,相当于夏、商时期,确立了以礼乐文化为根本的中华文化基本特质。这一时期的考古发现了中国最早的大型宫殿建筑群、宫城、青铜礼器群及铸铜作坊遗迹,还发现了最早的车辙痕迹,标志着进入青铜时代。

长江流域的三星堆文化,分四个大文化期。第一期为新石器文化。第四期为商代青铜器时代。阶级社会贫富差别明显,农牧业生产发达。

打开中国地图,我们发现:万里长城的走向,正是我国年降雨量400毫米线的走向。万里长城两侧,自然条件不同,东南侧雨量充沛,河流纵横,生物种类繁多,人口众多,适宜农业耕种;西北侧雨量稀少,为大漠流沙或高原草场,或不适合生命存在,或只适合游牧。因此有了长城两侧的农耕文明与游牧文明的共处,历史上两种文明冲突不断,边患困扰着历代中原王朝。

毕竟农业生产力比游牧业生产力有明显的优势,以"和"为基本精神的农耕文化有很强的同化力。魏晋南北朝时期五胡所建民族政权深受胡汉融合的影响,以汉儒家文化作为建国的指导思想,服汉服,说汉语,遵循汉族的礼仪官制,以史为鉴,建设国家。这一时期胡汉融合产生两方面的效果:夷夏观念的变化,与汉胡文化的进一步交融。正是农耕文明与游牧文明的互动推动着中华文化的不断发展。由于中国人口大部分生活在农耕区域,形成了总体上以农耕文明为主导的局面。

农业立国是中国历代封建统治者的指导思想。社稷崇拜,社指土地神,稷指五谷神,合起来代指祭祀,古时祭祀是国家的大事,所以"社稷"渐渐成为国家的代名词。历代帝皇的社稷崇拜,可以从每年春天皇帝到先农坛举行扶犁躬耕仪式,或举行皇后亲蚕仪式,表示天子顺天应时,重视农桑,鼓励男耕女织。中国传统观念认为:力田为生之本,民农则朴,朴则易用。为国者,市利尽归于农。江山社稷,没有社稷就没有皇帝的江山。《孟子·尽心下》中有"民为贵,社稷次之,君为轻"的论

述。所以中国长期实行重农抑商政策,"士农工商"的等级排列中把"商"列为四民之末,打击商人,打击资本主义经济萌芽的发展。后果是中国长期处于男耕女织的自给自足小农经济。

农耕文明必然影响人们的生存方式:

日出而作,日落而息;春播夏长,秋收冬藏;不违农时,靠天吃饭;

种瓜得瓜,种豆得豆;岁月轮回,自给自足;聚族而居,天伦之乐。

农耕文明的生存方式必然影响人们的思维方式、价值取向及中国人的民族文化性格:

天人合一,顺应自然;群己合一,中庸和平;情理合一,以理抑情;

圆道循环,乐天安命;因循守旧,安土重迁;安分守己,尚同不争;

尊老爱幼,忠孝两全。

(二) 海洋与商业文明

公元前4000年,位于两河流域的古巴比伦文明与尼罗河流域的古埃及文明几乎同时起步了。尽管它们早早就淡出历史,但对后世的影响却难以估量。位于尼罗河的埃及和位于幼发拉底河、底格里斯河的巴比伦都是典型的农业社会。地中海上的航行把近东的农业技术经过东地中海,准确地说是经由爱琴海带入西方世界,从此改变了西方社会的发展进程。从近东传入欧洲的农业和畜牧业首先改变了爱琴海周围的生活。也就是从这个时候起,欧洲大陆的人们开始尝试着从事农业生产,耕种和家养牲畜在中西欧被推广开来,然后传播到几乎整个地中海世界。地中海的内陆可以充分利用这种农业技术,而周边的岛屿并不太适宜农业耕种,所以还得经常与东方社会通过商品交换来维持生计,特别在爱琴海周围,还经常性地与来自近东的诸国发生海上贸易活动,否则就得饿死。而希腊半岛上的人受近东世界的影响更深。

古希腊是欧洲精神的故乡,西方文明的发祥在地中海东部的爱琴海的克里特岛上。距今约8000年前,克里特岛和中国的黄河流域大体同时进入新石器时代,人口也开始定居,有了初期的农耕和畜牧业。公元前3000年左右,克里特岛完成从新石器时代到青铜时代的过渡,农牧业生产力有了很大发展。但岛上土地越来越有限,迫使人们多以捕鱼为生,同时从事海上贸易。特殊的地理环境使得他们不得不大力发展海上势力,"航海业是克里特人经济活动中一种最重要的行业。在古代希腊传说中有一种概念,即克里特人的舰队是无敌的①。"东方帝国腓尼基人

---

① 兹拉特科夫斯卡雅,《欧洲文化的起源》,陈筠等译,生活·读书·新知三联书店1997版,第99页。

凭借其精湛的造船航海技术而大发横财。几乎要控制整个地中海的时候,腓尼基人的海上优势地位突然受到了爱琴海中其他岛屿的挑战,尤其是克里特。正是因为如此,克里特要先于希腊其他地区发展了自己的文明,就是后世所称赞的"克里特·迈锡尼文明"。19世纪的考古学也充分地证实了这一点:"爱琴文化最突出的考古文物是在克里特和迈锡尼发现的,因为,以前通常把这个社会称为'克里特·迈锡尼社会'。"[1]不幸的是,克里特文明突然没落,这种突然没落至今都令人困顿。幸运的是,克里特人与内陆的希腊诸城邦一直就保持密切的联系,"克里特的古老文明通过各种途径而注入了新文明[2]。"东方的埃及和巴比伦文明曾经影响了克里特文明,而克里特的成就又留给希腊,希腊自此才开始了自己的发展,也开始了后世所说的欧洲的起点。

公元前2000年,克里特岛进入米诺斯文明时代,包括希腊半岛迈锡尼文明,大批人口集中的城镇出现了,一种从事工商业经济的城市文明萌芽诞生了。后来由于希腊北方的多利亚人的入侵,米诺斯—迈锡尼文明衰落了,历史倒退回原始氏族社会。公元前12世纪以后进入"荷马时代"——"英雄时代",原始氏族社会逐步解体,公元前8世纪～4世纪,奴隶制城邦国家形成。于是产生了与中国的农耕文明不同性质的商业文明。欧洲文明还有希伯来和罗马的贡献,但它们并未使希腊文明黯然失色,因为在某种意义上后两者也是希腊文化的受益者。罗马承接了希腊,这一点毫无疑问。而基督教中的《新约》完全用希腊文书写,使徒时代的活动场所拜占庭当时是希腊的势力范围,故说希腊文明为西方文明定了基调并不为过。但没有罗马和希伯来的卓越贡献,西方文明却也始终是少了东西的。

打开希腊地图,我们看到:希腊多山多岛,地形崎岖,地域分割,土地贫瘠,可耕地面积窄小,资源有限,难以养活众多人口,且冬季湿润,夏季干热,气候无常,不适合农业耕作。但由于海陆交错,岛岛相望,海岸线长,港口林立,且潮汐不惊,波澜不作,海深盐高,海流助航,周边亚、非、欧大陆环绕着爱琴海,十分有利于航海经商。于是氏族、家族解体了,大家族、家庭就分家到别地开拓殖民,建立新的商业城邦,开始新的生活。于是,航海、经商、做工成为平民的重要谋生手段,主要基础产业是橄榄油、葡萄酒、制陶、纺织、航海。

希腊化时期的工商业有了更大规模发展,公元前4世纪～前1世纪,亚历山大帝国建立了从地中海沿岸到中亚,直抵印度河的庞大帝国,在帝国内实行希腊化文化,在埃及境内的亚历山大港建立了人口达百万的城市,对地中海地区工商业文化的发展起到十分重大的促进作用。

---

[1] 兹拉特科夫斯卡雅,《欧洲文化的起源》,陈筠等译,生活·读书·新知三联书店1997版,第1页。
[2] 威尔·杜兰,《希腊的生活》,幼师文化公司译,东方出版社,1999版,第20页。

罗马帝国对工商业文化的继承和发展,把工商业文明推向新阶段。公元前1世纪—公元5世纪,罗马帝国继承发展古希腊文化,尤其适应私有制和简单商品经济的"罗马法",为近代西方工商业文明奠定了基础。

生存方式不同,形成了西方特色的思维方式、价值取向和民族文化性格。家族解体,个体生存,个人奋斗,个人本位,独立自由;崇力尚争,开拓冒险,征服自然、征服市场;理性生存,物我二分,逻辑分析,精确缜密;平等民主,外向开放。

二、政治初态:臣民家国与公民城邦

什么是政治?政治是在社会利益多元下,多元利益主体维护自身利益的特定行为以及由此结成的特定关系,是人类历史发展到一定时期产生的一种重要社会现象。只要社会存在着利益主体多元,为了协调多元利益的关系,就需要各种政治方式、政治制度、政治体制、政治活动。

中西方的最早政治形态是什么样子的?现在的中国和西方的政治形态是从什么样的原始基础上发展而来的呢?

(一)中国政治初态——臣民家国社会

上古历史缺乏文字记录,多有虚构的成分,但却并非完全不可信。大禹治水就是一个虚构的故事,却也能窥见历史的些许真相。大禹的父亲鲧治水多年未见功效而被舜治罪,大禹子承父业,请河神帮忙以及用定海神针控制水势等,殚精竭虑地工作以致三过家门而不入,最终采取了"以疏替堵"的办法而取得成功。无论这个神话中存在多少文学虚构,但一个不争的事实就是——"水灾"。抛开"大禹治水"中的神话虚构,仅仅考虑"水灾"这个事实以及围绕"治水"而形成的社会治理活动,我们可以看到中国政治文明发展的最早历程。

对于一个农业社会而言,水可以用来灌溉作物、河道运输等。当然也会有洪水灾害。在没有现代科技的古代社会就更需要大量工人的合作。治水的纯技术性问题,如挖掘、疏浚和筑堤需要的石头、木料等辅助工作,劳动力的组织工作等,后勤供应等,是系统工程。从现代的视角看,要管理好这样一项工程,涉及到上古的社会治理问题,已经显现出政治权力的端倪。随着治水工作的推进,疏浚渠道,构筑堤坝,对各种建筑材料的处理,由于管理的相似性,修建沟渠和堤坝的工人由此成为建筑壕沟、城楼、防护城墙的泥瓦匠。除此之外,修建道路以及帝王陵墓宫阙也就成了举手之劳。原本为治水而形成的领导者现在把权力扩展到了更多的领域,修建防御工事、宗教建筑、陵墓等,以保证自己的支配地位不受挑战和万世不易的统治。

"大禹治水"虽然是个传说,但有文字记载以来的历史都有记录。治水工程使统筹安排、信息传递、分工合作以及历法计算等都因之而得到了长足的发展。这种运行体制被运用到非治水工程上,无形中发展成为行政官僚制度。只要看一下保管治水档案的大城市和地方的中心,就能使人回忆起"官僚—政治"一词的原意——"通过官僚机构进行统治。"治水社会的建设、组织和征敛财富的活动往往把一切权力集中在一个指挥中心:中央政府和最后集中到这个政府的首脑即统治者手里。"①、②专制主义也为古代政治定下了基调。

然而中国的历史不但有"水患",还有"边患"——外族入侵,"内患"——诸侯混战、阶级斗争。中国的政治还需看中国的社会结构与性质。

中国因幅员辽阔,回旋余地大,况农民聚族而居,中国血缘氏族社会解体得不彻底,男耕女织的自给自足小农经济形成了以血缘家庭为纽带的中国传统社会结构,血缘与地缘结合成为家国臣民社会的政治基础。

在古代中国,中国人是群体生存的,人不可以离开某个团体或群体网络而存在。社会结构是团粒状的。血缘家庭、家族团粒结构在中国传统社会形成的特殊地位和作用:家庭是婚姻结合(血缘承继)的产物,家庭也是生产经营、财政消费、社会教化、礼法管制、社会保障的基本单位。在这种团粒结构中,个人独立地位丧失,只是家庭的、国家的臣民,绝不是西方城邦社会的有独立人格的公民。

中国社会性质是伦理化的社会。所谓伦理化,即人际情谊关系化,核心发于血缘情感,以对方为重,起于家庭,又不止于家庭,由近及远,无有边界,天下的人均有相扶义务,全社会互锁,天下一家。其经济基础是倡导:财产关系在夫妇、父子之间为"共财之义";兄弟、近支宗族之间为"分财之义";亲戚朋友之间则有"通财之义";对社会要乐善好施,有"施财之义"。就是没有个人独立的财产。"别居异财"被认为是不孝的体现,然而"同居共财"反而是家庭和睦的象征,然而"别居异财"正是实现经济独立的前提,没有个人经济的独立,就没有个人独立的政治地位。

古代中国社会形成了以血缘家庭为纽带的家国臣民社会,特点如下:

1. 宗法制的社会结构

宗法制是中国古代用于区分家族内部成员亲疏(嫡庶)关系,以确立家族财产、权力和地位继承权的等级制度。宗法制源于父系氏族家长制,作为一种维系贵族间关系的完整制度,形成出现于周代,是周人总结夏商王权继承经验教训的结果。宗法制的核心是嫡长子继承权。"天子建国,诸侯立家,卿置侧室,大夫有贰宗,士有隶子弟。"(左传·桓公二年)

宗法制的具体内容包括以下几个方面:

---

① 卡尔·A·魏特夫,《东方专制主义》,徐式谷等译,中国社会科学出版社,1989版,第85页。
② 卡尔·A·魏特夫,《东方专制主义》,徐式谷等译,中国社会科学出版社,1989版,第45页。

第一，国家政治权力嫡长子继承制度——立子以贵不以长,立嫡以长不以贤；

第二,严格的家族大宗、小宗体系,同时大小宗关系是相对的；

第三,血缘关系与政治关系结合,实行家天下,家族宗法关系与国家君臣关系纽合,家国同构,形成家国臣民社会。

第四,以"礼"为核心的等级规范体制。

2. 政治化的伦理道德

倡导孝道与治道的统一,所谓夫为妻纲,父为子纲,君为臣纲,家国同构,移孝作忠。

父为子纲——孝道。提倡愚孝,具体体现是"二十四孝图"：百里负米、尝粪忧心、涤亲溺器、扼虎救父、怀橘遗亲、刻木事亲、哭竹生笋、芦衣顺母、鹿乳奉亲、埋儿奉母、卖身葬父、啮指痛心、弃官寻母、亲尝汤药、乳姑不怠、扇枕温衾、拾葚异器、闻雷泣墓、卧冰求鲤、戏彩娱亲、孝感动天、行佣供母、涌泉跃鲤、恣蚊饱血。

君为臣纲——治道,要做到事君如事父,以孝治天下。《孝经》："夫孝,始于事亲,中于事君,终于立身"。《礼记》："忠臣以事其君,孝子以事其亲,其本一也。"封建社会提倡愚忠,为臣要做到"君要臣死,臣不得不死"。于是有岳飞的精忠报国而屈死风波亭的悲剧,有袁崇焕被皇帝凌迟处死,还题诗："一生事业总成空,半世功名在梦中。死后不愁无勇将,忠魂依旧守辽东"。

3. 专制式的国家政体

专制式的国家政体表现为：独裁人治——皇帝集行政、立法、军事指挥、司法、监察、吏考、文化倡导、道德裁决大权于一身；文化专制——焚书坑儒,废黜百家,独尊儒术、科举制度、大兴文字狱；漠视人权——保甲制度,限制人身自由。

按照魏特夫的说法："当非政府的力量不能有效地约束一个政府的统治时,它就变成了专制政府了。"① 由此可知,在一个社会中没有其他任何力量可以与政府抗衡时,那么这个政府无疑就是专制的。

(二) 西方政治初态——公民城邦社会

在古希腊,相对集中的商品生产与经营,打破了家庭独立生产体制,大批海外移民使血缘氏族社会解体比较彻底,个人取得独立的经济、政治地位,商品经济诱发着平等、民主意识,是一种单子结构社会。亚里士多德在批判柏拉图时指出,"城邦的本质就是许多分子的集合",倘若过分"划一","就是城邦本质的消亡"。以地缘政治为基础的希腊城邦公民社会,成为奴隶主阶级民主政治的基础。

---

① 卡尔·A·魏特夫,《东方专制主义》,徐式谷等译,中国社会科学出版社,1989版,第102页。

以地缘政治为基础的希腊城邦公民社会,是从原始氏族社会的解体中逐步形成的。形成过程主要经历了以下几次改革。

梭伦改革(公元前6世纪初)——打破雅典血缘氏族部落贵族政治权力垄断,扩大公民(奴隶主)政治民主参与,采取了如下措施:解放债务奴隶;按私有财产多寡分四等级,赋予相应权利义务;恢复公民大会最高权力机关,官员经公民大会选举;设立常设机构400人会议决定城邦大事;设立公民陪审团为最高审判机关,保证审判公正。

克利斯提尼改革(公元前509年)——建立以地域关系为基础的奴隶主民主政治制度,消除血缘氏族制度的最后残余,是地缘政治的开始。克利斯提尼改革采取了如下措施:划分10个地区部落以取代4个氏族部落;以500人会议代替梭伦创立的400人会议,成为雅典最重要的国家行政机关;创立十将军委员会,各部落选1人组成,轮流统帅军队,同时在政治上起重大作用;实行贝壳放逐法,用于放逐危害国家的分子,防止僭主政治再起。

伯利克里改革(公元前5世纪)——扩大奴隶主、平民民主参政,建立全盛时期的雅典民主政体。主要措施:取消当选执政官财产限制;除十将军委员会公民投票选举,一切公职抽签选举;全体公民都有被选举权;发放公职津贴以助贫苦公民履职;公民可充分享受参政议政权利;一切大政法律由会议表决。伯利克里在一次阵亡将士国葬典礼的著名演说中,这样评论雅典的民主制度和国家精神:

"我们的制度之所以被称为民主政治,因为政权是在全体公民手中,而不是在少数人手中。解决私人争执的时候,每个人在法律上都是平等的;让一个人担负公职优先于他人的时候,所考虑的不是某一个特殊阶级的成员,而是他们有真正才能。任何人,只要他能对国家有所贡献,绝对不会因为贫穷而在政治上湮没无闻。正因为我们的政治生活是自由而开放的,我们彼此之间的日常生活也是这样的。当我们隔壁邻人为所欲为的时候,我们不至于因此而生气;我们也不会因此而给他以难看的颜色,以伤他的情感,尽管这种颜色对他没有实际的损害,在我们私人生活中,我们是自由的和宽恕的;但是在公家的事务中,我们遵守法律。这是因为这种法律深使我们心服。"①

希腊的民主政治以雅典的伯利克里时代最为著名,但这种生活方式在希腊社会却极为普遍。"在希腊思想史上,城邦的出现是一个具有决定性的事件。当然,这一事件在思想和制度方面产生的影响并不是短期内就能看到的,因为城邦经历了许多阶段和各种不同的形式,但是城邦在公元前8～7世纪的出现本身,就标志

---

① 修昔底德,《伯罗奔尼撒战争史》,谢德风译,商务印书馆,1960版,第130页。

着一个开端,一个真正的创举;它使社会生活和人际关系呈现出新的形态,后来的希腊人将充分体会到这种形态的独特性。"①希腊社会与东方社会的根本区别在于城邦生活。亚里士多德曾经考察过希腊158个城邦,最后写出了经典名著《政治学》。希腊人城邦生活的独特之处在于"话语权"。也只有在希腊城邦,所有城邦公民才可以自由地参与公共生活,自由地表达自己的观点,这种民主的方式优越于任何权力的统治,也正是这种自由的氛围造就希腊哲学的繁荣。

城邦生活的另一个特征就在于"那些组成城邦的公民,不论他们的出身、地位和职务有多么不同,从某种意义上讲都是'同类人'。这种相同性是城邦统一的基础,因为对希腊人来讲,只有'同类人'才能被'友爱'联系在一起,结合成为一个共同体。这样,在城邦的范围内,人与人的关系便表现为一种相互可逆的形式,取代了服从与统治的等级关系②"。同时也不得不指出雅典的民主政治制度的局限性。雅典城邦社会是奴隶制社会,城邦20万人口中,奴隶人口不少于16万,占人口的大多数,奴隶是不作为人看待的,他们只是"会说话的工具",不能主宰自己的命运,更谈不上任何的政治权利。就是在占人口少数的自由民中,妇女不享有政治权利。自由民中也会因财产的不同无法享受到大奴隶主同样的政治权利。

那么政治先进的希腊又怎么会衰落呢?历史学家警戒后世,"帝国野心"侵蚀了希腊的民主政治。作为爱琴海世界中的一员,希腊也步克里特的后尘,想要称霸地中海,为此与东方帝国波斯进行了数十年的海战,耗尽了希腊的财富,侵蚀了民主的力量,也为"僭主政治"开创了先河。随后又与斯巴达争战,让希腊最繁荣的雅典城邦就此繁华落尽,"是希波战争(公元前499年爆发了爱奥尼亚的起义,一直到公元前450年才恢复和平)和伯罗奔尼撒战争(公元前431年—前404年)决定了古希腊的命运③"。迅速兴起的马其顿帝国不费吹灰之力就征服了古希腊。幸运的是,他们却臣服于古希腊的文明。

受古希腊的影响,古罗马城邦也走上了民主政治道路。最重要的是塞尔维·图里阿改革(公元前6世纪),把原来实行王政的氏族部落军事民主制改革了,消除政治的血缘纽带,走上地缘政治道路,他采取的措施是:把三个血缘部落改为四个地域部落参加政治生活;公民按财产分六等级,决定其享有的权利与义务;各等级依财产多寡成立军事百人团,带表决权。因此在古罗马所谓王政被废除之前,以个人血缘关系为基础的古代社会制度就已经被破坏了,代之而起的是一个新的、以地区划分和财产差别为基础的真正国家制度。

---

① 让-皮埃尔·韦尔南,《希腊思想的起源》,秦海鹰译,生活·读书·新知三联书店,1996版,第37页。
② 让-皮埃尔·韦尔南,《希腊思想的起源》,秦海鹰译,生活·读书·新知三联书店,1996版,第47页。
③ 费尔南·布罗代尔,《地中海考古》,蒋明炜等译,中国社会科学出版社,2005版,第213页。

古罗马共和时代最伟大的政治家西塞罗因为仰慕柏拉图,曾模仿他也写了《论共和》与《论法律》。古罗马民族的务实作风使其着眼点不是辉煌的文化成就,而是现实的物质利益,进而重视制度建设。为争取控制地中海贸易控制权,与另一海上霸国迦太基进行了长达百年的军事较量,三次布匿战争(前264年—前241年;前218年—前202年;前148年—146年)让古罗马与迦太基陷入了你死我活的恶性军事对抗当中,几乎把战争变成一场赌注,失败者将"妻离子散家破人亡"。果不其然,失败的迦太基从此在历史上彻底消失,而胜利的古罗马人也真的实现了多年的夙愿——把地中海变成古罗马人的"内湖",迦太基人曾经控制的海上财富自然也就转入到古罗马人的手中。

然而古罗马人也非常清楚正常的贸易本身无法靠武力强迫,所以才集中精力发展贸易与财产的规则,这就是举世瞩目的罗马法。"罗马的法学家——研究法律的学者和律师们——经几世纪努力,创立一套法律制度。直到今天,它在很多方面仍然是欧洲许多国家法律的基础,而且,由于十六世纪以后欧洲帝国主义在全世界的影响,对欧洲以外不少国家的法律制度也有影响。"①。在古罗马时代最大的法典要数东罗马帝国皇帝优士丁尼编撰的《国法大全》。这部法典由《查士丁尼法学阶梯》、《查士丁尼学说汇纂》、《查士丁尼法典》和《查士丁尼新律》四个部分。为了重振罗马帝国的辉煌,优士丁尼收集了罗马建城以来所有伟大法学家的著作、当时的法律,经过斟酌删减而成的《国法大全》可以说集中了罗马的法律精华。中世纪罗马法的复兴正是得益于这部法典的重新发现。"把依照一定方法作考证、批注的方式,完全转用到优帝法典的学说汇编上,后者包含的无穷法律问题创造了独立的法学和法律职业,它们为欧洲诸国、社会带来影响深远的新精神。"②毕竟优士丁尼的法典已经年代久远,中世纪的法学家基于对这部法典的尊敬,开始全面注释它,期望能够重新发挥它的光彩,从而形成了注释法学派、后注释法学派以及人文主义法学派。经过这场复兴运动,古代的罗马法又重新焕发了活力,更造就了欧洲以罗马法为核心的大陆法系。再经过启蒙运动以来的理性主义思潮,大陆法系各国纷纷走上了"法典化运动"的道路,1804年的《法国民法典》和1900年的《德国民法典》就是证明,而它们分别受到《查士丁尼法学阶梯》和《查士丁尼学说汇纂》风格的深刻影响。此时此刻的欧洲与那个罗马帝国已经相去千多年了。

在西方古代历史发展中,从来没有出现专制政治局面,而走上民主政治和法治社会的道路。即使在中世纪,因社会结构不同,"上帝的归上帝、凯撒的归凯撒",最高权力先后受到来自教会、商人同盟、自治城市以及封建领主等各个领域的制

---

① 彼得·李伯赓,《西方文化史》(上),赵复三译,香港明报出版有限公司,2003版,第61页~65页。
② 弗朗茨·维亚克尔,《近代私法史》)(上),陈爱娥等译,上海三联书店出版社,2006版,第28页。

约,使得西方社会中的最高权力绝不可能到达"唯我独尊"的局面,反而是各个阶层相互妥协的产物,并通过宪法对最高权力的界线予以明确化,所以统治者虽是万人之上却是法律(尤指宪法)之下,而法律乃神的意志。所以说,民主政治和法治思想在西方有深刻的社会历史根源。

三、文化初态:阴阳思维与因果思维

罗素说:"把中国文明和欧洲文明进行比较,可以看出,中国文化中的大部分内容在希腊文化也可以找到,但我们的文明中另外两个元素:犹太教和科学,中国文明中没有。中国实际上是个缺乏宗教的国家,不仅上层社会没有宗教,全体人民也同样没有。"[①]这段话有一定道理。确实,在一定程度上说,古代中国人没有宗教,也没有科学。为什么是这样的结果?宗教与科学,属于深层文化范畴,与民族的思维方式有关。原因在中西初民早期思维方式的不同。

中国早期是阴阳意象思维,只关心现象世界是具体"怎么样",关心事物的功用,是经验感性的思维,造成了中国无宗教,无科学的文化性格。

西方早期是因果逻辑思维,更关心现象世界的背后究竟"是什么",关心事物的抽象本质,是超验理性的思维,造成了西方有宗教,有科学的文化性格。

(一) 中国早期的阴阳意象思维

中国农业文明孕育了中国先民早期的阴阳意象思维。

农业生产的基本要求是顺天应时,春种夏长,秋收冬藏,年年如此,循环不已。只要不违农时,总是种瓜得瓜,种豆得豆,吃饭穿衣总是有所保证的。因此人与自然的关系是和谐的,人们从来没有把自然当做对手来看待。但他们总是在观察,并有所经验总结。

他们在农业生产过程中观察到大量的刮风下雨、电闪雷鸣、彩虹当空、大旱大涝、江河横溢、山崩地裂、月朗星稀、日月圆亏、斗转星移等自然现象,甚至把这些自然现象归纳总结,形成此消彼长、此起彼落、你中有我、我中有你、生生不息、循环不已的"阴阳"观念。"阴阳"观念是对宇宙万物空间横向运动现象的总体概括和运动原因的主观推测:"万物负阴而抱阳","刚柔相推,变在其中矣"。

他们在农业生产过程中也观察到事物在时间纵向运动上的春夏秋冬,生长荣枯,循环不已变化的现象,归纳总结成为"金、木、水、火、土"相胜相克,循环不已的"五行"运动观念。"五行"运动观念,实质是对宇宙万物纵向运动方式的主观猜

---

① 罗素,《中国问题》,秦悦译,学林出版社,1996版,第151页。

测:金、木、水、火、土,是运动的功能模型——"水曰润下、火曰炎上,木若曲直,金曰从革,土爱稼穑",即事物在时间上向下运动的趋势为"水",向上运动的趋势为"火",事物的曲直变化趋势为"木",事物变革的运动趋势为"金",事物生长的运动趋势为"土"。宇宙万物运动方式是这几种方式的相生相克的辩证发展。

"八卦"则是万事万物运动变化的动态象的图式总结。

中国先民对物质世界的动态功能属性的整体直观概括,所形成阴阳、五行、八卦,就是中国早期的整体、循环、意象思维方式。

这种思维方式是经验总结式的思维方式,停留在现象层面的思维方式,即意象的思维方式。"象"成为中国先民的思维工具。根据王前博士的研究(王前《中西文化比较概论》),中国人把握世界的"象"分为四层次——物象、性象、意象、道象。

第一层:物象——人、自然、社会可直接感知的、有形实象。例如,人之面象(凶相、善相),中医望象(舌象、声象、),社会之象(兴旺之象、衰败之象),自然之象(天象、气象、)。

第二层:性象——事物象中抽象出的某一方面属性之象。

动态属性之象,可感又非实体,无形而健动之"气"象:感情之象:喜气、怒气;品行之象:正气、邪气;命运之象:福气、晦气;生活之象:暮气、朝气;活力之象:勇气、杀气等。

静态属性之象,可体验到的事物相对稳定的属性,如中医"八纲":阴、阳、表、里、寒、热、虚、实。

第三层:意象——反映事物属性本质联系之象。例如,意向、意思、意境。

第四层:道象——规律之象。例如,道、阴阳、易、五行、八卦之象。

中国先民的思维方式对中国科学的发展产生了不利影响。由于崇尚"天人合一",身心与自然融为一体的中国先民,只关心现象感性经验的总结,一直没有产生探求现象背后的抽象本质的理性自觉要求,思维方式是感性、直观体悟式的,不会使用概念、逻辑、推理、判断的理性工具,所以研究事物本质规律的科学在中国没有生长的土壤,只能停留在技术应用层面。故中国人有算术,没有数学;有《天工开物》,没有物理学;有炼丹术,没有化学;有武术,没有运动学;有医术,没有医学;有《本草纲目》,没有药学。

中国先民的思维方式对中国宗教观念之薄弱淡泊特性的形成起了重大的作用。"天人合一"的整体直觉思维,意象思维的模糊性,具有泛实趋向,不关心现实与超现实的对立,不关心真实与虚拟的对立,缺乏因果逻辑分析推理演绎的能力,也就缺乏抽象虚拟能力。就不可能产生超越现实的、虚拟抽象的彼岸世界生活和一元"神"。因为上帝是超验的,是经过理性思辨而虚拟抽象出来的。

当然,中国宗教意识的淡薄,主要原因是中国传统社会是农业社会,中国社会是团粒结构,个人没有从整体中独立出来,缺乏个人独立意识,血缘宗法社会群体生存方式相当程度上降低或消除了个人的无助感孤独感,个人可以从群体中得到维持生存的物质的支持和精神的慰藉,不需要向超越现实的虚拟神灵求得精神的庇护。

(二)西方早期的因果逻辑思维

西方人"上帝观念"产生有两个原因:

一是工商社会个人生存方式的孤独感。个体生存方式产生个人的无助孤独感,个人不可以从现实生活的群体中得到维持生存的物质的支持和精神的慰藉,需要向超越现实的虚拟神灵求得精神的庇护。

二是因果逻辑思维方式的超越精神。"天人二分"的思维方式,关心现象与本质、真实与虚拟、现实与超现实的对立,通过因果逻辑分析,推理判断能产生超越现实的、虚拟抽象的彼岸世界生活和一元"神"。上帝谁也没有见过,但在中世纪,经院哲学就是从因果逻辑上推理上帝是存在的。

西方的商业文明孕育了西方先民的因果逻辑思维。

西方海洋民族的始初生存条件要比东方大陆民族的始初生存条件恶劣得多。经商需要翻越野兽出没、荆棘丛生的高山峻岭,航海需要渡过狂风恶浪、激流险滩,随时都有翻船货没的危险。大自然似乎处处与人作对,从希腊神话中天神、海神、怪兽的凶恶,可以感受到自然与人的对立。此外,市场行情变化、生意场的险恶,商业竞争的对手底细,商场如战场一切都存在着风险,变动不居的工商社会生活和人与自然关系不确定性——生活就像"一盆永恒的烈火",促使他们去寻找"变"中的"不变"的本原。西方早期就形成了"天人二分"、"物我二分",把自然客体化的理性思维方式。

万事有果必有因,于是因果思维方式产生了。他们关注事物现象背后的本质规律,寻找事物发生的原因,探索战胜对手的对策,把人们对外部世界的把握,从对感性经验的"事实在先"、"时间在先"的把握,转向对理论抽象的"逻辑在先"的把握。并形成纯粹思辨理性崇拜——"学以致知",为认识而认识,追求纯粹形式的认识途径,追求事物抽象本质,超越现实与功利的理性崇拜。这样,以探索事物本质为宗旨的科学研究,在欧洲形成深厚肥沃的土壤。

理性思维方式是逻辑分析的方法。首先把复杂事物的整体分解还原为部分、对立方面,寻找各方的特性因素;把变化发展中的事物凝于一瞬,确定单一具体的研究对象,提高研究的可靠性。其次,建立逻辑认识体系,运用定义概念、公理、判断命题,形式逻辑,从已知现象推出未知本质。理性思维方式的确立,形成西方的强烈的科学传统,对人类文明发展发挥了不可估量的影响。

西方从此形成了强烈的理性传统。

有专家指出:"与所有其他的古代东方国家相比,与他们热衷于物质生活相反,希腊人热衷于纯粹的精神生活。与他们在精神上受到种族或专制的奴役相反,希腊人表现出纯粹的自由精神。"①热爱精神生活的希腊人当仁不让地在智慧领域贡献卓越,那些言必称希腊的人此时此刻也会兴奋讨论希腊的哲人和自由的教育,因为"希腊人开创了几乎所有的主要领域——形而上学、逻辑学、语言哲学、知识论、伦理学、政治哲学和艺术哲学(尽管是在一个非常有限的程度上)。他们不仅开辟了这些研究领域,而且逐步区分出这些领域中许多恒久公认的最基本问题。此外,在引导这些发展的那些人中间,有两个人,柏拉图和亚里士多德,就哲学之在西方世界被了解和研究而言,始终被视为具有最高的哲学天赋和成就,并且在各种各样广泛的诠释之下,他们的影响直接或间接、有意或无意地持久出现在西方哲学传统的发展当中"②。正是因为这样,罗素的老师怀特海曾经断言,一部西方哲学史只不过是柏拉图的脚注而已。或许这样的概括有失公允,但是希腊哲学的影响力经由罗马一直传承到现代社会也是个不争的事实。希腊人热爱精神生活,"过哲人的生活"在希腊更是司空见惯的。

然而"哲人之死"——苏格拉底之死的故事更加吸引后世的注意力,因为这种情形只有在古希腊,也只能在古希腊发生。苏格拉底之死是西方文化史上意义深远的事件。在古希腊,法律被视做城乡安全的基础,是城邦的真正保护神,任何人的地位不得高于法律。苏格拉底认为城邦的法律是公民一致制定的协议,应该坚定不移地去执行,法律的价值高于个人的生命。公元前399年,他被控告有罪,罪名是不敬城邦所敬的诸神而引进新神,并败坏青年,结果被判死刑。他感到有一种服从城邦合法权威和城邦法律的义务,十分自觉地接受死刑。朋友们打算营救他,被他拒绝了。苏格拉底确实主张了一个新神——宇宙理性之神,理性是道德善、智慧真的源泉,理性是他的哲学追求。苏格拉底坚称他要遵守他与城邦之间的"政治契约",苏格拉底之死,是因为对"善"的精神自由的追求,他用自己的死来为建设城邦法治理想社会作贡献,实践自己有道德的人生。

西方从此也形成了浓厚的宗教传统。

西方在形成强烈的理性传统的同时,也形成了浓厚的宗教传统。宗教传统与科学传统,一个是非理性的,一个是理性的,似乎二者是水火不相容的,但在西方却和谐地统一起来。这种"二律背反"现象,其实正是古希腊商业经济社会所造成的自然与人类尖锐对立的合乎逻辑的产物:一边是大自然的可怕力量,迫使人们不得

---

① 雅各布·布克哈特,《希腊人与希腊文明》,王大庆译,上海人民出版社,2008版,第194页。
② F.I.芬利编,《希腊的遗产》,张强等译,上海人民出版社,2004版,第221页。

不在恐惧心情中乞求超自然的力量保护自己,于是产生了浓厚的宗教意识;一边是生存的本能,促使人们千方百计地去认识大自然,用知识的力量去战胜大自然,于是产生了发达的自然科学。宗教与科学正是这样在天人对立中产生,又在天人对立中达到和谐和统一的。

古希腊经历了从多元神到一元神的上帝崇拜过程。从克塞诺芬尼、毕达哥拉斯等的万物有灵的灵魂观到逻各斯,再到苏格拉底的宇宙理性一元"神";这个"神"又演变成为柏拉图的"理念论",其至高理念就是"上帝";"神"后来又成为亚里士多德的理性上帝形式逻辑。希腊化时期的新柏拉图主义把"理念"论与犹太教的愤怒的创世主上帝(一神教)相结合,最后改造成为基督教的仁爱的救世主上帝。基督教的形成是古希腊文明与希伯来文明、古罗马文明的结合与统一,是西方文化关于认知、行为、信仰的大融合。它继承犹太教的一神论及人生本质——原罪救赎说;引入希腊哲学"逻各斯"理性观念,确立基督教的普世性,即凡人间皆适用;吸收了古希伯来律法观、契约观与古罗马法律思想与体制的揉合,最后形成了西方一元神的上帝崇拜和基督教文化。

从史实上说,基督教与罗马文明的关系更为密切,"基督教起源于巴勒斯坦,或者更确切地说,是在犹太地区,尤其是在耶路撒冷。基督教视自己为对犹太教的继承和发展,并且它最初兴起的地区就是犹太教传统盛行的地区,特别是巴勒斯坦。然后,部分地通过保罗这些早期传教士的努力,它迅速地传播到相邻的地区。在公元1世纪结束前,基督教似乎就已经在这个东地中海世界站稳了脚跟,甚至在罗马帝国的首都罗马取得了相当的发展①。"经过使徒的传播活动,基督教大规模地传播开来。尤其是在如下三个地区传播发展起来,亚历山大,即现在的埃及境内,成为基督教神学教育的中心,后来的"亚历山大派"就此形成;第二个也是讲希腊语的安提阿及其周边的卡帕多西亚地区,就是今天的土耳其境内,后来的"安提阿派"就是证明;最后一个是讲拉丁语的北非西部,即今天的阿尔及利亚附近。古代世界中它属于迦太基所在,曾经与罗马争夺此地的统治权。除了这些地方之外,罗马、米兰和耶路撒冷也同样是基督教神学的教育中心,但远没有上述地方出名。然而开始传福音的时候,基督教在罗马帝国的进展并不顺利,甚至遭遇过迫害。"耶稣受难记"就是典型例子。在帝国首都,戴克里先皇帝于公元303年曾经发布法令严禁基督徒在帝国范围内活动,甚至将其行为视为非法,这是基督教历史上极为惨痛的经历之一,最后传播活动被迫终止,所有宗教书籍被收缴摧毁,基督徒公民也失去他们的一切职务、权力,甚至被贬为奴隶。到了君士坦丁大帝时代,基督

---

① 麦格拉斯,《基督教概论》,马树林等译,北京大学出版社,2003版,第260页。

教的命运逆转,君士坦丁大帝最大的贡献在于将基督教定为罗马的国教,从此之后基督教真正得到了一个合法的身份,这可谓基督教发展史上的一个里程碑。当公元476年日耳曼蛮族摧毁了罗马帝国的时候,基督教却拯救了罗马文明,也间接拯救了西方文明,以上帝的名义把所有的经典保存在教会的图书馆中,静静地等待文艺复兴的到来。

综上所述,中西先民由于生存的初始自然条件不同,生存方式不同,中国经济走上了农耕文明的道路,形成了臣民家国社会的专制政治模式,形成了阴阳五行的意象思维方式,造成宗教意识淡薄,实用功利意识较强的文化性格;西方在经济上走上了商业文明的道路,形成了公民城邦社会的民主、法治的政治模式,形成了因果逻辑思维方式,造成浓厚的宗教意识和科学传统。不同的文化初态,对未来文化的发展发生了重大影响。随着历史进程,中西各自成长为参天大树,并在后来的东学西渐、西学东渐中,中西文化交流中不断碰撞、交融、变迁。

思考题

1. 中西先民初建文明时的自然基础、发展道路有何不同?
2. 如何分析雅典民主政治制度的伟大意义与局限性?
3. 中西先民的思维方式有何不同,对历史发展产生什么影响?

参考文献

[1] 斯宾格勒. 西方的没落.(上下). 齐世荣等译. 北京:商务印书馆,1991.
[2] 科林伍德. 历史的观念. 何兆武译. 北京:商务印书馆,1997.
[3] 欧文. 古典思想. 覃方明译. 沈阳:辽宁教育出版社,1998.
[4] 芬纳. 统治史——古代的王权与帝国. 马百亮等译. 上海:华东师范大学出版社,2010.
[5] 阿姆斯特朗. 轴心时代. 孙艳燕译. 海口:海南出版社,2010.

第二讲 "和合"与"分争"——中西文化基本精神比较

主要内容

一、人与自然：天人合一与物我二分
　　　　　　顺应自然与征服自然
二、人与社会：群我合一与人我二分
　　　　　　中庸和平与崇力尚争
三、人与自身：身心合一与灵肉二分
　　　　　　情理合一与情理二分

开篇案例

相传清朝康熙(1662年—1722年)年间,有一个叫张英的人,官至文华殿大学士兼礼部尚书。有一天,他在安徽桐城老家的家族人与邻居吴家在宅基地问题上发生了争执。由于牵涉张英家族,官府和旁人都不敢插手,结果邻里矛盾愈演愈烈。最后,张家人只好写信告知远在京城做官的张英,想借他的权势来"摆平"这件事情。不料,张英接到书信后,赋诗一首作为回信:"千里修书只为墙,让他三尺又何妨。万里长城今犹在,不见当年秦始皇"。张家人接到书信后,依照张英的意思,主动将围墙退让三尺,哪知吴家看到张家如此豁达,于是也跟着将围墙退让三尺,两家争执从此平息。这就是安徽桐城著名的"六尺巷"的故事。

把握一种文化,最重要的是抓住它的基本精神。什么是基本的文化精神？是一个民族的基本思维方式和基本价值取向。因为基本思维方式和价值取向,犹如一个民族的文化基因,渗透到这个民族的科学、政治、法律、道德、宗教、艺术、哲学的方方面面。

在第一讲《中西文化的起源》中讲到，中西先民由于自然条件不同、生存环境不同、生存方式不同，中西文化在源头上就走上了不同的道路，从而决定了文化的基本精神——基本思维方式、基本价值取向的不同。中国先民的农耕文明群体生存方式，内在地决定了中国文化的基本精神是"和合"；西方先民的商业文明个体生存方式，内在地决定了西方文化的基本精神是"分争"。"和合"是中国人的基本思维方式、基本价值取向，"分争"是西方人的基本思维方式、基本价值取向。

总之，"和合"是中国文化的基因，"分争"是西方文化的基因。

首先，"和合"是中国文化的基因，是中国文化的基本精神。

中国古代，像"六尺巷"这样以和谐礼让为主题的故事比比皆是，不可胜数。事实上，"六尺巷"的故事，是以儒家文化为代表的中华文明所提倡的"和合"精神在民间社会处理人际关系问题上的鲜明体现。

"和"和"合"两个汉字，早在甲骨文和金文中就已出现。"和"字本为声音相应之意，后来演变成和谐、和平、和睦、和善等意思；"合"字本为上下嘴唇合拢之意，后来演变成汇合、结合、合作、凝聚等意思。自春秋时期（公元前770年—前476年）开始，"和"和"合"二字开始连用而成为一个整体概念。《国语》中曾这样记载："夏禹能单平水土，以品处庶类者也，商契能和合五教，以保于百姓者也。"[①] 意思是说，商契（古人名）能和合"父义"、"母慈"、"兄友"、"弟恭"、"子孝"五教，使百姓和谐相处，生活安定。

农耕文明，与大自然的友好相处过程中，中国先民树立了"天人合一"的宇宙观。在中国人眼中，宇宙是个整体存在，天地人是合一的，"合"意味着要"和"，要多样性的统一。

作为中华文明中最具影响力的部分，儒家文化最为鲜明地将"和合"精神作为人文精神的核心来看待。"礼之用，和为贵"[②]、"君子和而不同，小人同而不和"[③]、"天时不如地利，地利不如人和"[④]、"天地合而万物生，阴阳接而变化起，性伪合而天下治"[⑤]，如此等等，类似强调和合精神重要性的语句，在儒家经典中更是不胜枚举。

作为中华文明的重要组成部分，道家文化也是一种崇尚和合、淡化竞争的文

---

① 邬国义等，《国语译注》，上海古籍出版社，1994年，第488页。
② 孔子，《论语》，辽宁民族出版社，1996年，第7页。
③ 孔子，《论语》，辽宁民族出版社，1996年，第149页。
④ 杨伯峻译注，《孟子译注》，中华书局，1960年，第86页。
⑤ 王先谦，《新编荀子集解》，中华书局，1988年，第366页。

化。老子说过,"万物负阴而抱阳,冲气以为和"①、"终日号而不嗄,和之至也。知和曰常,知常曰明"②、"和大怨,必有余怨,安可以为善"③。可见,老子已将"和"看做宇宙万物乃至人类社会生存和发展的根本。不仅如此,道家文明在淡化竞争性这一特点上比儒家走得更远。儒家至少强调要和大家"一起玩",在现实的人生中有一番作为,人生才有意义;而道家连这方面的要求都没有了,它要求隐居山林,过一种"与世无争"的隐士生活。老子还说,"上善若水",最高的善就像水一样;"水利万物而不争",水是至柔的,又是至刚的;做人应该像水一样,碰到再刚强的石头或钢刀,都能轻易避开。可见,在处理矛盾冲突时,道家和儒家一样,解决问题的最高原则不是竞争而是退让。

在中华文明的"轴心时代",除儒家和道家外,墨家也是崇尚和合、淡化竞争的文化。墨家的核心理念是"兼爱"、"非攻",主张人民之间"相亲相爱",直接否定竞争的必要性。香港明星刘德华主演了一部电影《墨攻》,讲述距今2300多年前的春秋战国时代,墨家弟子革离为了宣扬"兼爱"、"非攻"的理念,帮助弱小梁国以几千兵马抵御十万赵国强军侵略,并成功游说君王放弃战争的故事。影片虽然大部分在讲述战争和表现战争,但其最终的理念仍是放弃战争,这正是墨家文化的核心所在。

佛教本是外来文化,但自其传入中国之后,经历漫长的岁月,和本土文化相互融合,最终成为中华文明中影响深远的部分。佛教文化主张慈悲为怀,崇尚和合、淡化竞争的特点相比儒家、道家和墨家有过之而不及。佛经里有一个关于释迦牟尼割肉喂鹰的故事,最能表明这一点。故事是这样的。释迦牟尼外出修行,遇见一只秃鹰追逐一只鸽子。鸽子见到菩萨,慌忙躲入菩萨怀中避难。秃鹰追捕不得,面相凶恶地对菩萨说:"你救了鸽子的性命,我饿死了怎么办?"菩萨问秃鹰:"你需要什么?"秃鹰回答说:"我要吃肉。"菩萨一声不响,割自己臂膀上的肉给秃鹰吃。可秃鹰继续要求与鸽子的肉重量相等的肉。菩萨继续割自己身上的肉给秃鹰吃。令人惊异的是,虽然肉越割越多,重量却越轻,直到菩萨身上的肉快要割尽了,重量还不及鸽子的重量。于是,秃鹰质问菩萨:"现在你该后悔了吧?"菩萨回答说:"我无一念悔恨之意。"为了使秃鹰相信,菩萨又继续说:"如果我的话真实不假,当令我身上的肉复原。"不料,刚发完誓愿,菩萨身上的肉果然复原了。这时,秃鹰感动佩服,立即恢复了天帝身,在空中向菩萨敬礼赞叹。原来这秃鹰,是天帝变化来考验菩萨难忍能忍、难行能行的修行境界的。可见,佛教文明在遇到矛盾冲突时,甚至

---

① 庄周,《庄子》,辽宁民族出版社,1996年,第65页、66页。
② 庄周,《庄子》,辽宁民族出版社,1996年,第84页。
③ 庄周,《庄子》,辽宁民族出版社,1996年,第122页。

是面对凶恶无理的挑战时,同样主张以退让,甚至以自残的方式来化解纷争,其弱化竞争的特点是可想而知的。

在先秦诸子百家中,法家可算是另类。面对各种社会问题,儒家强调仁爱,墨家主张兼爱,道家提倡无为,唯独法家崇尚权势、竞争甚至流血。秦始皇(前259年—前210年)正是秉承法家的理念,暴力打江山,阴谋夺天下,最终实现了天下的统一。但穷兵黩武的秦国,最终还是早早地失去了江山。秦始皇之后,最有雄才大略的君王首推汉武帝(前156年—前87年)。汉武帝在位五十多年,除了凭借武力征服匈奴之外,还"罢黜百家,独尊儒术",使崇尚和合、弱化竞争的儒家文化正式成为在中国发挥主流作用和普遍影响力的政治文化。

汉朝之后,历经三国两晋南北朝三百多年的战乱和纷争,外来的佛教文化不断传入,最终在隋唐时代达到顶峰。由于和中华本土文明的相似性和相通性,佛教文化最终在中国生根发芽,不断与本土的儒家、道家文化相互影响,最终和儒家、道家一起凝结而成中华文明的主体部分。

中国历史发展到后来,还有两件历史大事件值得一提,那就是:成吉思汗(1162年—1227年)灭南宋朝,凭借武力征服汉族等民族,建立了一百多年的元朝统治;满族推翻明朝,以武力称雄华夏,建立了版图更大的中华帝国。这两次大的历史事件和秦始皇灭六国一起,成为中华文明的斗争性一面的集中体现。因此,有人认为,竞争性文化或狼性文化并非西方文明的专利,中华文化同样具有非常明显的狼性文化的特点。狼性文化崇尚丛林法则:弱肉强食,适者生存。这和儒道释三教合一的和合文化正相反。对此,我们特别强调一点,那就是:尽管中国历史一直都表现出不同程度的斗争性和血腥性,但自秦始皇以来,一直到成吉思汗和清朝,每次暴力征服过后,总有一种自尧、舜、禹、周传承下来的和合文化重新唤醒人性,来自外部乃至内部的野性总会消融在中华文化的和平性之中。

自1840年鸦片战争开始,在西方文明坚船利炮的逼迫下,中华文明遭受"三千年未有之大变局"。中华文明的出路在何方?无数仁人志士作出不懈努力,历经孙中山的辛亥革命、国共合作抗日和中国共产党的革命战争,最终在1949年摆脱了一百多年的近代屈辱史,实现了国家和民族的独立,建立了中华人民共和国。尤其1978年十一届三中全会以后,举国上下将主要精力放在解放和发展生产力上。改革开放至今获得了举世瞩目的经济成就。如今,在这样一个改革开放,集中精力搞经济建设的大时代背景下,国家、政府和人民都希望有一个和平发展的内部和外部环境,于是"和谐社会"乃至"和谐世界"的政府理念就应运而生。此外,近年来,首都北京的长安街边又多了一道文化亮点,那就是树立在天安门广场的东侧,国家博物馆北门广场,高达9.5米的孔子青铜像。孔子雕像在天安门广场的树立,传达出这样一种信号:当今时代正值一个呼唤以孔子为代表的中华和合文化复兴的时代。

中国的"天人合一"的和合精神,将表现在人与自然、人与社会、身与心的和谐上,是一种强调和平、礼让、无争,崇尚和合、淡化竞争的文化。

其次,"分争"是西方文化基因,是西方文化的基本精神。

曾听说过这样一个故事。一名哲学系的大一新生期末放假回家,父亲杀鸡款待儿子。餐桌上父亲问儿子大学里学什么,儿子回答说:"学西方哲学"。父亲不解,继续问:"西方哲学是什么?"儿子一时不知如何作答,想了想说:"我给你举个例子吧,比如今晚吃这只鸡,你们没有学过西方哲学的人看了就只是一只鸡,是一只具体的鸡;我们学过哲学的人看了就有两只鸡,除了这一只具体的鸡以外,还有一只抽象的鸡。"父亲听了很高兴,说道:"你学这个西方哲学还是有好处的嘛,还能学出另外一只抽象的鸡来,那好,你难得回来一次,今晚我和你妈分吃这只具体的鸡,你就一个人独享那只抽象的鸡吧!"儿子顿时傻了眼。

故事说明,在西方人眼中,世界是可分的。世界是无限可"分"的对立面的统一与斗争。

以儒家为首的中国哲学始终将关注重点放在现实世界,而不是某种在现实世界之外存在的抽象世界。中国哲学即便谈论抽象存在,也会将其与现实存在放在一起,以现实存在为依托来谈论。而西方哲学,尤其传统西方哲学,总要在具体世界之外构建一个形而上的抽象世界,然后将这个抽象世界当做最真实存在来解释现实世界中的各种现象。贯穿在西方哲学中的这种独特文化精神就是西方文化的"超越精神"。由于这种"超越精神"往往以两个世界分离的二元论为前提,因此学术界为了与中国哲学的"天人合一"形成对照,往往将在其中贯穿的二元论称做"天人二分"。

有一个流传很广的关于古希腊第一位哲学家泰勒斯(Thales)的故事。泰勒斯喜欢观察天象,有一次在仰望星空时,不慎跌入水坑,被婢女看见。婢女笑话他说:"你只关心天上,却忘记脚下的事情!"被婢女嘲笑的泰勒斯的这种精神气质,在西方哲学史上具有典型性。近代大哲学家康德(Kant)的墓志铭就说:有两样东西,我们愈时常、愈反复加以思索,它们就给人心贯注了时时翻新、有加无己的赞叹和敬畏:头顶的星空和内心的道德法则。和中国哲学家重在"现实的人生"不同,西方哲学家始终将"头顶的星空"放在哲学关注的首要位置。

某大学哲学系曾出过一个博士生招生考试题目:为什么将泰勒斯看做是西方哲学史上的第一位哲学家?答案是:泰勒斯第一个摆脱了以神话想象解释世界的方式,第一次凭借理性区分开了这个世界"看上去是什么样子"(现象世界)和"实际上是什么样子"(实在世界)。换言之,从泰勒斯开始,希腊人开始不满足于眼睛所见,进而探讨隐藏在世界背后的真正本原是什么。可以说,泰勒斯揭开了西方哲学(乃至西方自然科学)二元论(天人二分)哲学路向的序幕。自此,一大批哲学家基本沿着这一路向提出异彩纷呈的哲学学说。

在泰勒斯之后,最为集中地体现西方文化所代表的"超越精神"的二元论哲学当属柏拉图(Plato)的理念论。柏拉图的"理念论"是对苏格拉底等几位唯心论哲学家哲学观点的整合。比如毕达哥拉斯(Pythagoras)认为实在是数,巴门尼德(Parmenides)认为实在是永恒不变的,赫拉克利特(Heraclitus)的生成变化思想以及认为变化背后有一种不变的逻各斯(logos)。在柏拉图看来,存在两个世界,一个是可感知的现实世界(可见世界),其中任何东西都是不完美的,另一个是理念世界,这是一个不可被感知,但却可凭借理性而知道的世界(可知世界),其中的理念都是完美的存在。理念世界中的理念是现实世界中对应着的各种具体事物的原因,比如,一个特殊的三角形之所以被称做是三角形,是因为它"分有"或"模仿"了理念世界中的那个完美的三角形的理念;现实世界中一幅具体的画之所以被认为是美的,是因为它"分有"或"模仿"了理念世界中那个作为所有具体美的事物原因的完美的美的理念(perfect beauty)。

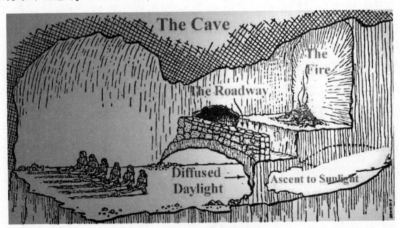

图1 柏拉图的洞穴之喻

柏拉图在《国家篇》第七卷给出的著名的"洞穴之喻"极为形象地阐明了这一抽象的二元论哲学。柏拉图说,让我们想象一个洞穴,一群人从小生活在这个洞穴里,头、脖子、手和脚都绑着,脸只能朝着洞穴后面的墙壁。囚徒身后有一堵如同木偶戏屏风的矮墙,矮墙后面有一条可供外人出入的通道,通道后面有一堆燃烧着的火光。人们扛着各种器具走过墙后的小道,而火光则把透出墙的器具的影子投射到囚徒面前的洞壁上。囚徒们从小只能看到投射到洞壁上的影子,因此他们理所当然地认为影子就是真实的事物本身。有一天,洞里有一个囚徒解除了桎梏,走出洞穴,尽管一开始很不适应,可最后还是慢慢地学会了观看外面的世界。有一天,这个知晓外面世界真相的人回到洞里,告诉同伴们说:你们现在眼前所见的只不过是事物的影子,真正的事物在你们身后和外面。结果,洞里的囚徒并不相信他所说的,而是宁愿相信眼前墙壁上的影子是真的。柏拉图通过这个奇异的"洞穴之喻"向我们表明:在我们生活的可见世界之外,还有一个超越于我们所处的世界之上的更为真实的理念世界。走出洞穴的人,喻指哲学家,而囚徒喻指常人。洞穴之外的世界喻指理念的世界,或者可知世界,而洞穴之内喻指现实世界,或者可见世界。

以上主要从本体论的角度阐述了古希腊哲学的二元论主题。值得指出的是:在古希腊哲学内部,二元论不仅体现在本体论哲学领域,而且贯穿在包括本体论、认识论和伦理学等在内几乎所有哲学领域;二元论不仅是古希腊哲学争论的主题,而且是整个西方哲学史争论的焦点。对此,罗素(Russell)曾说过:二元论在各个时期都影响着希腊哲学。它一直是哲学家们撰写和争论的主题。其最基本的问题在于对真和假的区别。在希腊人的哲学思想中,与真、假密切相关的是善与恶、和谐与冲突二元论,其次还有至今仍然属于热门话题的现象、实在二元论。同时,我们还有精神、物质的问题,自由、必然的问题。甚至还有宇宙论问题,如事物是"一"还是"多",是简单还是复杂。最后,还有混乱、秩序以及无限、有限二元论……世界是无限细分的。

西方的"天人二分"的分争精神,将表现在人与自然的对立,人与社会的对立,灵与肉的对立上。西方文化表现出追求竞争与武力征服的特征。

一、人与自然的关系

——天人合一与物我二分
顺应自然与征服自然

(一) 中国:天人合一,顺应自然

中国先民从农业文明的长期实践中很早就感悟到宇宙是整体存在的,并逐步形成了"天—地—人"整体宇宙观——"天人合一"。

中国先民在"天人合一"宇宙观形成的奠基期就提出了阴阳、五行的初步概念,夏代有《连山》,商代有《归藏》六十四卦,西周有《易经》的八卦、六十四卦(卦象、爻辞),《尚书·洪范》提出水火木金土的概念。这些都是对天—地—人运动总貌的图像化描述。

"天—地—人"整体宇宙观的真正形成在春秋战国时期,《易传》标志儒家宇宙观本体论形成,它提出人"与天地参","天行健,君子以自强不息"。儒家提出人"致中和,天地位焉,万物育焉"。人应做到"尽心,知性,知天"。此时,道家也形成了它的宇宙系统生成理论"易有太极,是生两仪,两仪生四象,四象生八卦。八卦定吉凶,吉凶生大业","人法地,地法天,天法道,道法自然"。秦汉时期,以儒为核心、阴阳五行结合为框架,综合道、法、墨、兵、农、名家之说,充实了"天—地—人"整体宇宙模式,提出"人之与天地也同,万物之形虽异,其情一体也",万物的普遍联系建立起来了。董仲舒提出了"天人感应"论,通过"十端":天、地、阴、阳、火、金、木、水、土、人——天地之气,合而为一,分为阴阳,判为四时,列为五行,以此来整体把握世界。

在两宋时期,理学是中国哲学综合时代的产物,核心是天—地—人统一和谐。周敦颐的《太极图说》是宇宙起源与演化理论的深化;邵雍的象数哲学,用八卦的系统逻辑结构论证宇宙发生演化史,证明宇宙大系统的存在和各子系统的结构关系,"天人合一"学说得到深化发展。什么是"天人合一"？天——万物的总名,人——天中的一物,———至大无外为大一,至小无内为小一。中国形成的"天人合一"的整体思维,是认识对象与认识主体的互相依存、互相包容,不可分割,万事从主观去理解的思维方式。

《吕氏春秋》中说:"夫稼,为之者人也,生之者地也,养之者天也。"荀子曰:"农夫朴力而寡能,则上不失天时,下不失地利,中得人和,而百事不废",只要做到天时、地利、人和,万事可成。中国很早就有生态农业的思想——天—地—人和谐之农业,要做到因时制宜,因地制宜,精耕细作,生态平衡,巧妙经营。中国人很早就产生了生态平衡的概念。管仲曰:"人民鸟兽之草木之生物虽甚多,皆有均焉,而未尝变也,谓之则。"即在生态圈内,各种动植物竞相成长,但都有一定比例(有均),这是规律。

中医是"天人合一"的医学,是整体的生理、心理、社会综合医学。中医认为:人与自然界是统一整体,即"天人合一"、"天人相应",外部是个大宇宙,人体是个小宇宙,大小宇宙息息相关,所以,人的生命活动及疾病发生与自然界各种变化(如季节气候、地区方域、昼夜晨昏等)息息相关,人们所处的自然环境及对自然环境的适应程度不同,其体质特征和发病规律亦有所区别。在诊断、治疗时,注重因时、因地、因人制宜,非千篇一律。人体各组织、器官共处于一个统一体中,生理、心理病理上互相联系、互相影响,主张从整体上来对待疾病的治疗与预防。

在人与自然的关系问题上,和西方文化崇尚征服自然、控制自然,使人与自然总是处于一种紧张关系中不同,中国文化则明确强调尊重自然、善待自然,使人与自然和平共处,并自觉将情景交融、物我两忘、天人合一的境界作为文化的最高追求。在这方面,庄子的说法最具代表性。庄子说:"民湿寝则腰疾偏死,鳅然乎哉?"①如果让人睡在潮湿的地方,就会得腰病,乃至于死掉,庄子问我们:泥鳅也是这样吗? 在庄子看来,人有人的习性,泥鳅有泥鳅的习性,不能将人的习性强加给泥鳅;人喜欢睡在干燥的地方,泥鳅却不一定喜欢;如果一定要让泥鳅像人一样睡在干燥的地方,泥鳅很快就会死掉。庄子又说:"毛嫱、丽姬,人之所美也,鱼见之深入,鸟见之高飞,麋鹿见之决骤;四者孰知天下之正色哉?"②庄子问我们,鱼、鸟和麋鹿真的知道"天下之正色"吗? 或许鱼儿见到毛嫱、丽姬不是因为美得受不了而是因为受到惊吓才沉到水底,还有鸟儿和麋鹿也是由于受到惊吓才高飞和撒腿就跑呢! 总之,人有人的尺度,万物有万物的尺度,不能拿人的尺度去强加给万物,人与自然平等相处,这是中国文化"天人合一"哲学精神的基本要求。

(二) 西方:物我二分,征服自然

在商业文明社会生存的西方先民看来,人和自然是尖锐对立的。可怕的自然界总是与人作对,为了做生意,长途贩运经商的商人经常要翻越高山峻岭,渡过河川激流,遭遇巨蟒怪兽,迎来飞沙走石,千里艰苦跋涉,还不知货物有无损失;航海贸易要渡过茫茫大海,随时迎战狂风恶浪,穿过激流险滩,躲过巨石暗礁,稍一不慎就有翻船葬身海底的危险。《荷马史诗》的奥德修斯在大海的漂流历险形象地反映了人与自然的对立。生存的本能要求他们要认真对付自然,因此就形成了西方的"物我二分,征服自然"的"天人二分"世界观和理性思维方式。

在人与自然的关系上,西方文化总是拿人的尺度去强加给外在自然,导致人和自然总是处于一种紧张关系当中。古希腊智者派代表普罗泰格拉(Protagoras)说过:"人是万物的尺度,是存在者存在的尺度,也是不存在者不存在的尺度。"弗朗西斯·培根(Francis Bacon)是近代英国经验论哲学的第一个代表,提出"知识就是力量"的名言,第一个主张作为主体的人应该主动征服自然,让自然服务于人类。如培根所言,近代西方兴起的自然科学作为人类知识的典型形态,的确实实在在地成为人类征服自然、控制自然的极大推动力量,并最终成就了西方世界物质文明的巨大进步。社会劳动生产率大大提高,人们终于可以享受各种科技进步带来的物质成果,深刻地改变了人的生产方式与生活方式,汽车、飞机、轮船、家用电器、电视、网络甚至化纤、加工食品,衣食住行的各方面都用上了人工制品,代替了自然的产品。人从自然状态变得越来越不"自然"。

但是对大自然的过度掠夺,人类必将受到大自然的惩罚。全球性的生态环境

---

① 庄周,《庄子》,辽宁民族出版社,1996年,第19页。
② 庄周,《庄子》,辽宁民族出版社,1996年,第19页。

破坏,全球气候异常,沙尘暴、酸雨、环境污染,世界性的能源危机,森林资源、水资源的短缺,残酷的现实教育了我们,必须改变对自然的征服倾向,要善待地球我们人类的家园,因为我们只有一个地球。

二、人与社会的关系
——群己合一与人我二分
中庸和平与崇力尚争

(一) 中国:群己合一,中庸和平

中国原始血缘氏族社会解体不彻底,中国人聚族而居,在今天我们还看到有许多以姓氏命名的村庄,村子里的人大多有亲戚关系,中国的农耕文明,因农业生产力低下,剩余产品不足,私有制不发达,聚族而居成为以血缘纽带联系的封建宗法社会。宗法社会是群体生存方式,是以群体为本位的社会,个人没有独立的经济、政治地位,也就没有独立的人格。保持与群体的和谐,保持与他人的和谐是一种生存的智慧,也是生存的无奈。

儒家文化最为强调的价值原则和成人理想就是"中庸"、"中和"。按照宋代理学家程颐的解释:"不偏之谓中,不易之谓庸;中者天下之正道,庸者天下之定理。"[①]朱熹进一步解释说:"中者,不偏不倚。无过不及之名;庸,平常也。"[②]儒家所说的"中庸"或"中和"的价值准则所强调的无非是个体在思想行为上的节制、适度与守常,其所彰显的理想无非是个体对自身喜怒哀乐情感与功名利禄欲望的约束与克制,最终达到一种"从心所欲不逾矩"的通达圆融的理想境界。因此,为人处世应该"温良谦恭让",应该像孔子那样"惠而不费,劳而不怨,欲而不贪,泰而不骄,威而不猛"[③],以致于"文质彬彬,然后君子"[④]。不过,有一点值得强调,那就是儒家所提倡的"中庸"或"中和"理想,并不代表宣扬毫无原则、不讲个性、趋炎媚俗、随波逐流、八面玲珑的乡愿人格。孔子曾说过:"乡愿,德之贼也"[⑤]。他还说过:"君子和而不同。"[⑥]。这些都表明,儒家所表达的"中庸"或"中和"理想并未抹杀原则性、个性和差异性,而是要求在原则性、个性和差异性的协调中达到一种

---

① 程灏,程颐,《二程遗书》,上海古籍出版社,2000 年,第 148 页。
② 朱熹,《四书章句集注》,中华书局,1983 年,第 17 页。
③ 孔子,《论语》,辽宁民族出版社,1996 年,第 219 页。
④ 孔子,《论语》,辽宁民族出版社,1996 年,第 69 页。
⑤ 孔子,《论语》,辽宁民族出版社,1996 年,第 196 页。
⑥ 孔子,《论语》,辽宁民族出版社,1996 年,第 149 页。

"和而不同"的辩证理想境界。

（二）西方：人我二分，崇力尚争

古希腊从公元前8世纪至公元前5世纪，原始血缘氏族社会就逐步解体而成为奴隶制城邦国家，大规模的海外殖民和城邦商业文明使血缘家族解体比较彻底。城邦商业文明使人成为有独立经济、政治地位的自由人，商品经济社会是"个人本位"的社会，商品交易的平等性诱发了他们的民主、平等、自由的独立个性，每个人都有其独特的存在价值，每个人都有争取自己利益的权利，从而成就了西方"人我二分，崇力尚争"的民族文化性格。

在人与人之间的关系上，西方文化崇尚竞争或斗争的传统更是由来已久。作为西方文明源头的古希腊神话已经表现出极强的残酷性和斗争性。与中国古代神话故事大多宣扬颇具教育意义的救世精神和利他主义精神不同，古希腊神话更多讲述充满残酷性和斗争性的故事。根据赫希俄德(Hesiodos)《神谱》(Theogony)记载，希腊神话中最初的神是卡俄斯(Chaos)。卡俄斯是没有具体形状、非人格的神，它什么也不是，只是一片混沌。然后从混沌中诞生出最初一批具有人格特点的神，其中最主要的是大地女神盖娅(Gaea)。此外还有死神、地狱之神和光明之神等等。接着，盖娅未经受孕生下乌洛诺斯(Oranos)，并随后和自己生下的乌洛诺斯结合生下12个提坦(Titan)神族。当12大提坦神出生时，乌洛诺斯由于担心自己的统治地位被其中一个孩子取代，他就把自己和盖娅生下的孩子全部打入地狱。没想到最小的孩子克洛诺斯(Cronus)在母亲盖娅的保护下幸免于难。克洛诺斯长大后和自己的父亲乌洛诺斯进行了一场惊心动魄的斗争。斗争的结果是克洛诺斯战胜并阉割了自己的父亲乌洛诺斯。克洛诺斯取得统治地位后，将其兄弟姐妹全部从地狱中释放出来。然后他又和自己的姐姐瑞亚(Rhea)结合生下奥林匹斯神族。但此时的克洛诺斯和他父亲一样知道自己的孩子当中必有一位将来取代他的统治地位。为了避免历史重演，他采取了比他父亲更残酷的办法，将这些刚出生的孩子全部吞入肚中。不过其最小的儿子宙斯(Zous)在其母亲瑞亚的保护下幸免于难。宙斯长大后和其父克洛诺斯大战一场，最后战胜并阉割了克洛诺斯取得统治地位，并强迫他将吞入肚中的孩子全都吐出来。这就是赫希俄德在《神谱》中记载的古希腊神话故事的最初片段。西方文明在其源头上表现出的残酷性和斗争性特点可见一斑。

作为奥林匹克运动会的发源地，希腊雅典人将体育竞争看做崇拜神灵的仪式。在古希腊神话中，神人是"同形"的，神和人具有相同的形状，相同的身体。神之所以被称做神的原因仅仅在于：神具有一副比普通人更加有力和更加健美的身体。希腊人热衷于体育竞赛，一方面是为了向神灵表达敬意，另一方面也是为了展示希腊人自身的力量和健美身体。这种对健美身体和身体力量的崇拜正是希腊文化精神的重要方面。

除雅典之外,古希腊最重要的城邦就是著名的斯巴达(Sparta)。斯巴达是柏拉图著名的《理想国》(The Republic)的现实原型。与雅典相比,斯巴达对身体与力量的崇拜有过之而无不及。古代斯巴达好比一个大军营,小孩子刚出生就要被严格检查体质,如果体质羸弱,就要被抛弃在荒野。母亲会用烈酒为婴儿洗澡,若耐受不住,表明体质不过关,则要任由其死去。因为斯巴达需要的是体格最优秀的战士。男孩在7岁前由双亲抚养,7岁后便被编入团队接受军事训练,20岁后就会成为正规军人。60岁退役,但仍要作为预备军,随时候命。女孩7岁后虽然留在家里,但并不像中国古代女子一样从事女工刺绣,而是像男人一样从事艰苦的军事训练。斯巴达人认为,只有强壮的母亲才能孕育出勇猛强健的战士。斯巴达妇女性格坚韧,不怕儿子浴血沙场。当儿子上战场时,她们通常会给他一个盾牌,并对其说:"孩子,带着盾牌回来,不然就躺在盾牌上。"在雅典和斯巴达之后,无论是凭借武力建立横跨欧亚非庞大帝国的亚历山大大帝(Alexander the Great)、罗马竞技场上角斗士的血腥表演、罗马共和国末期的凯撒大帝(Caesar the Great)、近代西方叱咤风云的"战争之神"拿破仑(Napoleon),还是近代在欧洲以外的亚非拉世界肆虐横行的西方国家殖民者,乃至于后来的第一次世界大战和第二次世界大战,西方历史一再印证了西方文化独特的崇尚武力征服和竞争的传统。

西方文化崇尚竞争的传统不仅体现在军事和政治领域,更是体现在商业和经济领域。自近代资本主义兴起以来,西方各主要资本主义国家基本上采取的是亚当·斯密(Adam Smith)《国富论》(The Wealth of Nations)中所提出的自由竞争的市场经济理论。《国富论》是西方经济学的圣经,它提出在市场经济体制下的每个人都是"理性的经济人"。经济人有两个特点,一是自私的,所有行为都是出于自私的动机,二是理性的,会算计,知道怎样行动对自己最有利。按照《国富论》的原则,一个社会如果每个人都按照自利的目标而行动,而不是按照利他的目标而行动,带来的反而是集体经济的繁荣。严厉禁止政府插手市场,国家和政府要信任市场,因为市场背后有一只"看不见的手"自动调节着市场的平衡。时至今日,亚当·斯密的自由竞争的市场经济理念不仅被西方各主要资本主义国家,尤其是美国这样极其崇尚自由的国家所采纳。

三、人与自身的关系
——身心合一与灵肉二分
　　情理合一与情理二分

(一) 中国:身心合一,以理抑情

中国人是"天人合一"论者,在西方文化中普遍存在的、建立在二元对立基础上的"超越精神"在中国文化中是缺乏的。对中国哲人而言,怎么也不能理解在具体的现实世界之外还存在一个和我们所处世界相分离的抽象世界。因此,在中国人看来,"人"都是现实、具体存在的人,是有血有肉,有食有色,有感情、也有理性的人。人是个小宇宙,包罗了自身之万象;天地是个大宇宙,包罗了天地之万象。小宇宙与大宇宙是同构的,即"天人同构"。当然,在这里,这个"天"主要是中国伦理的天,不是物理的"天"。按孟子说的,人是可以做到"尽心,知性,知天"的。也就是说:人是有人性的,但人性也是天性,只要用心去体悟,就能知道自己的人性符不符合天性的要求,就可以按照天性来调整自己的人性。

对中国人来说,"天人合一"就是"身心合一"。因为"身"为情欲,"心"即人性;而人性即天性,天性就是"天理"。所以,"身心合一"就是情欲与天理的统一,即"情理合一"。由于古代中国农村社会的宗法封闭性,中国是个讲血缘、血缘关系的人情社会,中国人生活在各种人情关系网之中。所以中国人办事总是讲要"有人情味",要合情合理,入情入理,不能不讲情面,又要对得起天理良心,关键是做到"以理抑情",不要做伤天害理的事。

归根结底,"情理合一"的民族文化性格的形成,是因为在早期的中国古代社会,由于社会分工和私有财产发展得不够充分,人与自然、人与社会的分裂很不彻底,群体生存的人们在此岸世俗世界中并不孤独存在,没有析出个人独立自我意识,却形成了中国人独特的"天—地—人"综合宇宙模式,决定了中国人的"知—情—意"一体化,情理合一,灵肉一体,以心统身的内向人格模式。

对于中国人的灵肉一体,身心合一,也许有人会说,中国文化中也有鬼神的敬拜,并不全否认彼岸世界的存在。但值得注意的是:中国文化的真正旨趣并不是彼岸世界中的鬼神,而在于此岸世界中现实人生的幸福。与西方哲人相反,中国哲人始终将现实人生放在关注的焦点。孔子说过,"未能事人,焉能事鬼?"①、"未知生,焉知死?"②、"敬鬼神而远之"③、"子不语怪、力、乱、神"④。孔子主要关心的是修身、齐家、治国和平天下这样的现实抱负,"怪、力、乱、神"作为抽象的存在是说不清道不明的,也许存在,也许并不存在,但那不是重点,重点在于现实人生能否有所作为,能否过得充实和幸福。《易传》探讨《易经》的创作起源时曾有这样的话:"做《易》者,其有忧患乎?"⑤这句话一般被认为是以疑问句的方式作出的肯定回

---

① 孔子,《论语》,辽宁民族出版社,1996年,第118页。
② 孔子,《论语》,辽宁民族出版社,1996年,第118页。
③ 孔子,《论语》,辽宁民族出版社,1996年,第64页。
④ 孔子,《论语》,辽宁民族出版社,1996年,第74页。
⑤ 黄寿祺等撰,《周易译注》,上海古籍出版社,2001年,第592页。

答：当初创作《易经》的先人心中的确是有忧患意识的。西方哲学起源于好奇,而作为中国儒家经典之首的《易经》的创作起源于忧患。忧患什么？忧患现实人生中的苦难灾祸。《易经》的创作不过是为了通过占卜或算命的办法预测灾祸的发生,并采取一定措施预防和避免灾祸的发生。中国先人正是出于如此实用的目的才创作《易经》的。也许正是由于儒家思想中这种由来已久的实用主义精神和实践理性原则,导致其从未形成像西方宗教那样从此岸世界向彼岸世界的"超越精神",因此针对学术界关于儒教到底算不算宗教问题的争论,很多学者直接给出了否定的回答。

另外,与儒家相比,道家具备更多的"超越精神",因为道家讲的"道"作为中国文化的最高范畴,相对于现实世界的确已具备相当多的超越性质。但是,道家学说的超越性和西方文化中的超越性有着天壤之别:道家学说中道相对于宇宙万物的超越是一种"内在的超越",而基督教中上帝相对于宇宙万物的超越是一种"外在的超越"。这就是说,与上帝是在宇宙万物之外的彼岸世界存在大不相同,道家所讲的道虽然超越于宇宙万物,但并未脱离宇宙万物,相反,道就在宇宙万物中存在。因此,道家说道不在别处,它就在我们身边；道无处不在,甚至野草、砖瓦、碎石和屎尿这些卑贱污秽的东西也不例外。此外,作为中国文化重要组成部分的佛教也并未像西方基督教那样将彼岸世界中神灵的信仰放在首要位置。西方基督教和东方佛教的最大区别在于:前者重在正确的信仰(right belief),而后者重在正确的实践(right practice)。换言之,前者将对彼岸世界中神灵的信仰和崇拜放在首要位置,而后者只是更多地提供了一套修行实践的法则。

(二) 西方:灵肉二分,情理二分

西方人认为,人的肉体是自己的,有情欲的；而灵魂是超验理性的精神,是归上帝管。所以,人是灵肉二分的。人的情欲是有罪的,是堕落的,人有"原罪"人只有不断忏悔,从肉体向灵魂升华,向上帝回归,最后才能得到上帝的拯救。

灵肉二分的观念来自西方的二元哲学。

柏拉图的理念世界与现实世界相对立的二元论哲学,后来成为在罗马世界兴起的基督教思想的两个主要来源之一(另一个来源是犹太教)。柏拉图理念论中的"超越精神"和后来基督教所倡导的从现实世界向彼岸世界,从肉体向灵魂升华的"超越精神"是一脉相承的。并且,这种从此岸世界向彼岸世界,从肉体向灵魂的"超越精神",正是基督教文化的核心精神所在。基督教和原来的犹太教的最大区别就在于这种此岸与彼岸、肉体与灵魂的二元对立。在基督教看来,上帝不再在此岸世界中出现,而是在彼岸世界中存在。耶稣的名言"我的国不属这世界"几乎成为基督教区别于犹太教的一个重要标志。而《圣经》甚至直接告诫基督徒"你们要思念上面的事,不要思念地上的事。"①

柏拉图的理念世界与现实世界相对立的二元论哲学不仅是西方基督教思想的主要来源之一,而且是从文艺复兴到19世纪中叶几百年的近代西方哲学的主导性思想来源。文艺复兴以来的近代西方哲学的主要问题是探讨作为主体的人如何认识和把握作为客体的世界的认识论问题。针对这一主题,近代哲学的主导性思想是主张主体与客体、思维与存在、精神与物质、现象与本体的二元对立。

"近代西方哲学之父"笛卡儿(Descartes)第一个明确倡导主客二分的二元论。在他看来,物质与精神是附属于上帝的两种绝对不同的实体,物质的本质在于广延,精神的本质在于思想,物质不能思想,精神也没有广延,两者彼此独立,平行发展,谁也不能派生或决定另一个。英国经验论的代表洛克(Locke)尽管从感性经验的角度批评笛卡儿的"天赋观念论",提出著名的"白板说",但其哲学中仍保留了笛卡儿二元论的思想成分。荷兰的斯宾诺莎(Spinoza)是唯理论的第二代表,他试图从"实体一元论"的角度克服笛卡儿的"实体二元论",认为精神和物质并非截然不同的实体,而是那独立自存的唯一实体(神)的两个不同方面;万事万物都依存于实体中,并且只有在实体中才能得到认识和把握。不过,斯宾诺莎对于实体或神的一元论理解在西方哲学史上很罕见的,黑格尔(Hegel)甚至认为它不符合西方哲学的一般特征。唯理论的第三代表莱布尼茨(Leibniz)站在笛卡儿的立场上与洛克的经验论针锋相对,并在笛卡儿的基础上提出著名的"单子论"。莱布尼茨的单子论认为,整个世界由许多不可分割的单子组成;组成世界的每一个单子都是独特的,世上绝没有两个相同的单子;单子要活动,无需外力推动,它本身就有致动因,单子内部有一种原发的行为和力量,莱布尼茨称之为"隐德莱西"(Entelechy);单子没有可供外物出入的窗户,单子与单子之间"老死不相往来",但彼此之间却相安无事,和谐共处。这是为何?对此,莱布尼茨解释说,组成世界的单子好比钟表,上帝好比钟表匠,钟表匠在造钟表的时候,早就预先把钟表造得精确准当,调得和谐稳定,使它们各走各的,但又彼此和谐一致;同样道理,上帝在造单子的时候,也早就把单子造得精确准当,调得和谐稳定,彼此各行其是,但却和谐一致。莱布尼茨的"预定和谐论"包含着一(上帝)和多(单子)的对立统一思想,但作为"一"的上帝和作为"多"的单子在本体论上终究是二元对立的,这与斯宾诺莎所强调的将"多"(万事万物)消融在"一"(上帝)之中的思想存在重大区别。贝克莱(Berkeley)是英国经验论的代表之一,他将经验论原则推向极端,提出著名的"存在即是被感知"观点,他从洛克哲学的二元论走入主观唯心论,直接取消了外在客体的存

---

① 徐行言主编,《中西文化比较》,北京大学出版社,2004年,第195页。原文出自《新约·歌罗西书》第3章,第2节。

在。英国经验论的另一代表休谟(Hume)比贝克莱走得更远,他不但否定了外在客体的存在,而且取消了精神实体的存在。在他看来,存在的只有知觉,在知觉之外存在的任何东西都是不可知的。这样,自培根开创的英国经验论传统在休谟这里变成了彻底的怀疑论和不可知论,完全取消了主体与客体、精神与实在的二元对立。这样,在主体与客体、思维与存在的关系问题上,经验论和唯理论各执一端,经验论重感性经验,唯理论重理性思辨,经验论重个别和多,唯理论重普遍和一,两者各有其片面性。

康德看到了两派各自的片面性,并试图调和它们之间的矛盾,但他最终还是划分了现象与物自体,割裂了思维与存在,认为人只能把握现象,包括上帝、灵魂等在内的物自体不能通过知性范畴去认识,而只能借助信仰去把握。黑格尔作为近代西方哲学的集大成者,虽然在其哲学中系统阐发了一和多、普遍和个别的辩证统一关系,但其哲学中最高的理念"绝对精神"或"绝对理念"最终还是脱离了在时间中存在的个别性的具体事物,成了超验的形而上实体。很明显这是古代柏拉图理念世界和具体世界的二元论思想的变种。因此,无怪乎现代西方哲学家海德格尔(Martin Heidegger)和怀特海(whitehead)等人认为,整部西方哲学史不过是柏拉图主义的变种和柏拉图哲学的注脚。

19世纪中叶,由于自然科学的进步和工业革命的发生,整个西方世界在物质文明方面取得巨大进步,新的时代呼唤新的哲学理论。自19世纪40年代开始,德国古典哲学逐渐解体,黑格尔的哲学不断受到批评。黑格尔之后的现当代西方哲学,无论欧洲大陆的人文主义传统,还是英美国家的分析哲学传统,都从各自角度批评自柏拉图到黑格尔的传统西方哲学对于超感官的抽象世界尊崇的传统,反对旧的形而上学,开始回到"生活世界",关注现实生活,重视人与人之间的交往,这在一定程度上靠近了中国哲学的传统。

"情理二分"是"灵肉二分"观念在西方民族文化性格上的具体表现。西方人工作起来有很强的敬业精神,玩起来也忘情地玩。典型表现是西方文化特有的"日神精神"和"酒神精神"。

西方古代,由于私有制较为彻底地斩断了人与自然、人与社会的原始纽带,人成为孤独者,遭受异化痛苦,别无出路的人们不得不在感性的肉体存在或神秘的彼岸世界寻找寄托,产生了纵欲式酒神精神与禁欲式日神精神。这是同一现实生活中分裂出来的彼此对立的感性宗教精神和理性宗教精神。

酒神崇拜是对文明社会道德准则对人的原始情欲压抑的一种反叛方式,是粗野、狂放、毫无节制的感性行为的宣泄,有其合理性,也有破坏性。近代社会的许多狂欢节,正是这种文化精神的余泽。日神崇拜是智慧与理性化身的日神阿波罗,用精神的沉醉——通过禁欲对精神世界宇宙本原的不顾一切的追求——以实现精神的升华,来获得精神的解脱。日神与酒神的对立,使早期希腊人在理性与感性的冲动上发展得比较彻底,深刻影响到西方民族外向性人格特征的形成。

思考题

1. 如何理解"和合"是中国文化的基本精神?
2. 如何理解"分争"是西方文化的基本精神?
3. 西方人的酒神崇拜和日神崇拜是怎样产生的?

参考文献

[1] [古希腊]柏拉图. 理想国. 郭斌和,张竹明译. 北京:商务印书馆,1986.
[2] [古希腊]赫西俄德. 工作与时日神普. 张竹明,蒋平译. 北京:商务印书馆,1991.
[3] 赵林. 西方文化概论. 北京:高等教育出版社,2008.
[4] 张世英. 新哲学讲演录. 桂林:广西师范大学出版社,2004.
[5] [英]保罗·卡特利奇. 斯巴达人——一部英雄的史诗. 梁建东,章彦译. 上海:上海三联书店,2010.

第三讲 悟性与智性——中西语言文化比较

主要内容

一、语言性质:悟性与智性
二、语言特征:重义与重法
三、语言结构:意合与形合
四、修辞特点:模糊与精准
五、语句结构:宽式与严式

开篇案例

　　一个从没离开过英伦三岛的英国人,第一次出门远行就来到了遥远的中国。因为长途跋涉的缘故,他肚子早已饿得咕咕直叫。于是他离船上岸,径直来到最近的一个城镇。他循着强烈的饭菜香味儿,来到一家餐馆,在一张餐桌前坐下。餐馆里的人都惊呆了,因为他们从没见过这种奇怪的人种:白皙的皮肤上长满了长长的体毛,眼睛是古怪的深蓝色,头发的颜色更是闻所未闻,居然是可怕的金黄色。英国人也好奇地打量着眼前这些中国人,纳闷世界上竟然还有这种黄皮肤、黑眼睛、黑头发的古怪人种。

　　相互打量一番后,饥肠辘辘的英国人用中国人从未听说过的语言"哇啦哇啦"说了一通。犹豫片刻,一个中国人也用英国人闻所未闻的语言"咕噜咕噜"说了一通,自然双方都不可能听懂对方的语言。但英国人用手指了指自己的嘴巴,又摸了摸自己的肚子,不用说,他是想吃东西;中国人也不示弱,马上呈上菜单。可问题又来了,英国人看着那些个奇形怪状、方方正正的汉字,不知道都是些什么意思。望着莫名其妙的中国人,他急中生智,从口袋里拿出一支铅笔和一张白纸,描画了一样长着翅膀的玩意儿,聪明的中国人马上点头:"鸡?"英国人接口道:"Yes. ji",兴许还会补上一句:"chicken"。啊哈,问题解决了!中国人知道这个老外把"鸡"叫做 chicken,英国人也学会了第一个汉语词汇"ji",虽然双方暂时都还不知道对方语言里这个词汇的书写方法,但英国人肯定很快就能享受到平生第一次的中国美食了。接下来问题就会变得越来越容易,也越来越简单。

就这样,中英两种语言的第一次互译胜利完成。

Language is from communication, in communication and for communication.

——English proverb

语言源于交流,溶于交流,用于交流。

——英谚

一、语言性质:悟性与智性

言语(speech)区分了人与动物;语言(language)区分了不同的民族。[①] 语言既是人类社会所独有的一种社会文化现象,又是人类思维的工具和文化载体,同时也是人类群体之间的交流工具。语言是文化的表达方式,文化是语言的生长土壤,其与人类文化的关系水乳交融,难以区分。没有语言这个工具,人类的思维能力就无从谈起,但反过来,思维能力又形塑着语言。同时,不同的语言又造就不同的思维模式,而思维模式又成就了我们的社会习俗、价值观念、行为模式乃至个人的言行举止。

不同的生存条件和生活方式造就了中西方迥然有别的思维模式及语言特征:中国式的直觉感性思维及其悟性语言,西方式的逻辑分析思维及其智性语言。

网络上盛传过一个文字游戏,要求用"样"、"大"、"一"、"不"四个字说出女性隆胸的四种效果。正确答案分别是:

大不一样

不大一样

一样不大

不一样大

这个文字游戏在道学家眼里也许有失雅驯,但可以作为一个较为极端的例子来说明汉语所特有的"悟性"特征。四种表达形式用字相同,但意思却大异其趣,个中差别就是中国人也很难一一具体道明,其间细微之处正可谓"只可意会,不可言传"。

[①] 让·雅克·卢梭,《论语言的起源》,洪涛译,上海人民出版社,2003,第1页。

还有一个更经典的例子。以前一家茶庄的幌子是这样设计的：

也
心　　可
清　以

这个幌子按顺时针方向读,有五种读法：

也可以清心

可以清心也

以清心也可

清心也可以

心也可以清

笔者曾试图向英国朋友解释这些汉字打乱重组后不同的意思,但尝试了半天笔者也不明白,而老外更听不明白,只是皱着眉头瞎点头一气。

汉字任意组合而意思依然成立的特征正是汉语"悟性"语言特征的集中体现。看似文字游戏,但在中国人心里却会会心一笑。因为不论哪种组合都能表达出稍有差别甚至完全不同的意思,这种意思之间的差别只有以汉语为母语的人才能领会。英语母语者纵然"精通"汉语,但对于这种种表达之间的微妙差别,是无论如何也难以精准把握的。

再来看一个例子。据说书法大家于右任在南京任职期间,曾看到有市民在街面上小便,极为愤怒,回家后秉笔疾书,写下"不可随处小便"条幅,交给秘书,要他贴在街面上以警醒市民。秘书也是个书法行家,一看大师今天写出的字较之平常所作更是多了一分灵气,觉得拿去贴在墙上简直就是糟蹋了,于是自己写了同样一幅字,去贴在墙上应差,然后兴冲冲拿着于大师手迹来到南京最好的一家装裱店。店主一眼就看出这是大师真迹,答应马上装裱。但他犹豫了一下,提醒秘书说："就算是大师真迹,这几个字似乎挂在那儿都不雅啊!"秘书,略加思索后告诉店主："把几个字的顺序换一下不就行了!"店主也是聪明人,马上点头称是。很快,一幅装裱得十分精致的横幅出来了。不过,上面的文字已经变成了一句精警的格言："小处不可随便!"

从"不可随处小便"到"小处不可随便",仅文字位置有别,意思却已有云泥之别! 而这文字位置之异所造成的语义差别对很多国人来说也都只能意会,不可言传。这种对于中国人来说都只可意会、不可言传的文字游戏,正是利用了汉语重"悟性"的语言特征才得以达成的。

从语言发展史来看,汉语这种十分独特的"悟性"特征首先是由汉语自身的历史和语言特点决定的。起初,古汉语被刻在兽骨、龟甲或青铜器之上,刻写面积有限,所以越简单越好,而且要尽量保证一字一意。这些古代文言文由于缺少形态变化,字与字之间的关系难以确定,所以后世对这些文字的解释往往是众说纷纭,一个字、一句话会有多种解释,文字语义灵活圆通,模糊性极强。到了汉语言的第一次繁荣时期——春秋战国时期,汉字被刻写在竹简上,还是需要高度简略,否则就会"汗牛充栋"。所以这一时期的文字作品大多短小精悍,绝无长篇巨制。这一时期的文字虽然较以前更易于学习和理解,但还是需要读者的语感和悟性。汉语在秦汉时期就已基本上固定下来,书写格式与具体语言表达随后虽有变化,但后世的变化一直不大。直到 20 世纪的新文化运动,汉语才发生了巨大的变革。汉语这种与生俱来的"悟性"特征要求汉语学习者对语言材料高声反复诵读,直到领悟为止。古人曰"读书千遍,其义自现"说的就是这个道理。

从语言哲学的角度看,汉语的哲学背景是"儒、道、佛"三教合一产生的"悟性"本质特征,遣词造句重意义组合而轻形式结构,词语之间的关系常在不言之中,语法意义和逻辑关系往往隐含在字里行间;句子富于弹性,灵活多变,话语如行云流水,随意自然流动;各种句式交替使用,形散神聚,言简意赅。所以,王力说"汉语是人治的语言",就是指汉语的这种"张力"与"弹性",也即汉语的悟性特征。

汉语语篇由此注重话题,即行文以"流水"形式按事理和先后次序依次展开,属典型的归纳型思维模式;行文注重隐性连贯,往往只是把事件或意思排列起来,让读者靠自己的感悟性去领悟其间的关系,意会出作者意欲传递的意思。

悟性语言富于直觉性和形象性的特征,所以"汉语里表达形象、意象、象征、联想、想象的词语,如比喻、成语、谚语、歇后语等相当丰富"①。汉语这种依靠"顿悟"理解语言意义的特征使得汉语多了一份灵性而少了一份理性,这也是汉语与英语语义表达方面最为明显的区别。

悟性语言强调读者自身对语言的直觉性感悟,所以这种语言也就具有了主观性的明显特征,由此华夏民族在思维方面更为重视主体思维,多从自我感受出发来叙述客观事物,所以少有被动式,句子也多使用人称主语。而当人称不言而喻时,又往往可以省略,所以汉语多省略句和无主句,有时甚至很难判断句子主语。例如:

在历史上,由于长江不断改道,在武汉地区形成了众多的湖泊。

这句话主语并不明显,但其主题意旨还是很清楚的。这种主语极其隐蔽的句子如果照实逐字翻译,就会得出一个混乱的语言垃圾,所以翻译时要重新确立一个显性的主语。

The constant change of the course of the Changjiang River in history helped form a

---

① 连淑能,《中西思维方式:悟性与理性——兼论汉英语言常用的表达方式》,《外语与外语教学》,2006 年第 7 期。

great many lakes in the areas around Wuhan——a city in central China.

英语文本把汉语原因状语"由于长江不断改道"译成名词短语担任句子主语,不仅行文简洁,而且突出了汉语的主题信息"在武汉地区形成众多湖泊"。这样确立的主语符合英语的思维方式和句法特点,是地道的英语。

注重悟性又使得汉语表达长于夸饰抒情,善于堆砌华丽辞藻,滥用主观性很强的修饰词语。例如,"热烈庆祝某某会议胜利召开",听起来就好像某某会议是经过艰苦斗争才得以召开似的。众多的汉语成语正是汉语擅长夸饰抒情的集中体现。例如,"千言万语"、"高山仰止"、"万水千山"、"十全十美"等。"诗仙"李白的诗歌里,夸张更是被发挥到极致。例如,"飞流直下三千尺,疑是银河落九天"、"白发三千丈,缘愁似个长"。

汉语的悟性特征需要读者对文字进行整体感悟,所以汉语行文注重语流的整体感觉,句式强调结构匀称,多使用对称词语和平行结构,尤其是对偶句式和四字结构词语。例如,"绿水常印学子身影,青山时闻朗朗书声"。这个对偶句式其实并没有传递出什么具体的信息,属于文采修饰,有时把这种句子翻译出来反倒会有冗余的语言效果。再如,"世事洞明皆学问,人情练达即文章"。"世事洞明"即懂道理,"人情练达"即识事理,意即创造良好人际关系是一种学问(You may distinguish yourself in everything if you are conversant with it and you may have your horizons widened if you are worldly - wise.)

个人感悟由于感性有余而理性不足,所以汉语行文表述往往又具有明显的模糊性,很多表达方式缺少严密的逻辑关系,至少字面意思可以说是"矛盾"的。但由于长期以来的整体感悟的思维习惯,所以这些看似"不可理喻"的表达方式还是广为流传而没有造成交流障碍。例如,"看病"、"养病"、"救火"、"老板娘",等等。

与汉语这种悟性语言特征相对应的是英语语言的智性特征。所谓智性,即理性,理智之谓也。"理性"是"科学性"之意,谓英语是一种高度理智的语言,有严格的语法要求和句式结构,就是词汇也有固定的构词方式,使用者必须严格遵守这些语言要求,否则就会犯语言错误。

笔者经常用下面这个英语句子来检查学生的英语语法分析能力:

That that that that that that that girl used is wrong.

句子一连使用了7个that,不明就里的读者肯定会以为这是一位口吃者在讲话呢!但从语法的角度分析,这个英语句子是完全符合英语语法的。分析如下:

That "*that* that that "that"*that* that girl used is wrong.

句意为"那个女孩使用的那个 that 是错误的"。句子理解起来难就难在这个 that 上。英语单词 that 有三种用途:指示代词(相当于 the)、关系代词(引导定语从句)和名词。句中三个划线 that 是指示代词,意思是那个,两个斜体 that 则是引导定语从句的关系代词,而两个引号内的 that 则是名词。再看下例,句子虽然不长,却是一个带有两个定语从句的复合句式结构。

This is the cat that killed the rat that ate the cake that put in the house that Jack built.

句子表语 the cat 后面跟了四个定语从句,但完全符合英语句式习惯,所以是符合英语语法的正确句子。这个句子还可延伸下去,只要附加的成分符合英语语法即可。

当然上述两个例句都属于较为极端的例子,但还是有助于说明英语重语法的理性特征。

英语的哲学背景是古希腊亚里士多德开创的形式逻辑,以及 16 世纪~18 世纪盛行欧洲的理性主义,所以英语注重语言形式和逻辑推理,造句行文擅长使用"形合"法,通过严格的语法规则强调语言的内在逻辑关联;词汇有严格意义的形态变化,句子受严谨的主谓结构制约,句子之间需用关联词语衔接,以形统意、以形显意,句子结构讲求逻辑和语法关系,要正确理解语义必须分析词的形式、句子结构和句子成分的前后逻辑关系,不像汉语那样富于"弹性"。这种"刚性"特征充分体现了英语的"理性"特征。

受逻辑思维的影响,英语句子注重分析分析推理,突显主语和主题句,句子围绕主题句呈线性展开,信息安排由近及远,抑或先点出观点或结论,再叙述相关的历史背景、原因或理由,不像汉语行文那样惯于"前因后果"式布局,所以英语句子一般都是"前重心",头短尾长,句后开放。而汉语句子往往是"后重心",句尾封闭。例如:

A historical decision was made in the General Assembly on 25th October,1971 restored to the People's Republic of China its lawful seat in the United Nations.

这是一个常见而又典型的英语"前重心"句式, A historical decision 是句子主语,was made 是句子谓语,后面成分都是状语,句子叙述重心居于句首,十分醒目突出。如果用地道的汉语表达就应该是:

1971 年 10 月 25 日,联大通过了恢复中华人民共和国在联合国合法席位的历史性决议。

汉语句子的叙述重心被移到了句子后面。

同样,受各自思维习惯的影响,英汉句子叙事、推理的顺序大部分情况下是相反的。英语句子在叙事时往往先说最近发生的事,再说先前发生的事,基本是按时间先后展开;汉语在多数情况下则先叙述先前发生的事,接着再叙述最近发生的事,顺序和英语刚好相反。但是,英语在句子中往往先"总提",即先说出个人感受、结论、推断等,然后才叙述所发生的事情;汉语则惯于先说事,后总结。例如:

I'm very grateful for your help to me during my stay in London last month.（上个月在伦敦,承蒙多方照顾,不胜感激。）

Why is it that most of us don't put work and human satisfaction together,except when it comes to the end product of work:automobile and house and good food?（我们大多数人并不把工作和称心如意联系在一起,除非工作的最终成果就是汽车、洋房和美食,其原因何在?）

英语的智性特征使其具有善于"抽象"的语言特色,即以抽象的词语表达具体的意义。所以英语里有大量表达抽象、笼统、概括的词语,意思微妙,抽象化程度极高。例如,oneness(统一性;单一性;完整)、togetherness(相聚;家庭聚会;归属感)、fatherhood(父亲的身份)、globalization(全球一体化)等,简直数不胜数。由此,英语善于表达内涵细微、语义晦涩的抽象概念,所以推演精准、逻辑严密的思辨哲学相当发达。

英语的智性特征还表现在英语表达方式上,英语句子结构严谨、表意准确,歧义现象较少,遣词造句需要遵循严格的词法和句法,段落、篇章也有一定的规则,充分体现出这种语言的科学性与理性特征。

理性讲求客观,所以与华夏民族注重主体思维相反,英语民族更为擅长客体思维,叙述客观事物力求冷峻公允,很少注入作者的情感因素。由此陈述客观事实时多使用被动语态和非人称主语,抽象名词担任句子主语的现象十分普遍,还时常使用it作形式主语,少用主观修饰语,注重客观的分析推理,以确保叙述的客观性。英语行文随处可见的统计数据、事实陈述、个案引述、官方资料、专家观点等就是这一特征的最好体现。例如:

It is so quiet in the room that you can hear the drop of a pin.

其中it只是一个形式主语,只具有语法功能而无实际意义,主要是要保证英语句子结构的完整。翻译成地道的汉语应该是:

房间里静得连地上掉根针都能听见。

如果用英语句法结构来分析,这个汉语句子在语法上是不完整的,因为汉语并不强调句子结构的完整性。再如:

A little forethought would have saved you much trouble afterwards.

Further delay would cause us greater losses.

两个句子都使用了非人称主语,叙述客观冷峻,力求"以理服人"。如果翻译成汉语,最好使用人称主语或使用无主句式:

你如果事先略作盘算,后来也不至于有那么多的麻烦了。

我们如果再耽搁,将会蒙受更大的损失。

使用非人称主语就是让事物以客观的口气呈现出来。非人称主语常见于书面语,如公文、新闻、科技文体以及小说、散文等文学作品中,日常口语也时有出现。这种表达法有助于英语叙事显得公允客观、结构严密紧凑,语气间接委婉。

汉语则较注重主体思维,这种思维模式以"万物皆备于我"为指导,往往从自我出发来叙述客观事物,或倾向于描述个人及其行为、状态,所以要使用人称主语。汉语在人称不言而喻时,又往往隐含人称或省略人称。所以汉语有很多省略主语的句子,英语则少见无主句。例如:

An idea suddenly struck me.(我突然想到一个主意。)

Excitement deprived me of all power of utterance.(我兴奋得什么话也说不出来。)

Liberty is more important than life.(不自由,毋宁死。)

英语之智性特征还表现在英语里大量使用虚词(介词、冠词、连词等)。这些虚词往往只起到语法功能或限定功能而没有具体的语言意义,但是英语句子一旦没有这些功能词就会彻底崩溃,不能成文。但汉语句子内部的各种逻辑关系多呈隐蔽式,较少使用关联词。英语句子内部的各种逻辑关系(时间、假设、转折、因果、比较、方式等)多呈彰显式,往往以关联词作为明显的标记。例如:

平日里,工作太忙,或交际太繁,你难得与古今中外的智者交流。而今,你可凝视倾听,精心阅读,令学识渐长;你还可以依随自己的爱好,去干任何一件感兴趣的事情。静听音乐,挥毫作画,"收拾"残局,甚至,翻阅影集,遥思亲人。这些无不是人生一乐。

这段汉语多用流水句式,句子短小,句与句之间少用关联词,但译成地道的英语后却成了这样子:

At other times you may be **so** occupied with your work or social intercourse **that** you barely have time for books. Now you can concentrate upon reading the wise of all times and lands **so as to** absorb their brilliant ideas and extend your horizon. **Or** you can do whatever you are interested in—**such as** finding entertainment in listening to music, in drawing pictures or playing Chinese chess. **If** you are in the mood, you may well open an album and let the photos bring back memories of your dear ones now far away. All these are really pleasure in life, aren't they?

译文不仅在长度上远远超出原文,而且结构更加复杂,也更加严谨,充分体现了英语的"理性",实则即"科学性"特征。译文中的黑体字"so…that…","so as to","or","such as","if"都是原文没有、翻译时添加上去的。如果不添加这些关联词,译文就会缺少内部的逻辑联系而呈现出"中国式英语"的翻译特征。

总体而言,决定民族语言表达方式的还是民族思维模式。汉民族擅长感性思维和意象思维,所以具体语言表述往往强调整体感悟,表达方式灵活朦胧;而英语语言强调理性思维,所以具体语言表述逻辑性强,分析严密,表达方式严格精确。

二、语言特征:重义与重法

相比较而言,汉语属词本位语言,即十分重视词汇的灵活运用,所以古汉语极其讲求对词汇的研究,训诂学、音韵学和文字学极为发达。而对语法的研究要晚至清末《马氏文通》才算开始,而且多是沿用西方拉丁语法术语研究汉语语法;英语则注重语法研究,很早就有专门的语法学科,研究成果也十分丰富,这些研究成果又反过来起到规范英语用法的作用。所以有学者把汉语说成典型的语义型语言,而把英语说成是典型的语法型语言。

汉语重视语义的语言特征具体表现就是以"字"为最小的句法结构单位。"字"的结构清楚,界限明显而封闭。一个字就是一个个体,具有极强的独立性,使用起来灵活多变,极具开放性,很难根据一个统一的功能模式进行分类。而且,汉语句子里"字"与"字"之间的关系形式上基本是独立的,之间的意思没有直接的联系,即不用连接词或过渡性词语,必须靠读者自己通过直觉去领悟,而这种领悟则需通过反复诵读才能凭经验和语感获得。这点从汉语的构词法上就可略见一斑。例如,汉字"车",可以和很多字搭配,构成各种各样的"车"。

汽车、马车、牛车、卡车、火车、电车、自行车、机动车、大车、小车、校车、军车、警车、消防车……

再看汉语常见动词"开",你可以开车、开门、开会、开锁、开灯、开闸,也可以开心、开后门、开小差。

语义型语言重视"字"本位的特征具体地表现在字与字之间组合的任意性方面。明明看似毫无联系的"字"以不同的顺序组合起来,仍然可以表达出不同或相似的意思。这种语言特征造就了汉语重联想顿悟的悟性思维模式。最明显的就如上面两个例证。再如,"不好说"、"说不好"、"好不说",除语序上的差异外,意思也迥然有别。中国商家在给自己的商号起名时,只是选出几个意思吉祥的单字组合在一起,就可以得到一个如意的好名字。比如,"恒源祥"、"东来顺"、"恒隆"、"福旺"等,这些名字就是利用了汉语单字组合的任意性和语义的自由联想特征。

作为一种语义语言,汉语以"字"为构词组句基本单位还形成汉语句式的另外一个特征:由于文字间少有过渡性联系词语和逻辑关系,汉语句子就不宜过长。一旦一个句子过长其内容就会顾此失彼,轻则造成结构混乱或语义不清,重则支离破碎。由此,汉语行文擅长使用短小的流水句式,以一组句子叙述一个主题,句子结构叙述可有多个零散重心,外形也不完整。而英语由于拥有严格的语法规则,句子成分只要合乎逻辑并受统一的形式规则的支配,一般来说不管句子有多长都不会妨碍表达和理解。所以英语行文往往多使用复句和长句。例如:

They (books) contain the history of our race, the discoveries we have made, the accumulated knowledge and experience of ages; they picture for us the marvels and beauties of nature, help us in our difficulties, comfort us in sorrow and in suffering, change hours of weariness into moments of delight, store our minds with ideas, fill them with good and happy thoughts, and lift us out of and above ourselves.

这个英语长句摘自英国作家、博物学家约翰·卢伯克(John Lubbock,1834—1913)所著的 *The Delight of Books*。句子采用并列排比句式,两大并列句内含若干小并列句,句式整齐严谨,气势宏伟,韵味深长;读起来朗朗上口,回味绵长,充分体现了一个智者对书籍的倾情热爱和对书籍重大历史意义的尽情赞美。句子信息含量丰富明确,但如果用汉语翻译,为了不使其显得支离破碎,就必须断句。例如:

它们(书籍)记载了我们人类的历史和迄今所有的发现,以及各个时代积累下来的知识和经验;它们描述了自然界的奇妙和美丽。当我们身处困境时,书籍给予我们帮助;当我们蒙难悲伤时,书籍给我们以慰藉;当我们困倦疲乏时,书籍让我们快乐起来。书籍还能充实我们的精神世界,使我们的头脑充满美好、愉悦的思想,并帮助我们走出自我、超越自我。

再例如下面这个英语句子:

I didn't mean any particular harm, but so long as rebukes are going, I might say it wasn't quite your affair to jump to the conclusion that we couldn't change any note that you might happen to be carrying around. On the country, we can.

这是马克·吐温著名短篇小说《百万英镑》里店小二说的一句话。句中有个不定式短语 to jump to the conclusion that…,这个不定式短语后有一个同位语短语和定语从句。整个句子信息含量很大,如果照样用一个句子来翻译,就不可能得到通顺的表达。所以译文只能用一组流水句式来处理:

我并不见得有多少恶意,不过要是你一开口就教训人的话,那我倒要告诉你,像你这样凭空武断,认为我们换不开你身边可能带着的什么大钞票的话,那你未免是瞎操心。恰恰相反,我们换得开!

当然并不是英语里就没有短句子。其实在英语里只要是符合语法规则,满足基本的"主+谓"结构或"主+谓+宾"结构,句子也可短到只需两个单词。

People vary. (人上一百,形形色色;林子大了,什么鸟都有。)

Money talks. (钱能通神;有钱能使鬼推磨。)

Optimism pays. (笑一笑十年少;凡事不愁,增福多寿。)

相反,汉语极少有两字一句的句子,因为汉语最擅长的是对偶句、排比或韵律句,前后呼应。这些句式语义连绵,回味悠长,十分耐读。对偶句式高度发达正是汉语民族思辨模式产生的结果。对偶句式在古典诗词中尤其普遍。例如：
少壮不努力，老大徒伤悲。
——东汉·《汉乐府民歌·长歌行》

月上柳梢头，人约黄昏后。
——宋·朱淑真《生查子》

人有悲欢离合，月有阴晴圆缺。
——宋·苏轼《水调歌头》

在天愿作比翼鸟，在地愿为连理枝。
——唐·白居易《长恨歌》

昔我往矣，杨柳依依；今我来思，雨雪霏霏。
——《诗经·小雅·采薇》

胡马依北风，越鸟巢南枝。
——汉·古诗十九首《行行重行行》

前不见古人，后不见来者。
念天地之悠悠，独怆然而涕下。
——唐·陈子昂《登幽州台歌》

抽刀断水水更流，举杯消愁愁更愁
——唐·李白《宣州谢朓楼饯官别校书叔云》

　　汉语对偶句十分成熟，但英语在句式类型上主从复合句式却十分发达，这是英语擅长逻辑思维的语言结晶。英语主从句主体是主语，从句往往置于后部，为主句提供附加信息；从句之中又可附带自己的从句，这些从句按照严格的语法规则前后链接，连绵不断。全句以主句动词为核心，句子再长也可一眼看出其句子重心。例如：

I should wish to die while still at work, knowing that others will carry on what I can no longer do and content in the thought that what was possible has been done.（知道其他人会继续我未尽的事业，想到自己已经尽力而为，我觉得心满意足，我愿意在工作中死去。）

　　这个主从复合句的 I should wish to die，while at work 为状语的省略形式；现在分词短语 knowing that…和形容词短语 content in…作伴随状语；其中 what I can no longer do 为宾语从句。类似结构的句子在英语里可谓比比皆是。

三、语言结构：形合与意合

　　汉英两种语言分属于不同的语系，在长期的发展进化过程中演变出了各自鲜明的特点。从语言形态学分类来说，英语属于印欧语系，是一种以综合型为主要特征并逐渐向分析型发展过渡的语言，而汉语则是一种典型的分析型语言。

综合型语言主要通过词汇本身的形态变化来表达语法意义。而分析型语言中的语法关系主要不是通过词汇自身的形态变化来表达,而是通过虚词、语序等非逻辑手段来完成的。

这种不同语言的形态特点反映在句子结构上,使英汉两种语言在句子层面上分别具备了不同的特征。

(一) 英语重形合 (hypotaxis)

英语词语、分句、从句和句子之间往往借助语言形式手段(如关联词)实现词语或句子的链接,以此来表达语法意义和逻辑关系。也就是说,英语注重显性接应,注重句子形式,注重结构完整,注重以形显义。因此英语句中使用的连接手段和形式多种多样,而且使用十分频繁。英语句子之间常用的形合手段和形式有如下几种:

1. 各种关系词和连接词

关系词包括关系代词、关系副词、连接代词和连接副词,如 who, whose, that, which, what, when, where, why 等。连接词包括并列连词和从属连词,如 and, or, but, yet, so, however, either, when, while, as, since, until, so…that 等。

2. 介词

介词包括简单介词,如 in, with, on, to, of, about, between 等)、合成介词,如 inside, onto, upon, within, without, throughout 等,短语介词,如 according to, along with, apart from, because of, on behalf of, with regard to 等。英语常用介词不到 30 个,但却是英语最活跃的词类之一,是连接词与词、句子与句子之间必不可少的连接手段。可以说,没有介词的参与,英语句子将无法表情达意。汉语则常常不用或省略介词。例如:

Two things are noticeable, by comparison, in Europe: first, <u>that</u> successful people there <u>who</u> lack good qualification have often made their way on the basis of mental flexibility <u>and</u> good social skills alone. (相比之下,欧洲有两点是很显著的:第一,那些在校成绩不太好,但在事业上获得成功的人,往往仅靠头脑灵活并善于社交来为自己开路。)

上例中如果没有三个划线连接词,在语法上就不能成立。再例如:

Our life is a brief span measuring some sixty **or** seventy <u>in</u> all, **but** nearly one half <u>of</u> this has to be spent <u>in</u> sleep; some years have to be spent <u>over</u> our meals; some <u>over</u> dressing **and** undressing; some <u>in</u> making journeys <u>on</u> land **and** voyages <u>by</u> sea; some <u>in</u> merrymaking, **either** <u>on</u> our account **or** <u>for</u> the sake of others; some <u>in</u> celebrating religious **and** social festivities; some <u>in</u> watching <u>over</u> the sickbeds <u>of</u> our nearest **and** dearest relatives. Now if all these years were to be deducted from the term over which our life extends we shall find about fifteen or twenty years at our disposal for active work. (我们的生命只是一段短暂的时光,总共也就六七十年而已,但其中有近一半时间却不得不花在睡觉上;几年时间得花在吃饭上;几年时间花在穿衣打扮或脱衣卸妆上;几年时间花在旅途上;几年时间花在寻欢作乐上——不是为了自己就是为了他人;几年时间花在庆祝各种节日上;还有几年时间花在照顾卧病在床的我们最亲近的亲人身上。若从生命的跨度中除去所有这些年的时间,我们就会发现,一生中可供我们支配的有效时间大约也就15年~16年。)

这个英语段落充分体现了英语形合的行文特点。文中共使用了十个连接词(黑体字部分)、二十一个介词,如果不使用这些连词和介词,整段文字将彻底崩溃。但汉语译文却几乎没有任何连词或介词,行文仍然流畅自然、意思清晰。

英语科技文体的文字更加讲究句式的严谨,所以形合特征尤其明显。例如:

Some sulfur dioxide is liberated **when** coal, heavy oil and gas burn, **because** they all contain sulfur compounds. (煤、重油或天然气在燃烧时,会释放出一些二氧化硫,因为它们全都含有硫化物。)

句中的 when 和 because 在英语看来是必不可少的,但汉语译文则要省略不译,如果保留下来反倒会使译文带有"学生腔"或"翻译腔"。再如英语谚语:

Never put off till tomorrow what can be done today. (今日事,今日毕。)

原文是形合特征被相应转化成了汉语擅长的意合句式,不仅字数上少了许多,而且形式上工整对应,完全符合汉语谚语常用句式。

(二) 汉语重意合(parataxis)

汉民族的思维注重悟性,体现在语言表达方面,就是注重语言结构中意义与意义之间的内在联系。此外,汉语文字结构没有构成形态变化的条件,所以不会像英语那样大量使用关联词、连接词和介词。这样,汉语就只能靠意思的内在衔接来组词造句,词语与句子的底层都有一种隐隐约约的意义脉络,这种隐含的意义脉络是汉语组词造句的灵魂。这就是古人说的"文以意为主"。汉语的这种语言特点在其成语和古汉语里表现得尤其充分。例如《史记》里的这段话:

广为人长,猿臂,其善射亦天性也。广出猎,见草中石,以为虎而射之,中石,没镞,视之,石也,因复更射之,终不能复入石矣。

整段话用词简约精当,节奏明快刚劲。如果译成英文,不仅要增加一半以上的字数,还要加上很多连接词、介词和冠词。

A tall man with long arms, Li Guang excelled in marksmanships by nature. Li was out hunting one time when he spied a rock in the grass which he mistook for a tiger. He shot an arrow at the rock and hit it with such force that the tip of the arrow embedded itself in the rock. Later, discovering that it was a rock, the shooter tried shooting at it again, but he was unable to pierce it a second time.

现代汉语跟古汉语一样没有词的形态变化,没有 it 和 there 这样的替补词,代词也用得很少,重意而轻词语的形态变化,词语之间的关系往往不言自明,语法关系和逻辑关系常隐含在字里行间。例如:

老婆在等我,我得走了。(My wife is waiting for me, **so** I must be off now.)

汉语句子里暗含因果关系,但不言自明;用英语说出来就得加上 so 来表明这种关系。其实,汉语里绝大多数因果句不到万不得已时,往往不用关联词,用了反而不够地道,会形成所谓的"学生腔"。例如:

她吓得昏了过去。

(She had **such** a fright **that** she fainted.)

英语翻译中如果不用 such…that 连接,句子就不能成立。再如:

人不犯我,我不犯人。(We will not attack **unless** we are attacked.)

要是用了关联词,反倒失去了语势。但英语里如果不用 unless 就不能成句。

种瓜得瓜,种豆得豆。(**As** you sow, **so** will you reap.)

汉语类似排比、对照、对偶、反复句式中的句与句之间虽然可能隐含着因果、转折、递进、条件等关系,但往往不用关联词把这些意思表现出来,而是依靠读者去感悟。如汉语谚语:

上梁不正下梁歪。

句中隐含着在中国人看来是十分明显的因果条件关系,但若说成"如果上梁不正,那么下梁就会歪",反倒显得不伦不类,失去汉语特有的"意会"之美。这句话用英语表达则必须使用关联词才能表达出其中的条件关系:

If the upper beam is not straight, the lower ones will go aslant. /**When** those above behave unworthily, those below will do the same.

汉语这种紧缩意合句简明紧凑,意蕴深远,是汉语行文造句的一大优势。

最能体现汉语意合特征的恐怕要数汉语特有的"四字格"结构了。这种结构的词语往往用词精练,言简意赅,大都是意合而成。例如:

玩火自焚(Whoever plays with fire will perish by fire.)

欲盖弥彰(The more one tries to hide, the more one is exposed.)

物极必反(Once a certain limit is reached, a change in the opposite direction is inevitable.)

英语里也有意合现象,但多见于一些简练的谚语或成语。例如:

Man proposes; God disposes.(谋事在人,成事在天。)

四、修辞特点：模糊与精确

由于汉语属于典型的语义型语言，词汇缺少形态变化，用于承接或说明词语间和句子间的连接词和过渡性词语也很少，所以字与字、句子与句子之间的关系往往很难确定，可意思却可有多种解释，语义灵活圆通，模糊性极强，要准确理解不能靠语法分析，而要依靠语感及读者个人的悟性。

当初英国首相铁娘子撒切尔夫人来香港谈判香港回归事宜时，想顺便学点汉语，所以对听到的汉语都留心学习。一天，谈判途中，一位中方官员突然站起来说道："对不起，我要去方便一下。"撒切尔夫人注意到"方便"这个词，就重复了一遍。翻译马上告诉她，"去方便一下"就是要 go to the toilet 的意思，撒切尔夫人记住了。隔天，艰苦的谈判结束，双方都倍感轻松，分别时另一位中方官员热情地向撒切尔夫人发出邀请："夫人，欢迎您在方便的时候再来中国访问。""方便"不就是 go to the toilet 吗？要不是听了翻译的解释，撒切尔夫人肯定会发疯。

汉语模糊性的修辞特点可从以下几个例子得到印证。例如：

再稍微辛苦一点，对你们算不了什么。

句中"对你们算不了什么"意思模糊，也许只有以汉语为母语者才能准确把握其含义。如果照实译为英语，恐怕英语读者会感到莫名其妙，所以要根据上下文语境具体译为：

A little more hard work won't kill you.

这样意思才较为准确，也与汉语句中意思相吻合。再如：

她注重今生今世，并不考虑来生来世。

句中的"今生今世"与"来生来世"语义抽象，具体意思相当模糊。这个模糊不清的意思必须用英语精确表达出来就要考虑使用内涵意义相同的英语词语。

She is more this–worldly than other–worldly.

广州人为自己的地方美食感到骄傲，并不无得意地夸口："吃在广州。"这句口语意思高度浓缩，可以诠释为："要享受美食，到广州去吃"或"广州的美食最有名"。用英语表达要具体说出这句话的真实含义：

Guangzhou is most famous for its delicacies.

医生对那个胖男人说："迈开你的腿，管好你的嘴。"

所谓"迈开你的腿"并不是真要你开步走人，而是医生的忠告，要这位男士多多锻炼身体；而"管好你的嘴"，这里的意思则是要病人节食减肥。但是为了加强语言效果，医生使用渲染和音韵对仗的手段，把锻炼和节食变成顺口溜，以期引起病人的兴趣和注意，也更加易于记忆。但汉语这种"言外之意"在英语中就需要直接表达，不能迂回。所以这句话翻译成英语就成了：

The doctor said to the overweight man: "Exercise more and eat less."
再如：

早餐要吃好，午餐要吃饱，晚餐要吃少。

何谓"吃好"，何谓"吃饱"，怎样才算"吃少"都不确定。英语则具体说成：

Eat breakfast like a king, lunch like a prince and supper like a beggar.

汉语"意思"这个词汇本身意思就十分模糊。例如：

这么晚了还来打扰，真不好意思。

他这个人真有意思。

要想办成这事，就得意思意思。

你这是什么意思？

这个故事有点意思。

我的意思是早点动手。

做错了事，你还好意思！

这是我们的一点小意思。

天有点下雨的意思。

你真够意思。

上面句子里的"意思"到了英语里都是些什么"意思"，得依靠具体句子的语境界定，不能一概而论。

除常用词语语义模糊外，汉语的语义模糊性还使汉语有了另外一个显著的特点，那就是重"写意"（这也是中国传统绘画的主要特征）。尤其在文学作品中往往使用华美修辞、极尽渲染夸饰之能事。与此相反的是，英语本身的"理性"特征使英语语言更加重视"写实"，行文强调逻辑性，注重表达的具体清楚。

来欣赏一下这句汉语句子：

旅馆依山傍水，绿草茵茵，鸟语花香，环境优雅，美不胜收。

一连使用五个四字结构，修辞华美夸饰，但其对应英语表达就要实在具体得多：

The hotel is picturesquely situated at the foot of a green hill and beside a murmuring stream.

汉语原文中的华美夸饰只用一个副词 picturesquely 就基本上表达清楚了。

汉语表达模糊的语言特点还在汉语古典诗词中产生另外一个特点，就是意象的频繁使用，而且意象之间不用关联词，意象相加得出的整体意象需要读者内心的整体感悟方可明白。这种语言现象在汉语古典诗歌里可谓比比皆是。例如：

两个黄鹂鸣翠柳，

一行白鹭上青天。

　　　　窗含西岭千秋雪，
　　　　门泊东吴万里船。

　　　　　　　　　　——唐·杜甫《绝句》

　　受过传统语言文化教育的中国人在诵读这首名诗的时候会不由自主地将诗中的意象进行组合，然后在脑海里形成一幅优美的水墨山水画，整体感悟诗歌带来的美感。但从英语行文组句习惯来看，这四句话就显得支离破碎，英语读者对于其中的"意境"美和句式"对偶"美毫无感觉。

　　再如马致远那首著名的小令《天净沙·秋思》：

　　　　枯藤、老树、昏鸦，
　　　　小桥、流水、人家，
　　　　古道、西风、瘦马。
　　　　夕阳西下，断肠人在天涯。

　　诗中一连使用十个意象，之间原来连标点符号也没有，这种意象简单的排列却在中国历代文人雅士心中描绘出一幅美不胜收的画面，美好中又带有浓浓的忧郁与思乡情结。一般来说，这种词语（意境）的简单排列是不会在英语读者心中产生如此美好的景色联想（当然，这也是一个说明汉语"意合"特征的绝佳例子）。比较下面三个译文：

[译文1]

　　Withered vines, olden tree, evening crows;
　　Tiny bridge, flowing brook, hamlet homes;
　　Ancient road, wind from west, bony horse;
　　The sun is setting,
　　Broken man, far from home, roams and roams.

　　　　　　　　　　（Translated by Zhao Zhentao）

[译文2]

　　Dry vine, old tree, crows at dusk,
　　Low bridge, stream running, cottages,
　　Ancient road, west wind, lean nag,
　　The sun westering
　　And one with breaking heart at the sky's edge.

　　　　　　　　　　（Translated by Cyril Birch）

[译文3]

　　Withered vine, olden tree, dozing dusk crows,
　　Tiny bridge, brook and cottage meeting eyes,

Along worn road in west wind bony horse trudges.
Now the sun sinks,
Broken is rider's heart as he nostalgically travels.

(Translated by Song Tianxi)

  显然,译文1与译文2只是一系列单词的简单排列,词语之间缺乏关联词语,不符合英语行文习惯,原文的优美意境被表达得支离破碎、苍白无力。译文3注意了语法结构的完整,很好地体现了英语诗歌的语言特征。当然并不是说译文1与译文2就不是好译文,两者都成功地保留了中国古典诗歌的根本特征,英语读者可以通过这种译文了解汉语诗歌的意境美。

  20世纪西方文学流派纷呈,其中的诗歌意象派大师庞德就从中国古典诗歌中直接寻找创作灵感。他最著名的一首意象诗是这样的:

The apparition of these faces in the crowd;
Petals on a wet, black bough.

直译过来就是:

人群中幽灵一般的脸孔,
潮湿、乌黑树枝上的花瓣。

  这两行诗之间没有关联词,只是两个朦胧意象的简单叠加,这在英语诗歌里是罕见的。这种叫做"意象叠加"的诗歌创作手法后来成为意象派诗歌的重要特征。

五、语句结构:宽式与严式

  从语法范畴分析,汉语属宽式语言而英语是严式语言。所谓宽式语言是指这种语言没有复杂的语法要求,语句意思的获得主要依靠整体领悟和类比联想。汉语是一种典型的宽式语言。这种语言特征也是由汉语的"语义"语言特征所决定的。相比之下,英语属于典型的严式语言,因为不论是词汇还是句子,英语都有制约性很强的规则要求。例如,英语词汇有形态变化(虚词除外),具体而言:名词有单复数变化,而且变化还有规则与不规则之分;代词有三个人称、主格与宾格之分;数词有基数词和序数词之分;形容词和副词则有比较级和最高级之分;动词的变化最为复杂,不仅有时态之分,还有第三人称单数与复数之分,而且还有主动与被动之分和语态之别。同时英语句式也有繁复的语法要求,比如固定的基本句型、简单句与复合句等。遣词造句时如果违反了这些语法要求就会造成语义混乱或句子不通。由于这些丰富复杂的形态变化,语言学家又把英语称为"形态语言",把汉语称为"非形态语言"。

  英语语法虽然与欧洲其他语言如德语或法语相比要简单得多,但跟汉语相比就显得相当纷繁复杂,甚至到了"无理"的程度。

例如,英语要表达名词复数,除少部分借词外,一定要在这个名词后面加上一个复数标记 - s 或 - es:五个美女是 five beauties;三头猪是 three pigs。这种复数标记对中国人来说简直有些莫名其妙,因为名词"美女"和"猪"前面的数词不是已经说明后面名词的单复数了吗?

再如,英语要说"他每天乘公交车上学",一定要说成 He goes to school by bus every day. 如果说成 He go to school by bus every day,即谓语动词 go 后面没有加上一般现在时态动词第三人称标记则算是语法错误。由于汉语动词没有这些形态变化,所以中国学生在学习英语时受语言"负迁移"的影响,往往会犯动词时态方面的错误。

英语动词的十六种时态变化也许是最让中国学生头疼的英语语法了。所谓时态是指谓语动词用以表示动作或情况发生的时间范畴(Time)和体态性质(Aspect Character)的各种形式,不同的时态主要通过谓语动词的形态变化体现出来。英语中表示动作或状态发生的时间范畴有四种:现在时态(Present)、过去时态(Past)、将来时态(Future)和过去将来时态(Past Future)(汉语没有这个时间范畴)。动词的体态也有四种形式:一般(Simple)、进行(Continuous)、完成(Perfect)和完成进行(Perfect Continuous)。将四种时间范畴与四个体态一一叠加,就得到十六个英语时态。例如:

By the end of this month, he would have been working for 30 years at this university. (到本月末,他在这所大学工作就要满 30 年了。)

这个句子使用的是英语最复杂的"过去将来完成时",表示从过去某一时间看来,将来即将发生的动作。

英语行文造句时几乎所有的句子都要考虑谓语动词的时态问题,这些时态明确说明句子谓语动词发生的时间和方式。

电影中两个男孩坐在学校图书大楼前的椅子上,远处一个漂亮姑娘走过。一个男孩问另一个:Is she your girlfriend? 另一个回答:Yes, she was. 这与 Yes, she is 有着很大的区别。

此外,英语句子动词时态还可表示说话人的语气,如埋怨、赞扬、讽刺等。例如:

Your little brother is being stupid. (你小弟在装傻。)

She is always eating. (她老是吃个不停!)

英语动词的被动语态是让中国学生头疼的另一个语法概念。英语在表示被动语态时,除了被动语态的形式标记助动词 be + 动词的过去分词外,还得注意助动词 be 还要跟动词时态、主语的人称和数保持一致。例如:His heart is broken 或 His heart was broken 或 His heart will be broken。

英语频频使用被动语态主要是因为：强调句子动作承受者；不知道或没有必要提及施动者；句法要求或出于修辞的考虑；文体需要。英语不管是口语还是正式文体，被动语态的运用都随处可见。例如：

They **are paid** for this.（他们拿钱就是干这个的。）

The culture of antiquity **was rediscovered**.（古老的文化得以重见天日。）

These products **are made** in our country.（这些产品是我国制造的。）

He **was killed**.（他被杀了。）

英语科技文体强调准确、客观和冷峻，所以被动语态的使用比比皆是。例如：

Vegetable oil **has been known** from antiquity. No household can get on without it, for it **is used** in cooking. Perfumes **may be made from** the oils of certain flowers. Soaps **are made from** vegetables and animal oils.（植物油自古以来就为人们所熟悉。任何家庭都离不开它，因为做饭的时候就需要它。有些从花儿里提炼出的油可以用来制造香水。植物油和动物油还可以用来制造肥皂。）

上面例句共四句话，用了四个被动语态。但汉语译文只有第一句被译成了被动语态，其余三句都译成了主动形式。

据统计，科技英语文体里的被动式结构几乎要占整个文体的2/3。

古代汉语的被动式用"为……所"结构来表示，并没有专门的"被"字结构，被动意思一般借助主动式来表示。例如，《论语》里的"不为酒困"，杜甫诗题"茅屋为秋风所破歌"。到了近代，汉语才出现了"被"字结构。"被"字是从"遭受"的意义演变而来的，往往用来表示对主语而言不幸或不如意的事，如"被杀"、"被就业"、"被捕"、"被剥削"、"被和谐"等。因此，被动语态也被语言学家戏称为"不幸语态"。例如：

他被车撞了。

我们老板被抓起来了。

但有时候"被"字结构也不一定表达不如意事。例如：

他被选为学生会主席。

对于虚拟语气，汉语和英语也分别体现出两种语言宽式与严式的显著差别。英语的虚拟语气分为现在虚拟、过去虚拟和将来虚拟。在表达这三种虚拟语气时，需要严格的语法形态来区分真实条件和虚拟条件，即使上下文已经提供了相关真实条件和虚拟条件的信息，这些严格的形式标记也不能省略。例如：

If I were a boy, I would join the army.

要是我是个男孩，我准会参军。（对现在事实的虚拟）

If you had come a little earlier, you could have met him.

如果你早点来，你准能碰到他。（对过去事实的虚拟）

If it were to rain tomorrow, the football match would be put off.

要是明天下雨,足球赛就会推迟。(对将来事实的虚拟。)

严格来说,汉语并没有虚拟这一语法概念。在表达假想时,汉语通常用"要不是……(的话),……(就)了"这个结构来达成的。同时,汉语对于过去事件虚拟和过去真实事件的假想之间的区别是通过上下文来确定的。而在英语中,尤其是现在虚拟和现在真实条件是有严格的形式区别的,而在汉语中既没有严格的语言形式区别,也没有词汇等构成的严式形式区别,只能通过上下文来理解,或者干脆以附加的说明来区别。

当然,除了上述三种定式的虚拟语气外,英语的虚拟还可通过其他语法条件达成,用来表示说话人的各种语气或情感。例如:

You should have called her earlier.

你该早点打电话给她的!(表谴责)

That it should have come to this.

事情竟然落到这种地步!(表遗憾)

The child talks as if he were a grow-up.

这小孩说话像大人。(表方式)

另外,作为严式语言,英语句子中词与词、主句与从句、从句与从句之间的关系要求十分严格,各种语法成分一般不能省略,语义理解的过程更多地通过内部结构进行,形成了从局部理解整体的思维模式。例如,英语复合句可长可短,长者往往结构复杂,要准确理解一定要认真分析其主从结构,理顺其内部逻辑关系或修饰与被修饰关系。这也是与汉语相去甚远的一种语言现象。汉语是宽式语言,很多语法形式的要求不是十分严格而且往往可以省略,语义的理解可以通过句子上下文展开,这就强化了对语境依赖的可能性,形成了从整体理解局部的思维模式。例如下面这个英语句子:

The findings of a research institution have consistently shown that workers in all countries can be trained on the job to achieve higher productivity and, as a result, radically higher standards of living.

这是一个英语里常见的复合句型,其主干结构是 The findings have shown that…,其中 that 引导宾语从句,不定式短语 to achieve…作目的状语,as a result 为插入语。如果不能准确、清晰地分析句子结构,就很难整体上把握这个句子的意思。经过分析,这个句子意思就清楚了:

一家研究所的研究结果反复表明:所有国家的工人都可以通过在岗培训,从根本上提高生产效率,从而从根本上提高生活水平。

再来看一个汉语例句:

接着,他继续设想:鸡又生鸡,用鸡卖钱,钱买母牛,母牛繁殖,卖牛得钱,用钱放债……这么一连串的发财计划,当然也不能算是生产计划。

这是一个较为典型的汉语流水句式,内里共有七个四字结构,表示一连串的发财梦想,之间没有连接词或过度词语,整体直线排列。它们只有先后之分而无主次之别,读者必须把上下文考虑进去方能清楚把握句子意思。

由于汉、英两种语言存在上述种种宽式与严式语法差异,就给学生学习英语语法带来了很大的困惑,在使用英语时老是违背语法规则。要克服语法错误,就要首先培养一种"语法意识",充分意识到英语语言的"严式"语法,避免使用汉语语法的"宽式"特征去套用英语语法。

相对而言,汉语的历史要比英语悠久得多,而且从语言形态来说,作为世界上保存至今唯一的象形文字,汉语与英语这种拼音文字有着巨大的差别,这种差别是中西两大不同文化的产物,是中西文化思维习惯的具体体现,自然也就带有浓厚的文化差异。

中国文化虽然具有极大的包容性和同化能力,但同时又具有强烈的排他性和封闭性特征。由于地理位置的限制,华夏民族一直没能与其他强势文明产生真正的接触,历史上很少受到其他文明的侵扰和影响(就是从印度传入的佛教,也被深深地打上了华夏文明烙印),长期以来都是华夏文明对周边文明产生影响,进而在四周形成了"华夏文化圈"。所以虽然内部民族众多,但又因为"同文"的关系,民族之间联系一直十分密切,数千年来汉语一直是华夏诸多民族的"文化脐带"。华夏文明亘古不变、一脉相传的特征在世界文明史上绝对是鲜见的。人类历史上"四大古代文明"只有华夏文明代代相传,流传至今。

华夏文明巨大的传承性体现在语言上就是其民族语言——汉语数千年来几乎毫无变化的显著特征。

汉语文字自先秦时期大致定型后就没有发生过重大变革,有的只是字体的变化。作为一种"字本位"语言(即以"字"为最小的语言单位),字的数量也是固定不变的。汉语发展史上鲜有新的汉字出现,也许只有唐代武则天女皇创造的"曌"字和上世纪初新文化运动时期刘半农发明的"她"字算是例外。

作为世界上唯一尚在广泛使用的象形文字,汉语的"象形美"则是世界上众多拼音文字不可比拟的。

作为华夏民族文化载体的汉语在词语方面虽然有极大的保守性,但自明清两代开始,汉语正式与西方文化面对面沟通起来,汉语还是不可避免地受到了西方语言特征的影响。这种影响主要体现在汉语外来词方面。日渐增多的外来词体现了汉语对外来文化极大的包容性和吸纳性。同时,也有人开始担心越来越多的外来词会影响汉语自身的纯净性。

当今世界各民族使用的文字中,汉字的历史最为悠久,历经4000年漫长历史而仍然活力四射、历久弥新。汉字数量众多,但常用字则十分稳定。1986年版的《汉语大字典》共收录54,678个汉字。1988年公布的《现代汉语通用字表》为700字,这是一般书刊的用字范围;《现代汉语常用字表》为3500字,这3500字的现代汉语用字覆盖率高达99.9%。换句话说,只要掌握了这3500个汉字,就可以在生活或工作中熟练地使用汉语了。

目前,世界上有超过15亿的人口以汉语作为母语,而且随着中国国际地位的稳步提升和博大华夏文明不断传播,使用和学习汉语的人还在增长。

古老的汉语会不会成为继英语之后的另一门"世界语"呢?

相比之下,英语的历史要比汉语短暂得多。学界一般把英语的历史分为以下几个时期:

① 古英语时期(Old English):500—1066
② 中古英语时期(Middle English):1066—1500
③ 现代英语时期(Modern English):1500—至今

与汉语大相径庭的是,英语在从产生到成熟的1500年左右的时间里,多次受到外族和异质文化的征服和影响,从早期凯尔特人的征服到罗马帝国的占领,从日耳曼人的征服到斯堪的纳维亚人的入侵,再到诺曼底人的占领……每次征服与占领都对英语文化产生了极大的影响,这从英语里大量的借词就可略见一斑。到了19世纪,英国崛起,成为称霸全球的"日不落帝国",又让英语吸取了世界上诸多语言的词汇。

作为一种拼音文字,英语易于接受外来词汇和创造新词,这是英语词汇数量特别巨大的又一个主要原因。据称英语词有百万之众。在这个巨大的词汇库中,可以找到源自世界上从古至今所以语言的词汇,从古希腊语、拉丁语、希伯来语、德语、法语,从现代汉语、西班牙语到北极地区的因纽特语……说来很难令人相信:英语词汇中80%左右都是外来词。

不过,英语词汇中许多都属于科技术语和专业词语,还有相当数量的老旧词汇,一般读者和非专业人士无需掌握。英语词典收录的词汇各个不同,但都在数十万之间。例如,《牛津英语词典》的条目字数达60,000个。但据研究,英美国家人士一般只要掌握4000单词就行了,受过高等教育的人则要掌握20,000个单词左右。

英语是目前世界上使用最为广泛的语言,有63个左右国家或地区的官方语言是英语,这些国家和地区的人口有21.35亿人,这还不算那些以英语作为第二语言或主要外语的国家和地区。此外,国际上有超过一半的报纸和杂志是用英语出版发行的,互联网上使用的语言90%以上是英语,联合国工作语言之一也是英语,国际间商务活动也主要使用英语进行沟通,好莱坞发行的英语对白的电影更是畅销全球……英语真是名副其实的国际语言!

思考题

1. 为什么说中国语言是悟性语言?
2. 如何理解英语是智性语言?

参考文献

[1] 辜正坤.中西文化比较导论.北京:北京大学出版社,2008.
[2] 张宏安,杨元刚.英汉词语对比.武汉:湖北教育出版社,2003.
[3] 贾德江.英汉语对比研究与翻译.北京:国防科技大学出版社,2002.
[4] 闫传海,张梅娟.英汉词汇文化对比研究.西安:西安交通大学出版社,2008.
[5] 宋天锡.翻译新概念·英汉互译实用教程.北京:国防工业出版社,2009.

第四讲 今生与来世——中西方宗教文化比较

主要内容

一、宗教教主:得道高人与先天真神
二、宗教内容:祖先崇拜与灵魂皈依
三、宗教心理:敬畏祈福与罪感救赎
四、宗教伦理:世俗道德与超越精神

开篇案例

清朝康熙年间,在中国传播天主教的传教士按照罗马天主教会的命令,禁止中国的信徒祭拜孔子和自己的祖先。因为在梵蒂冈教廷看来,信徒心中只能有一个神圣化的偶像,那就是高高在上的上帝。但康熙皇帝得知这一事实之后,勃然大怒,下令禁止天主教会在中国的传教活动。因为教廷的命令违背了中国自古以来的尊孔、祭祖的文化传统,这是为国家最高统治者所不能容忍的。

从这个故事我们可以看出,中国与西方在宗教理念、宗教情感、宗教行为、宗教制度等方面既存在鲜明的差异性,又在深层的文化层面存在共通性,这种差异性以及共通性需要在历史的背景之下,通过对两种文化细微考察才能深切地理解。

中西宗教文化现象,从宗教教主的视角看,中国宗教教主均为得道的高人,如道家(教)的老子、儒家(教)的孔子;而西方宗教教主如基督教的上帝,则为先天的"真神"。从宗教内容看,中国是宗法社会"尊祖"、"敬宗"的祖先崇拜,西方是商业社会"孤独者"的灵魂依皈;从教徒的宗教心理来看,中国是对"天神"的畏惧与祈福,西方是对原罪的愧疚与对救赎的渴望;从宗教伦理的视角看,中国是世俗道德的圣化,西方是对超越世俗道德精神价值的追求。从总体上说,中国宗教是"此岸性"关注今生的宗教,西方宗教是"彼岸性"的关注来世的宗教。中西方产生不同取向宗教的根本原因,是东方农业文明群体生存方式和西方商业文明个体生存方式及这两种生存方式对不同精神文化的选择。

中国宗教与世界各地其他宗教,有共通性。都是对超自然的神灵和精神偶像的膜拜和信仰。但作为根植于中国这块土地上的一种文化现象,中国宗教又有其特性。从整体结构来看,中国宗教以制度化的宗教,如佛教、道教、伊斯兰教、基督教为主,此外还有大量的民间宗教信仰。后者虽然不具备制度化宗教所具有的完整的构成要素,却含有宗教性与世俗性相融合的双重社会功能,其强度、广度及对社会的作用和影响常常超过了制度化的宗教。要想较好地认识中国的宗教,就要追根溯源,了解它的发展历程及特点。只有了解中国宗教的过去,才能真正地了解它的现状和未来。

从本质上讲,道教以及民间遗存下来的宗教,都是"在野"的宗教,而这里所要谈的宗教则有着一种"在朝"性。根据众多宗教学者的研究,中国在历史上有一个在史书中以"礼志"或"郊祀志"的面目出现的、随着封建王朝的灭亡而灭亡的"在朝"的宗教。这种宗教既不是原始宗教,也不是道教,更不是佛教等外来宗教。它具有严格的制度和大体不变的传承,并与国家的政治礼制合而为一,是一种"国家宗教"。它是中国几千年封建王朝的"正统宗教",对中国古代政治、经济、科学、艺术、伦理、思想乃至语言文字等各个领域都产生了巨大的影响。学者们称之为"中国宗法性传统宗教"。

宗法性传统宗教满足于天命神鬼的一般观念和经典说明,并不特别追究神鬼世界的具体情况和个人灵魂解脱,不去详细论证鬼神的存在及其如何显灵,它最重视的是宗教的社会功能。在诸多社会功能中,又最为看重宗教祭祖在政治和伦理方面的教化功能。《周易》有"神道设教"的说法,最能概括宗法性传统宗教的宗教观。所谓神道设教就是通过构建神道来设立教化,宗教祭祀被当做基本的教育手段,所以有"祭者教之本也"的提法。传统宗教为了达到神道设教的目的,要求人们祭祀神灵时要敬肃诚挚,如同神灵就在眼前。但有时过分重视"设教",把"神道"仅仅当做单纯的教育手段,这就为无神论思想的传播创造了条件。荀子就曾经说过:"君子以为文,而百姓以为神。"在这种思想影响下的宗教祭祀,其礼俗意义和纪念意义大于宗教意义,从而使祭祀活动流于形式。

宗教是一种社会文化现象,中国文化是由各种相对独立,而又彼此联系、相互影响的文化形态所构成的历史总和,是一个文化大系统。中国历史上各种形态的宗教正是构成这一文化大系统的有机组成部分。各种宗教在其自身发展的历史中,始终与中国文化的整体及其各个组成部分之间处于动态互补的关系之中。中国文化由多种文化融会而成,呈现出多元一体的状况。深入了解中国的文化结构,人们不难发现宗教是其不可或缺的有机组成部分。中国文化在自身发展的过程中完成了整体建构,外来宗教与本土宗教等各种宗教是构成中国文化结构的基本内容之一。包括各种宗教在内的不同文化要素之间的冲突与融合,共同构成了中国文化的基本框架,他们之间内在的统一性成为中国文化的历史整体或主体,并推动中国文化的发展。

中国传统文化的整体建构问题,应放到中国传统宗教与哲学的总体发展中来考察,在中国文化发展的每一个阶段,都有宗教形态存在。在中国远古夏、商、周三代的社会文化系统中,中国的传统宗法性宗教和天命神学思想是维系全社会唯一的精神支柱,因而构成了从史前到夏商周三代这一社会历史时期思想文化的整体。然而,在诸子百家竞起的春秋战国时期,天命神学的思想体系被打破,人文理性精神替代天命神学而成为意识形态的核心和思想文化的主体,但传统宗法性宗教的影响依然存在,二者并存而相融。这种文化建构一方面在最为基础的方面奠定了中国文化整体结构的基础,另一方面,宗教在后来的中国文化发展中,起着维护这种整体结构的重要作用。可以说,各种形态的宗教与传统文化同生同长。而这种体现了鲜明伦理化特征的宗教文化,以及中国文化大环境对各种外来宗教的伦理化改造,为中西方宗教文化的融通奠定了基础。

一、宗教教主:得道高人与先天真神

(一)中国宗教教主是得道高人

中国古代宗教是宗法性传统宗教。儒、道、佛三教并流,而以儒家(教)、道家(教)为代表,原始教主是孔子、老子。传入中国的印度佛教,原始教主是释迦牟尼。

中国宗法性传统宗教以天神崇拜和祖先崇拜为核心,以社稷、日月、山川等自然崇拜为羽翼,以其他多种鬼神崇拜为补充,形成了相对稳定的郊社制度、宗庙制度以及其他祭祖制度,成为维系社会秩序和家族体系的精神力量,成为慰藉中国人心灵的精神源泉。这种宗教在中国人的心目中占有崇高的地位,它不仅在实际生活中为官方所尊崇,为民众所信仰,而且为史学家所关注。在《尚书》、《周易》、《诗经》及《春秋三传》中,特别在《周礼》、《仪礼》和《礼记》中,都有关于早期宗教祭祖活动、理论和制度的庄重记述。这种在夏商周三代形成的宗法性国家宗教,在秦汉以后非但没有消失,反而在向前发展,不断走向完备。后来各个朝代史书充满宗教祭祀的资料。

宗法性传统宗教没有独立的教团体系,它的宗教祭祀功能由各个层次的宗法

组织兼任，这可以视为该宗教的特点。由皇族、宗族、家族、家庭所构成的宗法血缘组织，其功能是多重的。当它肩负起宗教祭祀组织功能的时候，它就作为一种宗教组织在起作用。它也可以再现作为政治组织、社会组织的特性。政教合一的国家多是这种情况。

中国宗法性传统宗教与一般的世俗迷信有本质的不同。它不仅有基本的信仰、严格的制度，还有系统的教义、完备的礼仪，并为历代官方所尊奉，为全社会所敬信，其正统地位是无可争议的。

中国古代的祭祀活动非常复杂，祭天是其中最为典型的。天神崇拜大约发源于父系氏族社会的后期——部落联盟时期。《论语·尧曰》说："唯天唯大，唯尧则之。"《尚书·尧典》说舜"肆类于上帝"。按照上述文献的说法，尧、舜、禹、汤、周公都敬祭天神，不过有时称天，有时称上帝，有时兼用而已。殷代的帝或上帝最初是英雄祖先，后来被神化为至上神。周人的至上神多用"天"的称谓。"天"字，《说文解字》云："天，颠也，至高无上，从一大"。以天称谓至上神，应当发生在天地对称、阴阳并举之后。与大地相对应的茫茫天空即是"天"，它被赋予主宰自然与社会的至高神性的同时，还保留着其自然形态的浩渺性和复杂性。比起"帝"的称谓，"天"更能表现至上神高深莫测和包容无边，这些特点深刻影响着后来中国人关于天神的观点。"天"既广大无边，又模糊不定，没有一个具体的形象，使得后来的人们在理解天神时歧义纷出，灵活发挥的余地很大，也容易泛化出"天命"、"天道"等概念。周人有时称"天"为"皇天"、"昊天"、"苍天"，或者"天"与殷商时期的旧称"帝"结合，称为"天帝"、"皇天上帝"，为后世最常用的是"昊天上帝"这一称呼。

周人的"天"与殷人的"帝"相比，不再是喜怒无常、活灵活现的人格神，而是主持正义、关心全社会利益、具有恒常赏罚标准的伦理型的至上神。它不仅仅是王权的赐予者和保护者，还是王权的控制者和监督者。天子从天神那里取得统治人间的权力以后，不能光靠祈祷祭祀来获得天神的好感，还要"以德配天"、"敬德保民"，承担一系列社会责任，才能得到天神的恒久信任，保持政权的稳定，否则天命就会转移到异姓的有德者身上。

郊祭是历代君王祭天的基本方式。周人把郊礼正式定为祭天之礼，祭坛设在京城的南郊，故谓之郊祭，以就阳位，天地合祭并以祖先配祭，祭之前要在祖庙做一次占卜，用赤色的牛犊作为贡品。还有"燔柴"的仪式，就是把木柴堆积在祭坛上，在上面放置玉币及牺牲，点燃后使烟气上达天庭。此外还有一套祈祷、奏乐的仪式。据《春秋左传》记载，鲁国国君乃周公之后，可以行天子之礼，故而有郊祭之事。

而到了明朝以后，郊祭制度有了较大的变动。根据《明史·礼志》一书的记载，明太祖朱元璋采纳了李善长的建议，分别在南郊和北郊祭祀天和地；冬至的那天在圆丘祭祀昊天上帝。嘉靖年间,郊祭的问题在群臣之间引起了激烈的讨论。嘉靖皇帝把制礼作乐当做自己的分内之事,于是决定分别祭祀天地,于春分朝日祭天于东郊,秋分夕月祭地于西郊。清朝则承袭明朝的制度,于顺治年间在正阳门外南郊修建了圆丘,在安定门外北郊修建了方泽,用来祭祀天地。圆丘以北为大享殿,后更名为祈年殿。作为一项正式的制度,祭天属于皇帝个人的特权,而不能让与他人,但皇帝可以派遣官员代替其祭天,该官员只能算是皇帝的个人使者,替皇帝完成具体的郊祭仪节而已。不但官方有正式的祭天活动,民间同样有祭拜天地的风俗,只不过不能举行高级别的祭天大典。到了清代的后期,民间祭天之风日盛,官方对此也并不禁止。百姓常在元旦之日,焚香拜天。

封禅是最为隆重的祭祀天地的大典。封禅时必须由皇帝亲自登临东岳泰山,在山上筑土为坛以祭天,报天之功,故曰封,在山下除地,报地之功,故曰禅。但封禅之礼不能随便举行,并且也没有定制,只有出现两种情况才可以举行:一种情况是在改朝换代时,另一种情况是在世治国盛之时。当然,最理想的情形是两种情况兼而有之。比如《五经总义》中就谈到:"易姓而王,致太平,必纠泰山、禅梁父何?天命以为王,使理群生,告太平于天,报群神之功。"自古以来所有君王都视封禅为不世之殊荣,但跃跃欲试者很多,真正敢于实践者却很少。原因是封禅大典耗费巨大,且筹办不易,即使有些皇帝自视为治世之君,也常因为财政和国情的问题而不敢举行。中国历史上第一个举行封禅大典的君王是秦始皇,在其统一华夏之后三年,想要举行封禅大礼,而当时的大儒们也没有办法明确封禅的程序和礼仪,于是秦始皇就自己确定了封禅的流程。始皇帝从泰山的南面登上了山顶,立下了石碑来表征自己的功德,以此来证明自己的统治以及祭天行为的正当性;祭天之后,他从泰山的北面下山,接着降禅于梁父山。从此之后,历代君王的封禅活动,都以此为依据。

祭祖与丧葬也是中国传统宗教的重要内容。祖先崇拜起源于上古父系氏族社会的男性祖先崇拜,其要义在于明确和巩固父系的血统,保证宗族、家族和家庭在社会地位、物质财富、政治权利方面的正常继承和分配。祖先崇拜又可以分为远祖崇拜与近祖崇拜。在近祖崇拜中,除了"生事之以礼"属于社会伦理外,"死葬之以礼,祭之以礼"便属于宗教的范畴。围绕着敬祖、祭祖和治丧,形成一整套宗法道德观念和宗教祭祖制度,这就是以孝为本的伦理和宗庙、丧葬之制。《周易·序卦》说:"有天地然后有万物。有万物然后有男女,有男女然后有夫妇,有夫妇然后有父子,有父子然后有君臣,有君臣然后有上下,有上下然后礼义有所措。"就自然界万物而言,天地是本源,就人类社会而言,祖先是本源。先有家而后才有国,欲治其国必先齐家,欲齐其家必先敬重父兄,"生则静养,死则敬享"(《祭义》)。《论语》说:"慎终追远,民德归厚矣。"慎终,就是隆重地为父辈或祖辈办理丧事;追远,就是举行祭祀活动,追念有功有德的先祖。于是守孝和祭祖便成为中国宗教礼俗中的头等大事。为官者父母去世,要辞官回家居丧,成为历代通制。祭祖更是社会上下普遍的经常的宗教活动。

从理论上说,祭祖在祭天之后发生。《礼器》说:"天地之祭,宗庙之事",又说:"祀帝于郊,敬之至也;丧礼,忠之至也"。祭天、祭祖、丧葬这三件大事为社会所公认。但事实上敬祖比敬天还重要,这是因为:第一,天神的观念抽象而模糊,祖先的观念却具体而确定;不敬天者历代多有,怨天骂天者亦不乏其人,但不敬祖者世所罕见。祖先受辱,祖坟被掘,最为人所不堪忍受。"不孝有三,无后为大。"所以中国人极重后嗣,又热心于修祖坟、续家谱,确认门第宗族,有极强的寻根意识。第二,祭天活动限于朝廷皇室,祭祖的活动遍及社会各阶层。国有太庙,族有宗祠,家有祖龛,贫困之家也有个祖宗牌位。丧葬仪节虽然有厚薄之差,但在感情上都是强烈的。第三,祖先崇拜的精神深深渗入天神崇拜之中,如视天神与君王的关系如父子,故王称天子。人们常用家族的眼光来看待天人关系,把整个宇宙看做一个大家庭。

在中国上古时代使用过的上帝、上天这类概念,不是一种宗教意义上的人格神,而只是指某种外在于自己的、神秘的自然或社会力量。在中国春秋时期,奴隶制社会"礼崩乐坏"的大环境下,以孔子为代表的儒家主张"克己复礼",维护没落统治者的政治秩序,以周礼为社会规范,使之成为准宗教的礼仪,主张积极入世的精神。孔子也就成为后世"儒教"的教主。而老子,原来只是周王室的史官,目睹奴隶制社会"礼崩乐坏"的大势,悟出了万物发展有其自然规律——道,主张道法自然而无为,无为则无不为。老子成为后世道教的"原始天尊",说到底也是个学而有成的人。他们被"神化",纯粹是因为他们自己深刻的思想、渊博的学识和伟大的人格。即使是传入中国的印度佛教的主神释迦牟尼,也不是从天而降的神灵,而是世俗中一个厌倦了王宫生活的王子,想探索解救无数处于痛苦之中的人民的道路,经过菩提树下四十九天的冥想而开悟,成为一个得道之人,成为佛教的教主。

(二)西方宗教教主是先天真神

西方宗教源于古希腊宗教,但典型的宗教是基督教。

我们所说的古代希腊的宗教,指的是古希腊人的正统宗教,即在当时占主导地位的奥林匹斯教,或称为荷马宗教。但当时在古希腊,除了这种正统的宗教之外,还有其他大量的民间宗教在流行,如奥斐斯教、厄流息斯教等。

古典时期希腊人的宗教信仰本身已经接受了从米诺斯到迈锡尼,从埃及人到小亚细亚诸民族所信仰的宗教的影响。从起源上说,古代希腊宗教源出自印欧雅利安人种的传统宗教与上述其他宗教的混合物。在各种社会因素的作用下,奥林匹斯教逐渐成为希腊城邦社会占主导地位的正统宗教。这种宗教有许许多多的神灵。在希腊人的神殿之中，大神数十，小神成千上百，再加上山精树怪，不计其数。罗马时期的诗人瓦罗曾搜集神的名字，结果他找到了三万多个。希腊宗教没有权威的圣经，没有固定不变的教义。诗人荷马和赫西俄德都没有为希腊宗教提供一本圣经，而是为希腊宗教进入成熟期整理出一个神灵系统，作为希腊人的崇拜对象。这是希腊宗教的特质。正是在这个意义上，我们可以说，希腊宗教是诗人们凭想象发展起来的。

奥林匹斯教的崇拜对象是以宙斯为首的十二位主神。他们有男有女，相互之间又有亲属关系，形成了一个位居诸神和万民之上的"神圣家族"。奥林匹斯十二主神的故事早在公元前6世纪就开始创作。而在这些主神中，有十位一定会出现，他们分别为：宙斯、赫拉、波塞冬、阿瑞斯、赫耳墨斯、赫斐斯托斯、阿佛洛狄忒、雅典娜、阿波罗及阿耳忒弥斯。赫斯提亚本来是十二主神之一，但为了与凡人一起生活，她把她的主神位置让给了狄奥尼索斯；德米特尔有半年的时间为了要与她在冥界的女儿珀尔塞福涅一起生活，会把她的主神位置让给冥王哈底斯。

"神圣家族"作为奥林匹斯教的主要信仰对象，反映了古希腊社会最典型、最正统的一面。宙斯象征着希腊民族的统一、公正和法律；赫拉象征着合法婚姻；雅典娜象征着智慧和城邦文明；阿波罗象征着光明和音乐；阿瑞斯象征着勇敢和战斗；阿佛洛狄忒象征着美丽；德米特尔象征着丰裕；波塞冬象征着航海事业；赫耳墨斯象征着商业繁荣；赫斐斯托斯象征着手工工艺。① 这些因素综合起来，反映了希腊人的社会政治理想。在这种宗教的祭仪中，野蛮的色彩逐渐消退。献祭不仅仅是一种贿赂，而是一种与神的友好交流。祭礼是庄严的、美妙的，有颂神诗和舞蹈，有祭坛、神庙和祭司，但还没有固定的偶像。荷马和其他诗人描述的神已不再是粗俗的精灵、飘忽不定的存在，而是有着鲜明人格、超人的存在。

奥林匹斯教精神是希腊民族精神发展史上的一个重要的阶段。在希腊哲学产生之前，这种宗教的神灵观念体现了希腊民族的理想与超越。希腊哲学诞生以后，这些神灵观念被改造、吸收到哲学中，通过理性的提炼而继续体现希腊民族的理想与追求。美国实用主义哲学家杜威就曾经说过："没有希腊宗教，希腊艺术和希腊的国民生活，他们的哲学是不成立的，而那些哲学家所夸耀的那种科学效果却是皮相的，无足轻重的东西。"② 确实，在哲学与科学兴起之前，奥林匹斯教的神灵观念是希腊民族精神的主要体现，它对当时社会公众心理的影响甚至比后起的哲学更加广泛。但奥林匹斯教在以后的发展中并没有保持原有的地位，它的消亡是由其

---

① 王晓朝,《宗教学基础十五讲》,北京大学出版社,2003年版,第67页。
② [美]杜威,《论哲学的改造》,许崇清译,商务印书馆,1958年版,第10页。

自身的内在缺陷所决定的:当希腊人的理性思维已经发展起来,有了哲学的时候,这种宗教尚无理性化的教义;当希腊人除了参与公共生活,还想获得个人情感满足的时候,这种宗教已经越来越官方化。于是,希腊人探索神秘的生命,想要达到"与神结合"的精神境界的目标只能由其他神秘的民间宗教来满足了。

希腊神秘教主要有狄奥尼索斯教和奥斐斯教,由于这两种民间宗教之间有一定的继承关系,所以我们需要探讨两者之间的关联性。狄奥尼索斯教的历史可以追溯至公元前7世纪,但其发展的黄金时期却是在古典时期。在这一时期,日益官方化的奥林匹斯教体现出越来越明显的贵族化倾向,其价值内涵远不能满足普通民众精神上的需求。对于普通民众来说,天神在其心目中处于高高在上的位置,因此只能敬而远之,而他们需要一种比奥林匹斯教更加贴近社会现实的宗教来满足他们个人精神上的需求。狄奥尼索斯教就是这样一种具有亲民性的宗教,它满足了人们对幸福感的追求。这一宗教供奉的神祇是希腊神话中的酒神狄奥尼索斯。关于狄奥尼索斯的生平则有着一段传奇的故事,体现了当时希腊人对神与人之间的责任、义务以及何谓正当、何谓幸福的直观认识。在神话传说中,狄奥尼索斯是宙斯与凡间的妇女塞墨勒偷情的产物。天后赫拉得知此事后妒火中烧,设计哄骗塞墨勒,塞墨勒中计,果真要求宙斯以向赫拉求爱的形象出现在面前。宙斯无奈,只能以霹雳的形象出现在塞墨勒面前,结果塞墨勒被烧为灰烬。在危急时刻,宙斯从火中抢出六个月大的胎儿,缝入自己的体内。待胎儿长成后,宙斯割开自己的大腿,使狄奥尼索斯来到世间,随后,又把他交给神使赫尔墨斯。为了迷惑赫拉,赫尔墨斯把狄奥尼索斯变成一只小山羊,交给倪萨山的神女来抚养。后来狄奥尼索斯在山里长大,并且发明了酒,而赫拉则发现他是宙斯与塞墨勒的儿子,将他变成疯子。在一大群山羊神狂女的陪伴下,狄奥尼索斯周游世界,并且在各处创下了辉煌业绩。随后其带着无上的荣耀返回了希腊,人们从他展现出的卓越能力中认识到他是神,并推崇和供奉他。最后,他终于被奥林匹斯诸神所接纳,成为十二主神之一,并且凭借神力到冥府迎回了自己已经死去的母亲。这些神话故事描述了狄奥尼索斯与神圣家族成员对抗的事迹,象征着希腊民间生发出的一种与正统精神相抗衡的精神倾向。以这些故事为主要依据的酒神庆典中,信徒们扮演这位神灵,由羊人和狂女陪伴,手持长笛和酒杯到处游荡,喝得酩酊大醉,这些仪式使此种宗教庆典给了信徒们一种与官方祭典完全不同的全新感受。信仰狄奥尼索斯教的信徒不需要通过对天神、祖先和前辈英雄进行顶礼膜拜,只需要率性而为,像狄奥尼索斯那样,自己就是主宰自己命运的神灵。这样,平民在庆典的欢愉中实现了与神的沟通,使自己获得了神的认同。在自由奔放之中,他们体验到了自身的神圣性,这对平民阶层来说,确实是一种精神上的解放。

随着时间的推移,狄奥尼索斯教则逐渐被奥林匹斯教所融合:随着狄奥尼索斯被纳入神圣家族,逐渐有一些城邦把他作为了城邦保护神。但与此同时,狄奥尼索斯教内部的一些人则通过自己的努力,力图使该教的宗教仪式和教义规范化,这就使古希腊时代另一个影响巨大的宗教——奥斐斯教,出现在世人面前了。奥斐斯教以其创始人而得名。在希腊神话中,奥斐斯是一个半人半神的角色。作为文艺女神的儿子,他擅长音乐和诗歌,传说他美妙的歌声能够使顽石动情;他曾经去埃及游历,后来参加了希腊英雄们寻找金羊毛的远航,在远航中,他用音乐帮助英雄们克服了许多困难。远航结束后,他返回故里,并娶欧律狄刻为妻。但他的妻子却意外地被毒蛇咬死,为了使妻子复活,他毅然前往冥府,用歌声让冥河摆渡人卡戎载他过河,接下来又驯服了冥域三头犬,直接面见冥王哈迪斯。冥王哈迪斯被奥斐斯的真诚所打动,允许他带着自己妻子的魂魄返回阳间,但要求他在走出冥界之前不得回头看自己妻子的影子。结果在快走出冥界的时候,奥斐斯由于某些不可知的原因回过头去看了一眼,他妻子的魂魄立刻消失了。他最终也没有救出自己的妻子,只留下了一段凄美的传说。传说在永远失去妻子之后,奥斐斯把自己的一生献给了宗教事业,致力于宣传一种新的宗教。尽管关于奥斐斯的美丽传说是出于人们的杜撰,但其对推进狄奥尼索斯教改革所作的贡献,则是毋庸置疑的。通过对狄奥尼索斯教的改革,奥斐斯教产生了。该教的神秘教义虽然保持了许多从原始神话和祭仪中得来的成分,但却添加了许多新的成分,原有的宗教表象与新注入的理性思考混合在一起,形成了一种新的宗教理念。这种宗教理念对后来古希腊哲学的发展产生了深远的影响。毕达哥拉斯学派、赫拉克利特、苏格拉底、柏拉图的学说中都有这种宗教的深刻痕迹。奥斐斯教有系统规范的教义,其最崇奉的神祇不是天神宙斯而是酒神狄奥尼索斯;其最关注的不是现世的福祉而是来世的幸福;其最珍视的不是人的肉体,而是人的灵魂;其所追求的最高精神境界不是神圣和宁静,而是自由与奔放。而这些精神要素都在酒神狄奥尼索斯身上得到了直观的体现。

奥斐斯教的诞生为希腊乃至后来整个欧洲带来一种与传统宗教截然不同的宗教观念。首先,传统的希腊宗教偏重于尘世,虽然也存在哈迪斯统治下的冥府这样的地方,但冥府不过是死者灵魂的集中之地,除了带给人们恐怖的感觉外,并没有对来世幸福的承诺,不能给人以感情上的慰藉。奥斐斯教偏重来世,重点突出冥府的地位。该教的教义指出,人的肉体是灵魂的囚笼或坟墓,在适当的时候,神会将人从人生的牢狱中解放出来,人肉体的死亡实际上是一种解放。并且人死之后,灵魂要受到审判,如果灵魂已经被肉体腐蚀到无法挽救的地步,就要被押解到地狱去受永远的惩罚;如果还有挽救的可能,那么在被净化之后,会被送回到地上,重新开始它的忏悔生活。而灵魂在世界上经历了三世之后,就会不受肉体的玷污而获得了永恒的自由,去天界享受永恒的快乐。这种灵魂与肉体的二元论的教义引导着人们对来世的无尽向往。其次,原有的正统宗教没有原罪的观念,该教则主张人性带有原始的罪恶,必须通过"净化"来赎罪,使灵魂在轮回转世之中变得纯洁,从而得到解脱,从而与诸神同在,享受至福。再次,奥斐斯教给人们提供了一条摆脱人生苦难的解救之道。灵魂净化的方式主要有用洁净的泉水净身、节食、禁杀生和血祭等,通过这些洁净礼仪,使灵魂摆托肉体的污秽,实现最后与神的结合。奥斐斯教以它独特的教义和仪式为部分希腊人提供了精神上的慰藉,代表着希腊民间宗教发展的一个新阶段,是希腊古典文化中的神秘文化在宗教领域的体现。如果说作为正统宗教的奥林匹斯教的神灵观念代表着希腊民族精神的其中一极,其体现出了人们对神圣与崇高的追求;那么以奥斐斯教为代表的民间宗教则体现了希腊民族精神的另一极,体现了人们对神秘与解脱的追求。这两种价值追求,为后来的西方主流宗教的产生奠定了文化基础,决定了未来西方宗教的精神气质。

摩西是古希伯莱人的宗教领袖。摩西所传的《十诫》,后来成为希伯莱人最为重要的宗教典籍。摩西本是个凡人,之所以成为宗教领袖,不是由于他的思想、学问或者德行超出常人,而是犹太教真正的教主——主神耶和华——谕示的结果。基督教是西方人对犹太教进行改造,保留许多宗教因素,包括主神来源的结果。基督教的神是耶稣,耶稣是上帝耶和华同民间女子玛利亚所生的孩子,是上帝作为自己解救人类、替人类赎罪的一个使者,是上帝与普通人类之间联系的纽带。耶稣的神性全来自上帝耶和华。上帝耶和华是天上的神,是先于人类,而且独立于人类而存在的,是永恒的、绝对的神,是一切存在的终极原因。可见西方宗教教主不是人,而是"真神"。

二、宗教内容:祖先崇拜与灵魂皈依

如前所述,从宗教的内容看,中国宗教文化底蕴是宗法社会"尊祖"、"敬宗"的祖先崇拜,西方宗教文化底蕴是商业社会"孤独者"的灵魂依皈。

(一) 中国宗教内容是宗法社会的祖先崇拜

中国古代宗教以宗法社会的祖先崇拜为主要内容。

中国宗教起源古老。它直接继承原始宗教而来,源头相当久远。它不像一些世界性宗教有确定的创教教主或相应的创教故事。天神崇拜起于原始社会末期,祖先崇拜发生于氏族社会,男性祖先崇拜盛行于父权制氏族社会。农耕文明的中国进入私有制社会以后,非但没有抛弃氏族组织的外壳,反而强化和扩大了氏族血统网络,使之与政治经济等级制度相结合,祖先崇拜也因此变得更加系统发达,成为宗法性传统宗教的核心内容。

中国宗教发展的连续性。希腊、埃及、波斯、印度等国,在其原始社会和早期国家的基础之上,也盛行着祖先崇拜、天神崇拜和自然崇拜,但进入中世纪以后,其古代宗教传统都发生了较大的转向甚至断裂。古代的希腊宗教为基督教正教所取代,埃及与波斯都转而信奉了伊斯兰教,印度则有后来的佛教以及印度教的崛起。同世界上其他文明古国相比,唯有中国,其古代宗教传统没有中断,进入中世纪以后在某些方面更加兴旺和严整。朝代的更替,没有动摇它的正宗地位;道教的兴起、佛教的传入,也不曾改变它国家宗教的性质。对于多数中国人来说,包括贵族与平民,祖先崇拜的敬天祭祖是第一要义,佛道信仰倒在其次,可以信,也可以不信。这种状况一直延续到辛亥革命之后。这说明中国宗教传统具有极大的稳固性。清代康熙年间,罗马天主教廷干预中国天主教徒敬天祭祖、祭孔,其教士被驱逐,以此证明了中国具有信仰和礼仪的不可侵犯性。

中国传统宗教是典型的多神教。从崇拜的偶像来说,神灵杂多而又有主脉体系,大致可以分为天神、地祇、人鬼、物灵四大类。天神以昊天上帝为最高神。其次有五帝五神,再次有日月星辰、风雨雷电、司命司中司民司禄等,共同组成天界。地祇有后土、社稷、山岳、海湖、江河、城隍等,共同组成地界,以便与天界相配。人鬼有圣王、先祖、仙师、历代帝王贤士等。物灵有司户、司灶、司灵等。这四类神灵共同组成了大的鬼神世界,凌驾于人间之上。从祭祀的级别来说,依祭天、祭祖、祭社稷日月的次序,形成了一套从高到低的宗教祭祖制度。明代嘉靖皇帝说:"天地至尊,次则宗庙,次则社稷。"这大致反映了宗教祭祀的等级序列。

中国的宗法制度成熟于周代,秦汉以后宗法制度不再与政治制度直接结合为一体,但对于社会政治生活和日常活动仍然具有支配性的作用。所谓宗法,就是巩固父系家族实体的一套制度,它以男性血统的继承关系为轴心,形成了上下等级和远近亲疏的人际网络,决定着财产和权力的分配与分工。嫡长子继承制是宗法制的关键所在,由此而有大宗小宗、嫡子庶子之分。由于宗法制最重父权和父系血统,所以它有着强烈的亲祖观念与情感,因而决定了它必然热衷于祖先崇拜,借以培养孝道。国是家的扩大,君为民之父母,孝道推之于君就是忠道。而忠道的维护,一是借助于祖先崇拜,君权天授,敬天顺君。传统宗教的基本信念就是"敬天法祖",这恰恰要落实为忠孝之道。忠孝乃是宗法等级社会的主要伦理规范,所以直接为培育忠孝恩性感情服务的传统宗教便具有强烈的宗法性。

从宗教的组织活动上来说,传统宗教没有独立的教团,神权、君权、族权以及父权结为一体,宗教祭祀活动由国家、宗族、家族来兼管。天子独揽主祭天神和主祭皇族先祖的神权,祝、卜等礼官只能起到助手和司仪的作用;与此相应,族长和家长握有主祭本族本家先祖的权力。传统中国既无设立宗教组织的必要,也就没有入教的手续及教徒非教徒之分,宗法等级组织属下的成员都是传统宗教的信徒,除非他明确信仰了别的宗教。所以传统宗教是接近于全民性的宗教。传统宗教的普世性导致了如下的后果:公开背弃敬天法祖信条者固然罕有,虔诚而狂热的信徒也在少数。总之,与宗法等级制和宗法伦理的紧密结合,是中国宗法性传统宗教的最大特点。

宗教祭祀的实质是农业祭祀。中国地处温带,土地肥沃,气候适宜。中原地区早就出现了发达的锄耕农业。在农业的基础之上发展出中国古老的文明。在数千年中,中国以农立国。农业是社会经济的命脉,与此相适应,农业祭祀十分发达,成为自然崇拜的核心。对于土地和谷物的崇拜形成社稷崇拜,社是土地,稷是谷物,代表着最重要的农业生产资料和劳动成果。从很早的时期起,社稷成为政权的代名词,其祭祀地位仅次于祭天与祭祖。明清两代的国家祭坛,按照"右社稷而左宗祖"的古训建筑于皇域近侧,列为国家祭祀大典。州县以下以至乡里,皆立社为祭。此外还有祭先农,与耕籍礼相配合,也非常地隆重盛大。对于山川日月风雨等自然神灵的祭祀主要是为了祈求风调雨顺、五谷丰登。在祭天与祭祖的活动中也经常性地列入祭祀农神祈求丰收的内容。如祭天中的年祭和祈谷,祭祖中的时享,都与农业生产直接相关。明堂祭祀中的祭祀三皇五帝,也是为了适应农业季节而举行的节气祭典。①

社稷崇拜的地位大致与祖先崇拜相近,是天神崇拜之下的国家祭祀的重要组成部分,政权赖以维持,法统赖以延续,皇室赖以稳定。中国是农业大国,对农业祭祀一直给予特殊重视,而社稷就是最高的农业祭祖。早在春秋时期社稷就成为国家政权的代名词,与宗庙并重。但社不是一般的大地崇拜,稷也不是一般的植物崇拜;社只是祭拜特定管辖范围内的地和耕地,与特定的社会组织相联系,稷只是崇拜人工培养的粮食作物,即稻、麦、菽、稷、黍五谷。

山川之祭也是中国传统宗教中的重要内容。古人一直认为影响农业的云雨是来自于山川幽谷,山川决定着气象的变化,同时,山川中所蕴涵着的森林、果实、动物、药材等资源,是黎民百姓日常生活必不可少的物质资料,所以崇敬祭拜山川,以求获得一个好的年景。《礼记·祭法》一书中谈到"山林川谷丘陵,能出云,为风雨,皆曰神,有天下者祭白神,……此五代之所不变也"。由于天下山川之神众多,天子不能都祭拜,所以只能选择性地祭拜名山大川,后来集中祭祀五岳四渎。五岳指的是东岳泰山,南岳衡山,西岳华山,北岳恒山,中岳嵩山。四渎指的是长江、黄河、淮河、济水。东岳泰山处于文化发达的鲁地,且由于四周都是一望无尽的平原,显得突兀高峻,因此孔子才有"登泰山而小天下"的感叹。天然的优势,使泰山逐渐受到特殊的优待,成为天子举行封禅大典的唯一场所。

---

① 王晓朝,《宗教学基础十五讲》,北京大学出版社,2003年版,第56页~58页。

圣贤崇拜是从祭祀英雄祖先的传统中发展而来的。《祭法》说:"夫圣王之制祭祖也,法施之于民则祀之,以死勤事则祀之,以劳定国则祀之,能御大灾则祀之,能捍大患则祀之。"①于是黄帝、炎帝、尧、舜、禹、汤、周文王、周武王及周公旦都被推崇为古之圣贤,被后世的官方和民众所祭祀。后来又陆续出现了姜太公崇拜、老子崇拜、武侯崇拜、伍子胥崇拜、关圣崇拜,等等。其中最为持久、影响最大的是祭拜孔子。尽管孔子作为先秦时期的大思想家,已经被他的学生视为高不可及的圣人,但还没有成为神,但随着儒学逐渐被官方确立为正统学说,孔子的地位一日高于一日,渐渐具有了神性,成为了膜拜的偶像。从西汉元帝开始,各个朝代的统治者都会授予孔子的子孙以爵位,并不断地修缮孔庙,以奉祀孔子。孔子崇拜的实质就是祖先崇拜。

(二) 西方宗教内容是商业社会"孤独者"的灵魂依皈

如前所述,西方人"上帝观念"的产生有两个原因:一是以血缘纽带维系的原始氏族彻底解体,城邦工商社会个人生存方式的孤独感。个体生存方式产生个人的无助孤独感,个人不可以从现实生活的群体中得到维持生存的物质的支持和精神的慰藉,需要向超越现实的虚拟神灵求得精神的庇护。二是逻辑思维方式的超越精神。"天人二分"的思维方式,关心现象与本质、真实与虚拟、现实与超现实的对立,通过因果逻辑分析,推理判断能产生超越现实的、虚拟抽象的彼岸世界生活和一元"神"。因此,西方宗教的内容是为个人本位的精神"孤独者"提供灵魂皈依之所,与中国宗教的内容是提供群体本位"慎终追远"祖先崇拜的精神寄托大相径庭。

基督教不但影响了西方,并且影响了世界的宗教。这一宗教泛指信奉耶稣基督为救世主的所有教派,包括罗马公教(天主教)、正教、新教三大派别及其他一些小的派别。它与佛教、伊斯兰教并称为世界三大宗教。"基督教"这一称谓在中国的使用比较混乱,这种状况是由于历史原因造成的。长期以来华人都是习惯把新教称为基督教,因为各大陆的新教教会从来不称自己为新教,只是称其为基督教或耶稣教,而将罗马公教称为天主教,正教称为东正教。

基督教的创始人是耶稣。历史对耶稣的记载是有限的,并且历史上的耶稣也不等同于信仰中的基督。从《福音书》中我们可以了解到一些关于耶稣的情况:圣母玛利亚由于圣灵感孕而怀上了耶稣,耶稣降生在伯利恒。为了逃避罗马政府的人口普查以及希律王的迫害,他的父亲带他逃亡到埃及,直到希律王死后才返回。

---

① 《礼记·祭法》。

后人对耶稣童年的认识还无法超越《福音书》中的记载,而历史资料对耶稣的关注重点不在于他的出生,而在于他的传道和死亡。耶稣接受洗礼表明他已经成为基督,是上帝的儿子,为了要拯救世人而执行上帝赋予他的使命。《福音书》中记载的有关耶稣基督的言行,甚至他的神迹奇事都是围绕着他的这一使命而展开的。

经过一段时间的传教活动,信徒们逐渐把"福音"的内容集中为报告耶稣的言行、受难及复活的信息,"福音"慢慢发展成一个专有的名词。在《福音书》中耶稣并没有提出当时有教养的犹太人所不熟悉的教义,也没有形成全新而完整的宗教理论和道德学说。他针对社会现实问题所发表的各种议论与犹太教的正统派有着明显的差异:犹太人认为,犹太教的神是最完美的神,耶路撒冷城是上帝在地上的居所,圣殿是上帝的圣殿,世人最终会回到上帝之城——耶路撒冷城;基督教则认为,上帝对世人的救恩已经来临,上帝就在信徒的心中,信徒们应当到世界各地经历各种苦难,本着受难和自我救赎的精神去传福音,做见证。而是否承认耶稣受难的神圣意义是基督教与犹太教的重要区别之一。早期的基督教作为犹太教的一个异端派别出现,仅仅在贫苦的犹太人中传播,大约在公元1世纪中期左右,在保罗等人的努力下,将这种信奉耶稣为基督(救世主)的信仰传播到了地中海东岸各地的非犹太人群体之中,最终实现了与犹太教的彻底分离,使其成为了一个独立的世界性宗教。早期由于基督教的信徒主要是贫民和奴隶,曾引起了罗马统治者的怀疑和敌视,但随着一批罗马的精英知识分子和富人的加入,基督教在罗马帝国的影响力逐渐扩大,一些明智的统治者更注重对它的利用。公元4世纪,罗马皇帝君士坦丁大帝大力扶植基督教,使其得到了更加迅速的发展,公元392年,基督教在罗马帝国被确立为国教。

基督教在创立之初,就存在着东西方两种文化的分歧,东部教会以希腊文化为基础,神秘主义色彩浓重;西部教会以拉丁文化为基础,注重律法。这种分歧突出地体现在对教义神学的理解上。公元330年,君士坦丁大帝将帝国的首都从罗马迁往君士坦丁堡,从此更加深了东西部教会争夺教会领导权的斗争。由于罗马城远离帝国的统治中心君士坦丁堡,罗马皇帝难以控制,尤其是公元476年西罗马帝国被蛮族灭亡之后,罗马教会在西部教会中的地位就更为突出了,最终罗马教会的领袖超越了世俗的帝王,成为了天主教中至高无上的教皇。而东部的教会则始终依附于皇权,演化发展为以君士坦丁堡牧首为领袖的正教组织。公元1054年,东西教会终于因权力之争和神学分歧而导致彻底分裂,罗马教皇与君士坦丁大牧首分别开除了对方的教籍,从此西部教会正式称为罗马公教,而东部教会则称自己为正教,又称为东正教。后来东罗马帝国灭亡之后,东正教按照民族和教区分化成了15个相互独立的教会,而君士坦丁堡牧首则保持了名义上的首席地位,即"普世牧首"。

在公元1096年至公元1291年的近200年间,罗马教会以收复耶路撒冷圣地为名进行了八次十字军东征,每次东征都给东西方人民带来了巨大的灾难,但在客观上也促进了东西方文化的交流。东方灿烂的文化使当时在文化上落后的西方人耳目一新,大大开阔了他们的眼界,为日后欧洲文艺复兴运动的兴起奠定了坚实的基础。从14世纪开始,欧洲兴起的文艺复兴运动,使人文主义思想成熟起来,与此同时,新兴市民阶级的力量逐渐壮大起来。这些都为16世纪的宗教改革运动创造了条件。公元1517年,德国的教士马丁·路德首先拉开了宗教改革的序幕,他高举《圣经》反对教皇和神职人员的特权,提倡信徒不依赖教会的独立信仰,从而使新教从罗马天主教会中独立出来。这一著名的历史事件使基督教由原来的两派变为了三派:东正教、天主教和新教。随着时代的发展,新教演化出越来越多的各不相同的教派。

总体上来说,基督教各派尽管有着众多的差异性,但仍然有着许多共同的宗教理念,即都相信上帝是唯一的真神,并且他有三个位格——圣父、圣子、圣灵,这三个位格互不混淆,但其本质相同、本体相通、神性相通,由此连结成一体,世界万物都由这一上帝所创造和主宰;都相信人类始祖亚当和夏娃因偷食禁果而犯了罪,这种罪世代相传,被称为"原罪",它使整个人类都陷入了罪恶中,无法自拔;上帝爱护人类,不惜派遣其爱子耶稣道成肉身,降世为人,代人受过,被钉死在十字架上,以救赎人类,人们因信仰基督而罪得赦免,由此得到了永生。因此耶稣的降生和牺牲是上帝与人订立的新约,宣告上帝与犹太人所立旧约的结束,从而带来了上帝拯救全人类的福音。基督教各派的教义神学内容大体相似,包括上帝论、基督论、圣灵论、人论、教会论、圣事论、终极论等方面。而对这些问题的解释基督教各派则不尽相同,各有侧重,有时甚至完全相左。东正教和天主教较重视"圣母论",而新教则无此理论。所有的这些神学论证都力图阐明人与上帝之间的关系,而当代基督教神学则越来越重视阐述"上帝—人—自己"之间的关系。在圣礼方面,新教只有洗礼和圣餐两件,而天主教除了这两件之外,还有其他圣礼。在教会建制方面,基督教各派都有较严密的组织形式,都有教务人员主持教务工作,但对神职人员所起的作用的理解有所不同:在这方面天主教与东正教比较一致,认为他们起着神与人交往的中介的作用;而新教则否定这种作用,强调人人都可以与上帝直接沟通,无需神职人员做中介,牧师只是起着引导、为信徒服务的作用。同样,各派的组织形式也各不相同,天主教是教皇制,即教皇是全世界天主教会的最高领袖,下设各级主教,再下一级是神父、执事等,组成了金字塔型的教阶制,有时这种建制也称为主教制,因为教皇也称罗马主教。东正教是牧首制,即由牧首—主教—司祭组成教阶制,但不像天主教有自上而下的统一的世界性组织,而是基本上以国家民族为单位而组建的各自独立的东正教会,现全世界有19个独立的机构,君士坦丁堡牧首享有"普世牧首"的称号。新教所包括的教派众多,各教派都自成体系,其体系复杂多样,有长老制、公理制、主教制、联邦制,等等,新教绝大多数教派的神职人员中只有牧师,仅仅少数教派中有主教,但即使是实施主教制的一些教派中,其主教的权力也是远不如天主教和东正教大。此外,这三派还有不少其他的差别,例如,天主教神职人员不能结婚,新教的牧师或主教都可以结婚,东正教主教不能结婚,但一般司祭则可以结婚等一些细小的差别。

按历史的顺序,基督教的历史可以分为十个阶段,每一阶段都体现着不同时代基督教文化的变迁,也体现着基督文明与各种地方文化的融合。

第一阶段:基督的诞生与使徒的殉道,时间上从公元元年到公元100年,从基督"道成肉身"到使徒约翰之死。

第二阶段:遭受罗马帝国迫害的基督教,时间上是从公元100年到公元311年,即从使徒约翰殉道之时到君士坦丁大帝承认基督教的合法地位。

第三阶段:在动荡中发展的基督教,从公元311年至公元590年,即从君士坦丁大帝承认基督教的合法地位至教皇格里高利一世继位。这一时期欧洲经历了蛮族的入侵和西罗马帝国的灭亡。

第四阶段:基督教在日耳曼人、凯尔特人和斯拉夫人建立的王国中传播,即从公元590年至公元1049年,即从教皇格里高利一世继位到教皇格里高利七世继位。

第五阶段:不断完善经院神学的基督教,从公元1049年至公元1294年,从教皇格里高利七世到教皇卜尼法斯八世统治时期。

第六阶段:宗教改革酝酿时期的基督教,从公元1294年至1517年,从教皇卜尼法斯八世统治时期至马丁·路德贴出著名的《九十五条论纲》。

第七阶段:宗教改革时期的基督教,从公元1517年至1648年,从路德发起宗教改革到英国议会下令实施《基督教信纲》。

第八阶段:天主教的正统教义收到挑战时期的基督教,从公元1648年至公元1790年,即从英国议会下令实施《基督教信纲》至法国大革命。

第九阶段:基督的福音向全世界传播阶段的基督教,从公元1790年至公元1878年,即从法国大革命至教皇利奥十三世继位。[①]

三、宗教心理:敬畏祈福与罪感救赎

从教徒的宗教心理体验来看,中国信众普遍是对"天神"的畏惧与祈福,西方

---

① 王晓朝:《宗教学基础十五讲》,北京大学出版社,2003年版,第134页~135页。

信众则是对原罪的愧疚与对救赎的渴望。

（一）中国信众的敬畏祈福心理

受儒家文化的影响,中国古代人们普遍对宗法性传统宗教有种敬畏的心理。"天地君亲师"是传统中国人敬畏的对象。祭祀天地时,怕因自己祭祀态度不够虔敬,"天老爷"要惩罚自己,给自己的家族带来不幸。如拜财神爷不虔敬,怕断了自己的财路；拜观音菩萨不够虔敬,怕影响宗族子孙的繁衍；拜土地爷、城隍爷不够虔敬,怕不能保自己一方平安。祭祀祖先时,怕因自己祭祀态度不够虔敬,祖先不能保佑自己家族人丁兴旺,老少平安,枝繁叶茂。甚至在祭祀"致圣先师"、"文昌帝君"时,怕因自己祭祀态度不够虔敬,影响家中读书儿郎的文墨前程。最典型的莫过于《论语·季氏》中孔子说的："君子有三畏,畏天命,畏大人,畏圣人之言。""畏天命"是人要敬畏上天,顺应天命,因为天命是一种超个人的力量,是人们还无法认识、无法把握的力量。"畏大人"中的"大人"即指统治者,即家庭中的家长,社会上的长官。"圣人之言"是指道德的规范和准则,是圣人为我们订立的、必须无条件遵守,否则就不能够称为"君子"。作为一个有修养的人,必须时时保持一种畏惧心理,事事小心谨慎,这个"敬畏祈福"就是中国宗教的心理基础。

"敬畏祈福"宗教心理的产生,是由于中国人"天人合一"的世界观和思维方式——人、社会、自然浑然一体,个人没有从对他人、社会、自然的依附中独立出来,形成了东方特色的群体本位文化。反过来说,群体本位文化中的人必然自我意识薄弱,不能独立面对自然、社会与人生,当真要他直接面对外界时,"畏感"必由然而生,从而塑造出一种依附性的他律人格。他们感到自己的力量在自然和社会的面前太渺小,因而需要得到神力的帮助,而他与神的关系则是恭敬祈福与赐福的关系,诚心诚意地去祈福,去祈求神灵的保佑,希望他能够降福于自己。但农业文明"种瓜得瓜"的生存方式、思维方式,让中国人十分讲究实际,所谓"眼见为实",中国人对神只是相信它、敬畏它,但并不仰视它,并不把它看得多么高。孔子说："未知生,焉知死；未知人,焉知鬼","敬鬼神而远之","祭神如神在"。孔子关心的是人现世的生活,对人"下辈子"的事不知道,也不想关心,对神的存在不置可否。"如"者"当"也,孔子主张祭祀时就"当"神"在"那里一样,不是绝对地"信仰",而只是一种"诚"与"敬",你给神香火,神就应当降福于你,如神灵对自己的祈福"应验"了,人们会到该神灵处"还愿"酬谢。这个神灵如果不灵,人可以弃置之,可以改信其他神灵,香火献给别的神灵,反正中国人的神灵多得很。所以,中国信众的"人—神"关系是双向交换的关系,挑选主动权在人。"敬畏祈福"宗教心理是中国人现实功利的感性思维的结果,其中没有什么理性的思考。

（二）西方信众的罪感救赎心理

西方信众的宗教心理体验与中国人不同,他们在"神—上帝"面前是有罪感的。他们的罪感来自《圣经》中创世纪的故事。在伊甸园里,上帝告诫他所创造出来的人类始祖亚当和夏娃不要吃园中智慧之树上的果实。可是亚当和夏娃受到蛇的诱惑,违背了上帝的意旨,偷吃了智慧之果,犯下了人类第一个罪行——"原罪"。为此上帝将他们逐出伊甸园,去世间经受生活的磨难。基督教的教义认为:人生的最大使命,甚至全部使命都是在为自己祖先的过失赎罪。《圣经》说:"假如我们说自己没有罪,那是自欺,真理就不在我们心里了。假如我们承认自己的罪,上帝是公正的,他必宽恕我们的罪过,洗清我们的一切罪过。""我们必然有罪",这就是西方信众宗教意识中的"罪感"。

罪感是西方人理性思维的结果。西方人意识到自己的祖先对上帝犯下偷吃禁果的忤逆之罪,虽然这个罪是祖先们犯下的,我们作为后代也要承担相应责任,罪与罚相连系,惩罚与救赎相联系,这是一种人类社会生活实践的启示,也是一种理性的判断与选择。像做了错事的孩子面对家长一样,人在上帝意志面前永远是卑微的,单向的、绝对的屈从,祈求得到宽恕。《圣经》说:"遮掩自己罪过的人必不成功,无论是谁忏悔和放弃罪过,都将得到宽恕。"上帝的许诺给基督信徒们以极大的心理期待。关于"肉体与灵魂"、"现世与永恒"的关系,信奉基督教的西方人认为人的肉体只是暂时居住的寓所,灵魂才是属于自己的永恒的所在;现世只是暂时的存在,死后进入天堂才是永恒的所在。因此,鄙视今生,翘望来世,成为西方人普遍的宗教心理特征,于是产生了忏悔皈依意识。为了得到上帝的宽恕,向上帝忏悔成为西方人宗教生活每日不可或缺的内容。为了皈依上帝,死后灵魂超升进入天堂,在忏悔时不敢对威严的上帝意志有一丝一毫的讨价还价,而是向上帝意志作单向无条件绝对的服从。西方人之所以信奉耶稣基督,是因为他们相信耶稣基督真的能够替他们赎罪。

四、宗教伦理:世俗道德与超越精神

无论中国还是西方,宗教与伦理道德之间的关系都是一个无法回避的问题:在文化的视域中,宗教首先是一种重要的文化现象。它以特定的方式反映了人的社会生活,而宗教意识又被实体化而成为一种社会体系和生活方式。在西方,宗教在社会文化系统中一直处于核心地位;而伦理道德则是人们共同生活及其行为的准则和规范,道德意识形成以后通过社会成员的自觉来调整人们的社会关系,由此保证社会的存在和社会生活的正常有序。在社会文化系统中,伦理道德与宗教相比,具有明显的不对称性,具体说来就是:第一,在社会文化意识层面上,伦理道德虽然

也和宗教一样,是诸意识形式之一,对其他意识形式也具有渗透性和包容性,但这种关系更多地表现为依赖性,例如受经济的决定和对政治或宗教的依附,在特定文化环境中,伦理道德可以不依附于宗教,也可以不依附于政治,但我们从历史上可以看到伦理道德依附性的减弱恰恰是其无法发挥作用的开始,亦即社会产生深刻的道德危机的时候。西方资产阶级革命之后的道德衰退和中国在历史上特定时期的道德危机都说明了这一问题。前者使个人道德与宗教脱钩,后者使个人道德行为与政治意识形态脱钩。第二,在行为层面上,现代道德意识的行为化缺乏宗教意识行为化那样的多重保证,道德意识只提供一种价值判断标准,而人们的行为是否符合某种道德,并不能通过道德规范予以强制,而要依靠个人自身养成的道德境界,也就是说,道德实施的唯一保证是人们的"良知"对道德规范的自觉认同。但在中国历史上,某些伦理道德规范被中国的士人阶层如宗教律条那样信奉,并神圣化;而西方社会则把道德和宗教信条分离开,道德属于一种个人的体验,而宗教信条则属于教徒们的共同情感追求。第三,在体制层面上,伦理道德无法做到像宗教那样的实体化,因此道德的社会化功能无法与宗教的社会化功能相比。世界宗教史上的许多例子都说明,单纯依赖某种道德准则,而不是依据对神明的崇拜和信仰来建立宗教的企图最终都不会取得成功。在中国的历史上,封建王朝凭借国家的力量来推行儒家的伦理道德,并实现了伦理道德与各种宗教的教义在一定程度的融合,但本质上说,其与宗教教义还是有本质上的区别的。而西方的基督教会则通过教会的力量,使西方的普世性道德完全融入了基督教的教义,使其成为信徒精神世界不可分离的一部分。

尽管中西方宗教文化在对待伦理道德问题上有细微的差异,但在对待信仰问题上则存在着高度的共通性。宗教信仰是指信仰某种特定宗教的人们对所信仰的神圣对象由崇拜认同而产生的坚定不移的信念及全身心的皈依。这种思想信念经特定的宗教仪式和宗教活动而进一步强化,支配着宗教信徒及宗教团体的个人行为和社会行为。成熟形态的宗教系统均以某种特定的神明信仰为核心,同时又有一整套伦理规范与之相匹配。而无论中国还是西方,宗教信仰都具有一些共同的特征:第一,形而上学性。作为信仰的意识形式是对人类生存背景、生存条件、生存结局的全面反映,是对人类生存的整体审视与反思,是人类对自身与宇宙关系的自觉体认与主观调整。虽然在信仰的内容和方式上打上深深的社会烙印,但人类的意识却不以人的社会存在为限,它把人的社会存在置于广阔的宇宙背景之中,以此确定它的位置和价值,因此,信仰具有形而上学性体现在对宇宙本源和人类自身起源的探求和说明上。这在原始信仰中是创世神话,在宗教信仰中是万能之神的存在,在哲学信仰中是宇宙本体的存在。第二,超越性。信仰的超越性在于它能把人从他身处的物质世界提升到精神世界,从现实世界提升到理想世界,让人从一种事实的存在转化为一种价值的存在。信仰为人提供的生命归宿则把人从自然的生存中,从世俗的社会生活中解脱出来,使人由一种个别的肉体存在,变成一种普遍的精神存在。信仰的追求表现为与世俗利益无关的、对意义的追求。在这种追求中,人便自觉到一种超越尘世、超越自身的精神满足,个人的特殊存在亦融合到信仰所指示的普遍存在之中。第三,神圣性。信仰的价值型、权威性要求神圣性予以保证。信仰不同于相信、信任、信念、理想等心理状态之处就在于它的神圣性。神圣性使信仰观念变成信仰者毋庸置疑的、坚忍不拔的信念与不屈不挠的、奋不顾身的实践。信仰所指示的生命归宿是人生的最高目的,信仰所标定的价值尺度是人的行为准则,这些东西的施行主要依赖信仰者的自觉,而做到这些信念自觉的最好办法莫过于把它们与世俗目的、世俗价值、世俗道德相区别,使它们从日常生活的尘嚣和俗世琐事的繁杂中显露出来,独立出来,具有新颖、高尚、超越的特征。

　　无论是中国还是西方,在文化系统中,伦理道德与宗教信仰的结合都是最牢固的一种结合。这是因为:一方面是因为信仰作为人类的最高意识形式,有包容、统摄其他意识形式的奢望和能力,藉此给伦理道德以理论的根据和指导;另一方面是道德作为自身的神圣化,权威性而自觉地趋向于信仰的结果,是在漫长的历史过程中逐步形成的。在此意义上,我们说,道德的信仰化与神圣化是道德发挥作用和功能的必由之路,道德的归宿是信仰,但信仰不是道德的唯一宿主,因为信仰化与神圣化并不完全等于宗教化。总而言之,中国古代通过把神圣化的伦理道德融入宗教,以宗法家族宗教的形式体现出来,中国的宗教伦理是世俗道德,而西方则是把伦理道德纳入宗教,通过宗教组织和宗教仪式使其神圣化,西方的宗教伦理是超越精神。但无论通过何种形式来实现宗教与伦理道德的结合,都体现了人们力图通过神圣化伦理道德的方式来过一种崇高的、善的生活的追求。

思考题

1. 中国传统的宗法性宗教有哪些特点?
2. 古希腊奥林匹斯诸神分别代表了哪些群体的利益诉求?
3. 基督教有哪些基本派别?在教义上有何区别?

参考文献

[1] 徐行言,中西方文化比较,北京:北京大学出版社,2004年.

[2] 王前. 中西方比较概论. 北京:中国人民大学出版社,2005.
[3] 邓晓芒. 中西文化比较十一讲. 长沙:湖南教育出版社,2007.
[4] 高旭东. 生命之树与知识之树——中西文化专题比较. 北京:北京大学出版社,2010.
[5] 张隆溪. 中西文化研究十论. 上海:复旦大学出版社,2005.

第五讲 重"术"与重"学"——中西科教文化比较

主要内容

一、知识价值：实用与思辨
二、认识途径：直觉与逻辑
三、教育制度：求善与求真

开篇案例

　　德谟克利特从小勤学好问，潜心苦读，孜孜不倦地探求科学真理。他为了追求知识、探索真理，到埃及学习几何，去过波斯与星相学家相识，还可能去过雅典和印度。渊博的知识，使他能洞察一切，甚至料事如神。据说在一个夏天的收麦季节，他说天会下雨，劝大家停下割麦，先去收已经割下的麦子，果然一会儿暴雨倾盆，不听话者受到严重损失。他四处游历，耗尽全部家产才回到家乡。阿布德拉城的法律规定：耗尽前辈财产不事生产的人，要被驱逐出境，死后不能葬在本国土地上。但德谟克利特向人们宣读了他的科学著作，结果公众叹服不已，不仅未驱逐他，反而给了他一笔钱，为他立了雕像，死后举行了隆重的葬礼。由此可见，他和科学在人们心目中的地位。

　　开篇故事体现了西方科学技术的特色，与中国古代科学技术形成鲜明对照。英语中的"科学"专指自然科学，就是指以掌握自然规律、改造自然和利用自然为目的的活动与知识体系。本讲中所使用的"科学"范畴专指自然科学。中西方在科学理论、技术手段、生活方式上的差异在近代以前是很显著的，这种差异源于两种不同的文化价值、思维方式。中国文化的目标在于回答事物现象是"怎么样"

的,它关心的是物的功用。西方文化则致力于回答事物本质"是什么",它的兴趣在于揭示事物的本质真实。中国文化重视应用技术,西方文化重视理论科学。中国教育重视求善,西方教育重视求真,中西科教文化不同,对中西的科技发展发生了深刻影响。

一、知识价值:实用与思辨

(一) 经验、实用的中国古代科学技术

中国文化在知识价值上一向关心理论的实用价值而不作纯粹认知,不重"学以致知",即不重视为求知而求知的理论。一切知识,理论必须具有可行性,有实用价值,强调"学以致用"。这主要表现在中国古代科学技术的成就上。

1. 古代应用技术

(1) 火药。著名医药学家、炼丹大师孙思邈在《丹经》一书中,第一次记载了配制火药的基本方法。唐朝末年,火药已经在军事上被实际运用。北宋时期,朝廷建立了火药作坊,火药用于战争中的火器已比较普遍,先后制造火药箭、火炮和"霹雳炮"、"震天雷"等武器,大大加强了火药的爆炸力和破坏力。南宋时期,在1259年制造出了管形火器"突火枪",这在兵器发展史上是一次重大的突破。元代出现铜铸火炮"铜将军",是目前发现的世界上最古老的铜炮。这些火器兵器都在战争中显示了前所未有的威力,在当时世界上都是最先进的。同时,中国的火药也用来制造爆竹、烟花之类的娱乐工具。

(2) 指南针。指南针是利用磁铁在地球磁场中的南北极性而制成的一种指向仪器,是把人类无力感知的地磁信息转换为视觉可见的空间形式的一项伟大发明。最早出现的指南工具叫司南,战国时已被人们普遍使用。到了宋代,"人们发明了人工磁化方法,制造出更高一级的磁性指向工具,即指南鱼和指南针。

指南针在11世纪时已是常用的指向仪器。指南针的最大贡献是大大促进了航海事业的发展。到了元代,指南针已成为最重要的海上航行的指向仪器,它说明人类从此获得了在海洋上全天候、远距离航行的能力。

(3) 造纸术。造纸是一项重要的化学工艺。纸的发明是中国化学史上一项重大的成就,也是人类文字载体的一次革命。在植物纤维纸出现以前,世界各文明古国用来书写、记载文字的工具都是非常原始的材料。这些材料或过于笨重,或价格昂贵,都不是理想的书写工具。东汉时期,宦官蔡伦对造纸技术进行了开拓性的创新,解决了纸的原料来源,使制作工艺更加完备精细,大大提高了生产效率和纸张的质量,从而大大地推进了文字的书写和知识的传播,极大地促进了文化的交流和发展。

(4) 印刷术。在发明印刷术之前的古代,文化的传播主要靠抄写的书籍。但

是抄写费时又费力,而且常常出现错误,这就大大限制了书籍传播知识和信息的功能。我国印刷术的发展可分为雕版印刷和活字印刷两个阶段。大约在公元6世纪初的隋唐之际,出现了最早的雕版印刷术。在唐代,雕版印刷业极为发达,出版了许多农书、医书和字帖。雕版印刷术在宋代达到了极高水平。在公元1041年—1048年期间,平民毕昇发明了活字印刷,这一发明大大节省了雕版的人力,缩短了出书的周期,既方便,又经济。毕昇之后,元代著名农学家王板对排版、检字、造轮、刷墨等过程悉心研究,发明了排字轮盘,依据韵部将活字排列,大大提高了排版速度,减轻了排字工人的体力劳动强度。

(5)瓷器。早在6000多年前的新石器时期,中国人就开始以新土做原料,制成一定的形状后用高温烧制成经久耐用的容器,即陶器。到了商代,又发明了将釉涂在陶坯的表面,烧制后的陶器就能像玻璃那样光洁。春秋战国时期,已经能够生产出胎质坚密、器形规整的青釉瓷器。南北朝时,又出现了白釉瓷器。唐代时白釉瓷器已能与青釉瓷器相媲美。宋代还出现了最著名的青花瓷,并成为以后我国瓷器的主流,在后来不断的发展中,推出了大量的精品和传世之宝。

(6)纺织。我国古代纺织技术十分发达,亮丽和华美的中国丝织品早就为世界各国人民所喜爱,是中国古代技术的一大成果。大约在5000年以前,中国人发明了最初的原始纺纱工具——纺坠。到春秋战国时期,出现了葛麻纺织技术。秦汉之际,随着长期的实践和不断的改进,单锭纺车成为纺织手工生产的重要工具,棉纺织技术出现了。在公元1世纪—2世纪的西汉时期,我国的纺织技术已经相当成熟,达到很高的水平。在长沙马王堆出土的西汉时期的文物中,有相当数量的纺织品,它们柔软细密、纹理匀称。宋元之际,黄道婆对纺织工具进行了改进,把过去的手摇式纺车改为脚踏式纺车,把单锭纺车改为三锭纺车,还革新了轧花和弹棉工具,从而大大提高了中国古代棉纺织业的效率。

除此之外,我国古代在机械制造方面也取得了卓越的成就。

2. 古代实用科学

(1)农学。自古以来,我国就有发达的农业。7000多年前,我们的祖先就已经在黄河流域种植粟等农作物,在长江流域肥沃的土地上种植水稻。3000多年前的殷代甲骨文中,已经有稻、禾、稷、粟、麦等农作物名称和畴、疆、圳、圃等有关农业生产土地整治的文字。《诗经》中有十多篇专门叙述农事的诗,说明周代的农业已经达到相当高的水平。现存最古老的农学论文有《吕氏春秋》中的《上农》、《任地》、《辩土》、《审时》等篇目,内容涉及利用土地、时令的原则,改变土壤状况和耕作制度等问题,阐述了古代中国重视农业、奖励农桑的有关理论和政策,总结了当时的农业生产经验和生产技术水平,构成了以后中国古代农业和农学发展的重要理论基础。在我国的文化典籍中,古代农学著作达370多种,较出色的有《齐民要术》《农政全书》《汜胜之书》《王桢农》《农桑通诀》《百谷谱》《知本提纲》等。这些农书是各个时代农业科技和生产知识的总结,对指导当时的农业生产起了积极作用,对我国农业科技发展作出了贡献。

 知识链接

《齐民要术》:北魏贾思勰编写,是我国现存最早、最完整的农书。该书系统全面地总结了当时我国农业生产技术方面积累的经验,涉及农、林、牧、副、渔各方面的知识。该书提出了按照自然规律搞好农业生产,指出"顺天时,量地利,则用力少而成功多。任情返道,劳而无获",深刻阐明了古代因时制宜、因地制宜的先进农业生产思想。书中总结的植物知识、果树的阶段发育理论以及苗圃育苗、嫁接技术和熏烟防霜等方面的经验,至今还为人沿用;所载农产品加工、微生物利用、动物饲养知识及在家畜形态学上的理论,也具有很高的水平。

《农政全书》:明末徐光启编著,是一部建立了比较完整的农学体系并综合介绍我国传统农学的空前巨著,分农本、田制、农事、水利、农器、树艺、蚕桑、种植、牧养、制造、荒政等12个门类。书中系统而集中地叙述了屯垦、大规模的水利工程、备荒等保证农业生产和安全所需的政治措施,这对于以前纯技术性的农书,是一个巨大的突破。

(2)天文。我国是世界上天文学发展最早的国家,拥有辉煌的天文学成就,并产生了丰富的天文典籍,给世界天文学的发展留下了十分珍贵的文化遗产。

历法。中国的历法是世界上第一流的。现存最古老的天文学典籍之一是夏朝留传下来的《夏小正》,已记载有由观察天象和物候决定农时季节的知识,并按12个月的顺序记述了每月的星象、气象、物候以及应该做的农事和政治活动。汉代以来,完整系统的历法著作留传到现在的共约100多种,主要收于《二十四史》的《律历志》中。其中著名的有西汉刘歆的《三统历》、南北朝祖冲之的《大明历》、唐代僧一行的《大衍历》、元代郭守敬的《授时历》等。尤其是郭守敬的《授时历》采用了一些精确度很高的数据,集历代历法之大成。

 知识链接

《三统历》:西汉刘歆所作,是现存最早的一部完整历法。该书记载了日月及行星运动的基本常数和推算方法,包括回归年、朔望月长度、一年的月数、交食周期、计算朔日和节气的方法、五大行星的会合周期、运行动态、出没规律、预告行星位置等。《三统历》还明确规定,以无中气的月份置闰,并取"上元"作为历法的起算点。这些内容,对后代历法影响极大,有的沿用至今。后来,随着各项数值的不断精确化,历法被不断地改进。

天象记录。我国古代的天象记录,早在4000多年前就有可考的文字记载,资料非常丰富,其连续性、完备性和准确性在世界上是独一无二的。我国很早就有了彗星的记录,并以孛星、长星、蓬星等称之。据《春秋》记载:鲁文公十四年秋七月(公元前613年),"星孛入于北斗",这是世界上公认的最早一次哈雷彗星记录。我国还有最早、最全面的日月食、新星和超新星的记录。现今世界上公认的最早的太阳黑子记录,就载于《汉书·五行志》。从汉代到明代,我国关于太阳黑子的记录就超过100次。而欧洲最早的太阳黑子记录是在公元807年,当时还被误认为是水星凌日;伽利略在1610年才看到太阳黑子。美国天文学家海耳指出:"中国古人测天的精确性十分惊人。太阳黑子的观测,远在西人之前大约2000年。"

天文仪器。我国古代的天文仪器也达到了很高的水平,发明的天文仪器有漏壶、圭表、浑仪、浑象等。东汉时期杰出的科学家张衡设计创造了一种漏水转浑天仪,这是一台利用水力推动自行运转,能够摹拟天体运行的仪器,这在当时是一项非常了不起的发明创造。后来,经过唐代僧一行等人的改进,制造了世界上最早的天文钟,在中国科技史上写下了光辉的一笔。北宋以后,浑天仪的制作渐渐简化,元代郭守敬在原来的基础上进行了更彻底的改造,制作出了"简仪",使这一仪器的结构更为完善,成为一个时期内世界上最先进的天文测量仪器。北宋时期苏颂、张思训等人又设计制造了水运仪象台,它可以用来观测日月星辰的位置,自动跟踪天体运转,准确演示天体运动,并且能够按照时、刻、辰、更次自动报时间。它的发明和使用,充分体现了我国天文学的发展水平以及机械工程制造技术的卓越成就。

(3)医学。中医学具有悠久的历史。在世界科技史上,它是至今仍然屹立于现代世界科学之林的中国传统学科,也是古代科学中理论体系最为完整系统的学科。

独特的诊断方法。脉诊,又叫"切脉",主要是依据人的心脏、血液、血管的关系,血液速度、呼吸脉搏频率的关系,对切脉部位的认识以及切脉的有关因素等来进行诊断。"脉诊"是中医"四诊"(望、闻、问、切)之一,也是辨证论治的一种不可缺少的客观依据。针灸,针灸疗法的特点是治病不靠吃药,只是在病人身体的一定部位用针刺人,或用火的温热刺激烧灼局部,以达到治病的目的。针灸疗法具有很多优点:一是有广泛的适应症,可用于内、外、妇、儿、五官等科多种疾病的治疗和预防;二是治疗疾病的效果比较迅速和显著,特别是具有良好的兴奋身体机能,提高抗病能力和镇静、镇痛等作用;三是操作方法简便易行;四是医疗费用少;五是没有或极少副作用，基本安全可靠，又可以协同其他疗法进行综合治疗。外科，我国外科学具有悠久的历史。《周礼》记载的医学分科中已有相当于外科医生的"疡医"，负责治疗肿疡、溃疡、金疡、折疡一类外科疾病。《内经》、《五十二病方》都有记载，秦汉以后外科名医辈出，专门的论著、杰出的手术病例不断出现，有些在世界上曾处于领先的地位。

博大精深的医学文献。我国在公元前13世纪已有蛊、龋等病症的记载，并有按体表部位对病症初步分类的概念。春秋战国时期的《五十二病方》、《足臂十一脉灸经》、《阴阳十一脉灸经》等医方和有关针灸、经脉的著作，是最早形式的医学文献。其中，著名的医药学名著有以下几部。

《黄帝内经》：又称为《内经》，是我国现存最早、内容比较完整的一部医学理论和临床实践相结合的古典医学名著。成书于战国时期。《内经》集当时医学之大成，内容涉及生理、病理、医理、药理、针灸、按摩、人体解剖、养生等各个方面，提出了中医学的主要基础理论，如阴阳五行学说、脏腑学说、经络学说等，全面奠定了中医理论的基础。

《伤寒杂病论》。《伤寒杂病论》是东汉名医张仲景编写，系统地总结了汉代以前对伤寒和杂病诊治的丰富经验，提出了诊断的辩证方法以及切合病情的多种诊治方法和药方。在诊断治疗方面，提出了"四诊"（望、闻、问、切）、"六经辨证"（病分为太阳、阳明、少阳、太阴、少阴、撅阴六类）和"八纲原理"（阴、阳、表、里、寒、热、虚、实）。这些诊断治疗方法，成为中医辨证诊断治疗的基本规范。奠定了我国中医临床治疗学的基础。

《神农本草经》。《神农本草经》是我国现存最早的药物学著作，由汉代人假托神农氏之名而作。该书总结了战国、秦汉以来的药物知识，共收集药物365种，对每一种药物的性味、产地、采集时间、主治疾病都有详细的记载，被后世医药学家视为药物学的经典。南北朝时，著名医药学家陶弘景对《神农本草经》进行了整理校订，并补充了新药物365味，共730种。公元657年，唐朝又组织人员在该书的基础上，重新编写颁行了《新修本草》，是世界上第一部由国家组织编订的药典，比欧洲最早的佛罗伦萨药典早800多年。

《本草纲目》。《本草纲目》由明代著名医学家李时珍编写，是我国最为著名的医药学著作，代表着古代药物学的最高成就。共收集药物1892种，收集药方11096个。《本草纲目》不仅极大地提高了中药学的水平，而且以其对药物的分门别类的研究，创造了当时世界上最科学、最详细的生物分类法，推动了世界生物学的发展，被誉为"中药宝库"、"东方医学巨典"。

除上述名著外，还有晋代王叔和的脉学专著《脉经》、晋代葛洪的方剂学专著《肘后备急方》、隋代巢元方的病源学专著《病源候论》。唐代孙思邈的临床实用百科全书《备急千金要方》和《千金翼方》。宋代组织编写的大型方书《政和圣济总录》、明代吴有性的传染病专著《瘟疫论》、明代杨继洲的针灸专著《针灸大成》等也非常重要。祖国医学文献记载了几千年来所积累的医药科学知识和医疗实践,是中国传统文化中极为珍贵的遗产之一。

实用技术的开发创造一直被中国文化所关注,这是实用理性十分重要的内容。古老传说中的先贤圣王,也是实用技术的发明者、文化进步卓越的贡献者。比如有巢氏之于居住,燧人氏之于火的利用,黄帝之于农耕、神农之于医药等。对于在开物成务上有成就的历史人物,人民敬以为神。如药神李时珍、神医扁鹊、茶神陆羽等。与文明古国有同等分量的另一个词是四大发明,它是我国人民聪明才智的表现,也是实用技术高度发达的明证。此外我国古代就出现了十分发达的天文学、律历、医学、农耕技术、兵战思想;古代巨大的水利工程显示出实用技术与相关知识的发达;与日常生活密切联系的酿造、饮食、纺织、刺绣、丝绸、陶瓷、印刷等工艺技术更是蜚声四海。

中国古代科技成果基本是经验科学,其思想的方法论囿于个人经验和直观外推可以解释的领域,如古代四大发明及农、医、理、化等领域的发明,虽然包含了或多或少的科学因素,但在整体上呈现科学理论含量少、技术工艺含量高的特点。因此,中国古代科学理论的成果远不及应用技术的成果,对自然奥秘的研究远不及对治世之道的研究,科学技术难以从应用的层面上升到具有逻辑结构的理论体系的层面,从而限制了科技向更高层次的发展。缺少基础理论的支撑,为满足民众日用需要的应用研究更多依赖于技术的传承,这就制约了传统科技产生质的蜕变和突破。

(二) 抽象思辨的西方科学技术

思辨理性是西方科学文化的主要特点。运用抽象符号,建立公理公式,寻找纯粹方法,致力于理论体系的建构成为西方文化思维方式的主要表现。

1. 思辨理性的超越性

思辨理性具有超越实际、脱离急功近利目标而趋于纯粹认识的指向。

柏拉图告诉人们,人们所感知的世界虽然也算真实,但却极易被自己的感觉器官所欺骗,亲眼所见与亲耳所闻的事物未必就可信,只有理论推导出的东西才最真实。他还认为,概念间的辩证发展,使得概念以逻辑的方式构造出一个有关世界的理论体系。

德谟克利特宁肯获得一个事物的原因,也不愿当波斯王。亚里士多德说过:求知就是最大的快乐。希腊人思考自然问题,不论是早期的泰勒斯等人还是亚里士多德和欧几里得等人,目的并不在实用,而是把哲学和科学当做超功利的知识追求,体现的是人类求知的本能。正如前述有关泰勒斯掉进土坑的传说就很能说明问题。泰勒斯成天思考天体问题,连走路也在思索。一天他不小心掉进土坑里,被一名色雷斯妇女看见。这位妇人笑他说,你眼前的路都看不清,还去研究天上的事情。这一传说最能反映希腊哲人的精神和面貌。他们关心自然、思索自然,并提供了各种答案,用意并不在于能给日常生活带来多少益处,而是兴趣所然,心智所然,或者说这本身就是他们精神生活中的一部分。虽然他们在思索的过程中,也可能带来技术层面上的收获,从而有益于日常生活,但这些只是他们从事科学研究的副产品,或曰必然性的结果,而不是他们的初衷,更不是科学本身的目的。米劳德则认为"希腊几何学家的那种不计利害、脱离实际的情况,可能是科学进步的根本原因之一。并且同时,也就是将来即使在应用方面也有如此丰饶果实的原因之一。"①

善于理性思维的希腊人把古埃及发达的几何学、医学与古巴比伦的发达的天文学吸收过来,把它们变成专门的学科,并且把这些学科规范化,创立了这些学科的基本原理,使它们达到新的水平。不仅如此,古希腊的哲学和科学从多中找一,从现象中寻找本质,具有趋于纯粹认识的指向。泰勒斯关于世界本原的思想,把水作为世界万物的本原在人类思想史上的意义不可小视。因为对世界本原的询问则意味着他们已经将自然世界客体化和对象化,开始有了"天人二分"的思维模式;最为重要的是,它在多与一、具体与抽象之间,借助于概念把握世界,从而为人们的对象化思维提供了最初的也是最本质性的框架,即"一切是一"的思维框架。泰勒斯之后,不论把世界本原看做物质性的"气"、"火"、"种子"、"原子",还是看做抽象的"数"、"存在"、"理念"等,都是按照"一切是一"的思维模式而观察和思考世界的。

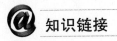 知识链接

理念世界

柏拉图认为,我们的感官所感知到的一切事物都是变动不居的,因而都是不真实的;真正实在的东西应该是不动不变的;这种真实的存在就是苏格拉底所讲的绝对的永恒不变的概念。但是,他又认为,概念并不像苏格拉底所说的那样仅限于道德的领域,也并不仅仅是思想的范畴,只存在于人的心中,而是独立存在于事物和人心之外的实在。柏拉图把这种一般概念称之为"理念"。所有的理念构成了一个客观的独立存在的世界,即理念世界,这是唯一真实的世界。至于我们的感官所

---

① 葛雷、齐彦芬,《西方文化概论》,中国文化书院,1987,第260页。

接触到的具体事物所构成的世界,是不真实的虚幻世界。这样,在柏拉图那里就出现了"真实世界"(理念)与"幻影世界"(个别事物)之间的对立。柏拉图预设了一个高于现实存在的理念世界,他用这个未经证明的假设来解释一切客观现象的本质与规律,并以此为基石建立他的理论大厦。

2. 思辨理性的科学性

思辨理性刻意于为认识而认识,因而注重方法的寻找,理论体系的建立。

亚里士多德既是位哲学家,又是位科学家。作为哲学家,他在柏拉图的基础上,建构起了有别于柏拉图哲学的庞大的哲学体系;作为科学家,他在当时人类知识所及的领域,均作过艰辛的研究,尤其在生物学方面成绩卓著。但是亚里士多德最大的贡献,是在哲学和科学的交汇处,建构了一套系统的科学方法。并用其来分析人类事物,从而使政治与伦理作为科学的考察对象。亚里士多德的科学方法,可概括为原因论、三段论、归纳法、演绎法。这些方法虽不是分立的,但却各成理论,自成系统。也正是从亚里士多德开始,科学才有了比较成熟的表现形态。很难想象,如果没有亚里士多德的先驱作用,是否会有后来笛卡儿、培根、牛顿等科学大师的成就。

17世纪可以说是认识论、方法论觉醒的世纪。黑格尔说,17世纪在方法论上有两大流派,一是英国的经验派,一是大陆的理性思辨派。一般说来,经验主义者重感官知觉和亲身经验,注重归纳与综合。如作为近代归纳法创始人的培根,就主张搜集大量的材料,正反面的都要,然后分门别类加以考察和实验,再加以概括归纳。他认为这样做就能使任何学科、任何问题取得进展。理性思辨派则从思维、内心出发,注重分析与演绎。作为近代理性演绎法的创始人笛卡儿则从无可怀疑的观念出发一步步推演出整个理论体系,这是很有名的。他们对科学的发展都功不可没。重要的在于,无论是英国的经验派还是大陆的理性思辨派,对经院哲学来说,都意味着独立的科学的思维的形成,意味着方法论的觉醒和革命,意味着科学的、理性主义精神的觉醒。

西方科学重视理论体系的建构,以哲学认识论作为科学研究的指导原则。早在古代希腊人的哲学中已经包括了后世科学理论方面的内容,特别是毕达哥拉斯学派的数学、希波克拉底的医学、托勒密的地理学、亚里士多德及其学生的自然科学研究,都成为近代科学的始祖。而这些古代科学都具有相当的理论基础,思想体系相对完整。文艺复兴之后,英国唯物论与法国启蒙主义、德国古典主义的哲学家们无不重视科学理论体系的创造。西方科学史上,每一个重要的历史阶段都有较完整、系统的理论体系,正是达尔文的进化论、伽利略和牛顿的物理学理论、爱因斯坦的相对论等重要科学理论体系推动了世界科学发展。

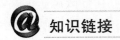 **知识链接**

万有引力定律、相对论和量子力学①

（1）万有引力定律。1643年，艾萨克·牛顿出生于英格兰的一个农民家中，大学阶段在剑桥大学学习自然哲学，27岁即开始担任剑桥大学数学教授。1696年，牛顿被委任为造币厂监察，并且1703年担任了英国皇家学会主席。牛顿是一位在多个领域里都有伟大贡献的科学家。在数学方面，他与德国的莱布尼茨一起创立微积分并且用微分方程来表达物体的运动。在《自然哲学的数学原理》这一划时代的巨著中，牛顿把天文学与力学发展到一个新的高度，该著作提出了著名的牛顿三定律与万有引力定律，从而解决了从古希腊以来一直在探讨的科学问题，也就是物理学最重要的问题，即物体运动的规律与宇宙变化的原因。

牛顿认为，宇宙间的一切物体全都受到惯性定律、质点运动定律与反作用定律的支配，主要表现为：第一，惯性定律是物体在未受外力作用时，会保持原来的静止状态或是匀速直线运动。第二，质点运动定律是物体运动状态的改变与所受力的大小成正比，并且发生在作用力的直线方向上，即在质量（m）一定时，外加力F与加速度a成正比，公式表达为$F=ma$；如果外力是一定的，物体的质量则与运动状态改变的程度，即加速度成反比，用公式表达为$m=F/a$。第三，作用与反作用定律是在相互作用的两物体之间，作用力与反作用力是相等的，方向相反，并且作用于同一条直线上。万有引力定律则指出，因为宇宙间所有的物体都处于互相吸引的作用力之中，每一个粒子都在互相吸引；物体之间吸引力的大小与它们之间距离的平方成反比，与其质量成正比，用公式表达为$F=GmM/r^2$。

牛顿万有引力定律由于适用于宇宙间一切物体，所以得名。它不仅对于物理力学有重大意义，也是人类科学认识史上的里程碑，代表了人类以科学方法来掌握世界的巨大成就。

（2）相对论。1905年，爱因斯坦发表《论运动物体的电动力学》，提出了狭义相对论的基本原理。其一，对于任何惯性体系，一切自然定律都同样适用，这就是相对性原理。即力学运动、电磁运动都具有相对性，这样就完全否定了绝对静止的参考系：绝对时间与绝对空间。其二，对于任何惯性系来说，自由空间中的光速都是相同的，它是物体运动的最大速度，也就是光速不变的原理。在这篇论文中，他以同时性的相对性否定了牛顿力学的基础。爱因斯坦指出，相对论的效应表现为：运动的尺度会缩短，运动的时钟将会变慢；物体的质量将会随着它的运动而发生变

---

① 方汉文，《西方文化概论》，北京：中国人民大学出版社，2006年，第238页~247页。

化;物质的质量 m 与能量 E 之间有 $E=mC^2$ 的公式,所以当物体的质量发生 $\triangle m$ 的变化,同时必然产生 $\triangle E$ 的能量的变化,反之亦然。这一公式为原子能的利用开辟了广阔的前景。1907 年,爱因斯坦发表论文《关于相对性原理和由此得出的结论》,提出了广义相对论。1916 年,爱因斯坦建立了广义相对论的引力场议程,论证了空间的结构和性质决定于物质分布的观点,首次论述了四维时空和物质的分布密度相联系的重要思想。他认为物质及其运动决定时空的性质,而时空的性质反过来又决定物质的运动。

(3) 量子理论。量子理论是 20 世纪物理学理论的第一次重要革命。1895 年伦琴(Wilhelm Conrad Rontgen,1845—1923)发现了 X 射线,1897 年科学家们发现超原子微粒,这标志着新的物理学与新的科学将要在 20 世纪出现。1900 年,德国物理学家普朗克(Max Kar Ernst Ludwig Planck,1858—1947)提出了著名的量子学说,即物体在发射与吸收辐射时,能量的交换不是连续进行的,能量只是以一定的数值和它的整数倍数辐射或是吸收;正如物质是由单独的原子所组成的,能量也是由单独的每份"能量原子"所构成的。普朗克把每一份能量作为一个"参量子",简称为"量子"。这种学说由他的《关于正常光谱能量分布定律的理论》论文进行论证,从此,量子理论正式产生。量子理论将传统的宏观的、外部的世界研究推向了微观的、内部世界的研究,这是科学新时代的理论转换。

从毕达哥拉斯的数的本体开始,西方思想家、哲学家、著作家、科学家无不表现出对建立理论体系、创见学术思想、发现新方法的兴趣。西方文化史上没有无著作而能称家的,也没有如中国人专以注疏前人而能成大家的。

西方科学理论体系并非直观实际,但重要的是在逻辑上。在理论上它是成立的,便能确立起它对事物认识的理解。贝尔说:"我们已经看到了各种技术的构成,这蕴涵着一种逐渐增进的、而又是实践的知识。这里我们将看到我们已经说过的希腊人对于技术的反复思考。看到他们创造出'方法',提升到一般的演绎法,最后并把它应用于数和图形,因为这里已经有他们所喜欢的纯理性的运用。"贝尔称希腊人本质上是几何学家,"在那些抽象的遗想中,精神由于自己努力的辉煌成果而更加坚强起来了"[1]。在中国人看来只有物质是可靠的,感知物质的经验是可信的。西方人则认为法则是可靠的,人的理性是值得信赖的。只要依照法则推理,结论应该是正确的。而经验常常会发生错误,就像人们看到太阳东升西落一样,理性告诉我们是地球在转动。个别经验更是常因个人精神情绪、个体身心状况而出

---

[1] 葛雷、齐彦芬,《西方文化概论》,中国文化书院,1987 年,第 260 页。

现差错,因而是不可信的。柏拉图说:"只有数学实体才具备永恒的可理解性,因此任何科学理论都只能建立在从几何学借来的概念和模式上,才能揭示出表象演变背后的真正结构和关系。"①可以说柏拉图代表西方人表明了对理性的推崇和信心。

二、认识途径:直觉与逻辑

中西科学技术呈现出不同的思维路径与方式。中国传统思维偏好运用直觉体验的方式去获取和传达涵盖力极强、极灵活、为认识主体留有极大领悟空间的认识成果。西方思维则希望通过严密的逻辑推理去获得和传递精确、可靠、稳定的知识,注重规则的缜密,重视认识的客观性与同一性,力求避免认识主体理解和阐释对象时的任意性。

(一) 中国古代直觉思维偏好

1. 重视"心",强调直指人心

孟子认为:"学问之道无他,求其放心而已矣。"②这就是说,求知识、才能没有别的途径,唯一的方法是"求其放心",即把被丢弃了的"心"找回来。因此他又说:"尽其心者,知其性也;知其性则知天矣。"③"尽心—知性—知天"既是孟子道德哲学的公式,也是他的理论思维模式。在这个模式中,"心"是第一要素,他既是认识的主体,也是认识的客体。因此,注重"心"的作用,加强"心"的修养,几乎成为传统知识价值观的永恒主题。这在宋明理学那里更是把"德性之知"或"心性之学"发挥到极至。

老子主张"涤除玄览",把心中的杂念消除净尽,做到"无知无欲",这样才能从总体上把握宇宙本体的"道"。因此老子说:"为学日益,为道日损,损之又损,以至无为。"④"为道—无为—体道",这是老子的理论思维模式。在这一模式中,也如孟子一样,不仅排除了经验知识,同时也排除了运用概念进行判断推理的可能。在他们看来,"天"或"道"根本不是耳目感官所能认识的,也不是经验知识所能把握的,而只有靠心的神秘体悟,才能得到对"天"或"道"的了解,一旦用概念或具体知识去描述它,就会走偏方向,失去了它的真实含义,就成了"道可道,非常道;名可名,非常名"了。

---

① 刘大椿,《比较方法论》,中国文化书院,1987年,第6页。
② 《告子上》。
③ 《尽心上》。
④ 《老子·四十八章》。

后来的佛教更是如此,禅宗称其本旨为"教外别传,不立文字。直指人心,见性成佛"。这就是说,对佛法不能通过文字来了解,因为佛法不是一种知识,而是一种内心功夫,因此只要倾心于体验实修,向自己的心中挖掘,便可彻见自己的本性。

儒、道、禅三家的思维模式,从本质上说,是比较一致的。由道家而发展为玄学的"言不尽意"或"得意忘言";由儒家而发展为宋明理学的"德性之知"或"心性之学",都可容纳禅学。理学家的思维方式也正是按照这三家的综合而加以发展和扩充的。可以说他们把上述三家的理论浓缩成一句话——"直指人心"。

2. 非逻辑型

这表现在中国传统的知识概念和范畴的整体性、模糊型和直观性上。

(1)整体性。中国传统的知识概念和范畴,其中包括哲学及自然科学范畴都具有整体性的特点。所谓整体性是指概念或范畴的不可分离性或有机性再或关联性。如老子"道"的概念,历来为研究中国哲学史的人感到困扰。它的内涵到底是什么,直到目前尚无定论。之所以搞不清楚,是因为我们总是企图用现代的理论思维方式去把握它。其实老子早就说过,道这个东西,是"视之不见"、"听之不闻"、"搏之不得"的,"此三者不可致诘,故混而为一"①。"混而为一"即指"道"的整体性和不可分离性。冯友兰先生曾作过一个贴切的解释:"道就是大全。"这个解释可以说穷尽了"道"的内涵。但我们还是感到茫然,因为"大全"同"道"一样,仍是一个整体性的概念,很难对它再作分解。同样,如"心"、"性"、"阴阳"、"太极"等概念都是如此。我们一旦用现代的逻辑语言去分解它,它就立刻失去了原有的韵味,甚至失去了原来的意义。因此我们说,中国传统的范畴概念,一般都具有不可分割的整体性特征,用这种不可分割的整体性概念去描述事物或进行判断时,则表现出一种没有经过逻辑分殊的总体观念。中国的医学、农学、天文学,甚至中国的逻辑学本身都具有这样的特点。

(2)模糊性。由于概念的整体性和不可分解性,同时就产生了它的模糊性特点。所谓模糊性是指概念之内涵及外延的非确定性或含糊性。形式逻辑所要求的概念的明确性,主要是指能够反映概念中的对象的本质属性,同一个概念。由于其内涵的不确定,造成对概念理解的歧异性,如中国古代关于"人"的概念,其内涵与外延就极不确定。孔子、孟子在论到人的时候,往往从道德角度去规定人的内涵,如"仁者爱人"、"人者仁也"等,这种规定排除了人的生物性条件,在他们看来,不具有仁爱品德的人就是禽兽。显然这种对人的定义在逻辑上是不周延的。后期墨

---

① 《老子·十四章》。

家本来是对逻辑有贡献的,但由于其知识论并未完全建立起来,因此也根据孔孟上述关于人的概念提出"人"这一概念的外延不包含"盗"这一概念的外延,因此提出"杀盗非杀人"的命题。把"杀盗"完全排斥在"杀人"这个概念的外延之外,逻辑上的错误就是把两个不同外延而关系从属的类概念截然对立起来,从而否定概念之间的类属关系。由于传统的思维方式所造成的概念的模糊性和缺乏规定性,遂使后期墨家犯了不应犯的逻辑错误。在知识论和道德论严重混淆的古代,犯这样的错误是不可避免的。

我们说中国传统思维带有非逻辑的特征,不是说中国人的思维没有逻辑,而是说中国传统思维偏好,追求非逻辑、非形式化带来的灵活、简捷、深刻。它压缩或抛弃了逻辑程序,开门见山地切入本质。我们看不到思维前后的逻辑过程,但能感到极强的思维力。在中国文学中追求语言言简意赅,盖受此影响。但这种思维也给思想的理解、知识的积累和技能的传授带来一定的障碍。因为它不长于将个别的经验及思维成果总结为条理清晰的知识体系,因而难以得到准确的传播和形成具有普遍意义的规律性认识。

(3) 直观性。中国传统的整体思维方式往往表现为概念过于空泛,解释较为模糊,认识不够精确;在研究的过程中,忽视逻辑分析、数学演绎和实验证明,而是注重"取物论喻"、"格物致知"。"技进于道",采用的是直觉顿悟的方法,用这种方法去认识、理解和描述事物,往往显得笼统和模糊,甚至带有直觉主义和神秘主义的成分。近代以后,正是因为严密的定理和定律的匮乏,使中国传统科技难以架构起系统的理论。

(二) 西方思维路径的逻辑偏好

认识途径上,西方文化则希望通过严密的逻辑推理去获得和传递精确、可靠、稳定的知识,注重规则的缜密,体现出思维的逻辑偏好。古希腊爱利亚学派的巴门尼德说,有两条道路或两种方法:一条是不变的,完满的真理的道路,是逻辑思想所适合的道路;另一条是意见及其变化万端的现象的道路,是由习惯及感官的混淆经验所支配的。认识后一条道路及其全部危险是不可缺少的。柏拉图认为,概念间的辩证发展,使得概念以逻辑的方式构造出一个有关世界的理论体系。这一观点超越了苏格拉底简单归纳推理的单纯经验,使思维彻底摆脱了经验的束缚而上升至概念思维、抽象演绎的高度。亚里士多德创立了形式逻辑的三段论,使人类的思维发生了质的变化,真正进入了抽象的理念空间之中,完成了柏拉图未完成的任务——在理念世界和现实世界之间建立起形式的逻辑联系。

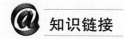 知识链接

亚里士多德的逻辑学

在亚里士多德的所有成就中,逻辑学是对后人影响最大的一种,一直影响到今天。亚里士多德十分重视逻辑学,称逻辑学为分析学。亚里士多德认为思想应首先注意方法,正确的方法能引导我们认识实在的、有经验可寻的东西。而逻辑是获取真正可靠知识的工具和方法,我们必须掌握这种工具和方法,才能进行科学和哲学的研究,所以,逻辑学也可以说是他的哲学的导论。亚里士多德对形式逻辑进行了系统的研究,其逻辑学思维主要体现在《工具论》、《范畴篇》中。他讨论了范畴、名词和谓词的分类,认为范畴是命题的主项和谓项,范畴可分为实体、数量、性质、关系、地点、时间、姿态、状况、活动和遭受等十类;命题就是判断;提出了演绎推理的方法和三段论的逻辑形式,提出了公理系统的证明方法,详细论证了矛盾律和排中律等思维规律。下面我选择一个最主要、也与我们关系最密切者来讲,这就是三段论。

凡人都会死的(大前提,全称判断),
苏格拉底是人(小前提,特称判断),
所以,苏格拉底会死(结论)。

这个苏格拉底可以改成任何一个或一些人,如你、我等。这也是运用得最为广泛的思维方式,因为它能使我们在日常生活和学术研究中做到思路清晰、结论可靠。亚里士多德尤其看重可用自然手段获得或可用理性说明的知识,认为这能保证前提的"真实"。总之,亚里士多德几乎都讨论过现行的形式逻辑的各个主要部分,是当之无愧的逻辑学之父。

从一个真实的前提如何推出一个未知但同样真实的结论,遵循推理的规则、步骤就可以保证实现这一目标。古希腊人辉煌的天文学、数学、逻辑成就已为我们熟知。而这三大科学是密切相关的,天文学家首先利用数学建立宇宙模型,根据数学推导和逻辑演绎获得结果,然后再从观察中求证。形式逻辑体系产生了不可估量的文化意义。这种以形式化、客观化为特征的逻辑,可能有碍于自然主义所诱发的实验科学的发展。但我们须承认逻辑推理的可理解性,它以一个一般性的命题来讨论发现特殊的命题;从一个已知前提推知未知结果;它借助他人的、文化的经验来推导未经验的事理。得益于这种方法,人类可作超越经验的认识,知识可得到积累与扩展。虽然基于经验的归纳方法是最基本的认识方法,但希腊人以及他们所形成的传统对人的经验、感性认识是轻视的,这使西方思维重

视定理、公理的规则系统,发达于演绎推理,抽象思维。因此,逻辑方法成为西方科学方法的基础。

与推理、分析式的逻辑思维相配合,精确成为西方文化的另一特色。自泰勒斯认为宇宙万物的本体为"水"到赫拉克利特的"火",再到毕达哥拉斯的"数",最终通过德谟克利特的"原子",达到了物质的明晰,通过提出"理式"达到精神的明晰,更重要的是产生了亚里士多德的形式逻辑体系和欧几里得的几何体系。即使在宗教当道的中世纪,托马斯·阿奎那也是用亚里士多德的逻辑来论证上帝的存在;近代的霍布斯、笛卡儿、斯宾诺莎纷纷要求确实而普遍的知识、单纯而明晰的概念和高度准确的思维。17世纪的哲学家们以数学证明般的严密性来研究哲学,18世纪的启蒙思想家对天上人间一切置之于理性的法庭上予以审判,19世纪以黑格尔辩证逻辑为首的西方哲学体系更有如一座巍峨的理性思想楼宇,20世纪以爱因斯坦的统一场论为代表皆体现了西方文化追求精确的思维特色。

西方文化重视数学和逻辑,因而具有精确性的性质。西方学说的中概念和范畴有周密的界定,即一个概念只用一个判断来规定,其内涵与外延都是非常明确的,通常用严格的定义引入。推理一般是命题型的,即从某个初始命题出发,按照一定的原则,依次推出一系列的命题系统。西方文化崇尚科学和理性,注重思维活动的严格性、明晰性和确定性,注重思维程式的数学化、形式化、公式化和符号化,注重语言的逻辑性。这一点可以从笛卡尔的新方法、斯宾诺莎和霍布斯等人的著作得到证明。

 知识链接

笛卡儿的新方法

笛卡尔的理性演绎法实际上就是这样做的。它从几条不证自明的公理出发,一步步地推演出其他原理,直至构成一个完整的知识体系。在《方法论》一书中,笛卡尔把他的演绎法归结为以下四条:

第一条是:决不把任何我没有明确地认识其为真的东西当做真的加以接受。也就是说,小心避免仓促的判断和偏见,只把那些十分清楚明白地呈现在我的心智之前,使我根本无法怀疑的东西放进我的判断之中(即在通过事实获得证明以前,对一切公认的观念和意见必须怀疑)。

第二条是:把我所考察的每一难题,都尽可能地分成细小的部分,直到可以而且适于加以圆满解决的程度为止(即对于必须解决的问题进行如何分析问题的指导)。

第三条是：按照次序引导我的思想，以便从最简单、最容易认识的对象开始，一点一点逐步上升到对复杂的对象的认识，即使是那些并没有自然的先后次序的对象，我也给它们设定一个次序（即思想应有条理，必须从最简单最容易理解的对象开始，逐渐达到更复杂的知识）。

最后一条是：把一切情形尽量完全地列举出来，尽量普遍地加以审视，使我们确信毫无遗漏（即注意概括推理的各个环节，保证无遗漏）。①

这几条原则，概括了笛卡尔演绎法的基本要求，这就是：前提可靠，推理严密，从易到难，从简到繁，考虑要全面，结论要确实。这些简单原则不能被视为是机械的公式，而应看做是建立在数学运用基础上的思想训练方法。笛卡尔认为只有用这样的方法获得的知识才是坚实可靠、无可怀疑的。

三、教育制度：求善与求真

（一）中国古代教育价值取向为求善

中国古代文化中，缺乏纯粹的认识论，认识、求真往往与伦理、求善结合在一起，并附属于后者。故有人称中国哲学为伦理哲学，中国文化为伦理文化，就此意义而言，是不无道理的。孔子的一部《论语》，核心在宣扬以伦理为内核扩展至政治等方面的仁学。他提倡"中庸"不以真为基础，而是说"中庸之为德也，其至矣乎"，把中庸看成美德之至。北宋程颐释曰："不偏之谓中，不易之谓庸。中者，天下之正道。庸者，天下之定理。"只要谨守中庸的美德，必能符合天道天理，从而达到天人合一。这种合一的基础不是真，而是善。孟子也是在其"性善"说基础上建立其"仁政"和"良知、良能"说的。在他看来，认识的先天能力（良知、良能）源于性善。"诚"是天之道，其中心内容是善；"思诚"是人之道，其中心内容是"明乎善"。唯有思诚、尽性，才能由"明乎善"进到"诚其身"，从而解除对良知、良能的遮蔽，达到与天合一，"万物皆备于我"而获取充分的知识和智慧。在此，伦理学显然高于认识论并派生出认识论，换言之，善高于真而衍生真。宋明理学作为儒学的新阶段，已吸收综合了道、佛的某些重要思想，但其基本构架仍是伦理思想统驭认识论。他们"格物致知"的认识论也未摆脱伦理学的支配。程颢说："格犹穷也，物犹理也。犹曰穷其理而已矣。"穷物理，非真的去穷究外物、自然、世界之理，而是将伦理道德修养之理，即"或读书讲明义理；或论古今人物，别其是非；或应事接物而处其当，皆穷理也"。他特别强调，格物致知不为求外物闻见之知，应求伦理德行

---

① 转引自孟节省、林雪原，《西方文化漫谈》，红旗出版社，2002版，第182页。

之知,"闻见之知非德性之知,德性之知不假闻见",所以,"致知,但止于至善,为人子止于孝,为人父止于慈,不须外面只务观物理"。由此可见,理学的认识论完全伦理学化、被伦理学兼并了。

从价值观念上看,中国古代社会是一个文化政治化、道德化倾向非常强烈的国家,对于所谓天人之际、礼制秩序关注甚多,视为"正道"。读经书、考科举,将进入仕途当做最佳人生选择的文化导向,使得知识分子对仕宦前程趋之若鹜,各种与人生社会、安邦治国无直接关系的学问,都被看成是无用之道。重道轻器,重义轻利,重人伦轻自然,重政治轻技术,特别是在汉代以后,知识分子崇尚政治人伦之"道",天地万物之"理",轻视具体科学知识和生产技艺的趋向更加明显。尤为明显的是,儒家思想文化的心理特征,让理性思辨和科学分析常常化解于日常生活、伦常感情和政治观念中,认为天人相通,天人感应,将天地日月与君臣父子联系起来,使科学理论伦理化、政治化。而道家的社会理想是建立简朴的甚至是蛮荒的世界,他们批判工艺技术,要追求原始生活,导致了对科学技术的普遍蔑视。而在封建社会的后期,儒家文化的政治化,进一步造成古代学术和学人的政治化与道德化的特征,都不利于科学技术的发展。同时,科学技术向来为正统社会及其上层人物所不屑。儒生们相信的是"万般皆下品,唯有读书高",读书不是读科技书籍,而是圣贤的"经书"。儒家提倡"劳心者治人,劳力者治于人","学而优则仕",人们都一心想做官,成为"人上人",劳动者因为没有文化而不能把技术抽象为科学,而有文化的知识分子实际上就是封建官僚的后备军,又不屑于具体的科技。"主流学问"与实用知识根本无法结合,劳动实践与知识创造长期分离。文人墨客喜欢吟诗作赋,爱好琴棋书画,对工匠技艺不屑一顾,否则被看成是"玩物丧志"。这些观念实际上已经成为影响和制约科技进步的巨大阻力。

(二) 西方文化的价值追求为求真

西方文化由"天人二分"必然引出其追求真理为最高目标。认识自然的目的在于探求真理,以便指导自己去改变自然、征服自然。

古希腊哲人赫拉克利特就主张智慧就在于认识真理,他说:"思想最大的优点,智慧就在于说出真理,并且按照自然行事,听自然的话"[①]。柏拉图的认识论虽是神秘的"回忆"说,但其目的是清楚的,还是为了认识真理(理念),并把能认识真理,看做人的最高追求。亚里士多德认为:"认识是我们的目标。人们在掌握一样东西的'为什么'(即根本原因)之前,是不会认为自己认识了它的。"所以亚里士多

[①] 《西方哲学原著选读》,商务印书馆,1982年,上册,第25页。

德认为发现事物的本原或原因（即发现真理），是认识的根本目标。他还提出了"吾爱吾师，吾更爱真理"的人生格言。即使到了蒙昧的中世纪，神学仍然以认识真理为口号。圣·奥古斯丁就提出真理是高于心灵和理性的东西，拥有真理就是幸福，并将真理比喻为"上帝之光"，认为认识真理，便认识永恒。托马斯·阿奎那还提出高于"哲学真理"的"神学真理"说，认为这是上帝理智中的真理。整个中世纪神学对上帝存在的种种证明，在一定意义上都是为了求得神学真理。之后，培根提出用实验与理性相结合的科学方法来发现自然的规律即真理。笛卡儿强调要用正确的方法去"追求真理"。求真、求善、求美，是人类的共同愿望。但西方文化中，真高于善，善服从于真，或者说是在真的基础上求善。古希腊早期哲学只涉及自然本体，即只关乎真，而未涉及人类德行即善的问题。后来，道德问题在哲学中地位有所提高，但若细究，则可发现，它还是存在于真理的基础上。如亚里士多德讲"道德上的美德"时说，"如果美德比任何技艺都更精确、更好，正如自然也比技术更精确、更好一样，那么，美德必定就有以居间者为目的的这个性质"。从表面看，亚里士多德的观点与孔子的"中庸"之道很相似，都强调适中、适度，不"适"也非"不及"，但立论基点显然不同。亚里士多德立足于人对自然的精确认识即立足于对真理的认识，"适中"之美德源于"真"，源于对自然的精确把握，"它对一种合理原则所规定，这就是那具有实践智慧的人用来规定美德的原则"，即"真"。西方文化这种真高于善、善基于真的格局一直贯穿到近代。

中华文化在天人合一的传统哲学总格局下，重善轻真，用伦理学压倒认识论，与西方文化在主客二分的哲学大思路下，重真轻善，由认识论派生出伦理学，恰成对照。在此特定意义上，我们可以说中华文化为伦理文化，西方文化为认识文化。

附

中国科学技术的近现代变迁

中国科学技术的近现代变迁，经历了一段非同寻常的曲折过程。从19世纪中叶自强运动中开始的"师夷之长技"和"自强求富"，到20世纪初年的"科学救国"、"实业救国"思潮，从50年代的"向科学进军"，到20世纪末叶的"科教兴国"战略，中国人对科学技术给予了多少希望、梦想和憧憬！

1. 自强求富

鸦片战争后，魏源在《海国图志》中提出了"师夷长技以制夷"的思想，为中国近代思想的发展提出了一个全新命题。基于对鸦片战争失败原因的反思，魏源认为,"夷之长技"有三:一是战舰,二是火器,三是养兵、练兵之法。魏源师"夷长技以制夷"的思想对后世有很大的影响,19世纪末的洋务派运动提出的"中学为体,西学为用"便是由此深化而来。

所谓"洋务",是指诸如外事交涉、订条约、派遣留学生、购买洋枪洋炮以及按照"洋法"操练军队、学习外洋科学、使用机器、开矿办厂等与外洋往来的事物有关的一切事情。洋务运动(又称自强运动),是指1861年(咸丰十年)底开始至1894年,清朝政府内的洋务派在全国各地掀起的"师夷长技以制夷"的改良运动。

洋务派提倡"中学为体,西学为用",希望利用先进的技术维护封建统治,改革不触动封建制度。后来的甲午中日战争证明,洋务运动没有使中国走上富强的道路。但是,它引进了西方资本主义国家的一些近代科学生产技术,培养了一批科技人员和技术工人,在客观上刺激了中国资本主义的发展,对外国经济势力的扩张,也起到了一些抵制作用。

2. **实业救国、科学救国**

实业救国论在19世纪末已开始出现,到了辛亥革命(1911)前后成了一种颇为流行的论调。它以发展本国资本主义工商业,以抵制帝国主义侵略、掠夺为号召,反映民族资产阶级的利益和愿望,具有广泛影响。甲午战争(1894—1895)后,陈炽宣称:今后中国的存亡兴废,"皆以劝工一言为旋转乾坤之枢纽"①,这可说是中国近代实业救国论的滥觞。张謇是中国近代实业救国论的最有影响的代表人物。20世纪初,张謇极力宣扬实业救国论,认为"救国为目前之急,……譬之树然,教育犹花,海陆军犹果也,而其根本则在实业"②。

一批深受西方科学影响的爱国知识分子,在近代中国救亡图存的特定历史条件下,倡导以西方的科学来拯救中国的爱国主义进步思潮。以翻译西方科学著作、进行科学教育、创办报刊、应用科学与实业相结合、创立科学团体和学会以及从事科学研究等途径,有意识地开展科学救国的思想宣传和进行各种实践。

在20世纪20年代,"实业救国"、"科学救国"成为一种社会共识。国内"实业救国"、"科学救国"的呼声高涨时期,留学潮中的中国青年大多抱有到国外寻求先进思想、先进技术以报效国家、拯救中国的愿望。

3. **向科学进军**

1956年1月,中共中央召开全国知识分子问题会议。毛泽东、周恩来在会上

---

① 《续富国策·劝工强国说》。
② 《张季子九录·政闻录·对于储金救国之感言》。

要求全党、全军和全国人民努力学习科学知识,为迅速赶上世界科学技术先进水平而努力奋斗。毛泽东在讲话中指出:"我们国家大,人口多,资源丰富,地理位置好,应该建设成为世界上一个科学、文化、技术、工业各方面更好的国家。"就是在这次会议上,党中央发出了"向科学进军"的伟大号召。

不久,毛泽东在最高国务会议第六次会议上指出:"社会主义革命的目的是为了解放生产力。""我国人民应该有一个远大的规划,要在几十年内,努力改变我国在经济上和科学文化上的落后状况,迅速达到世界上的先进水平。"他还特别指出:"为了实现这个伟大的目标,决定一切的是要有干部,要有数量足够的、优秀的科学技术专家。"

根据毛泽东的一系列指示,由周恩来和聂荣臻等牵头,成立了科学技术规划委员会,制定了《1956—1967年科学技术发展远景规划》。这一规划以"重点发展、迎头赶上"为方针,对百废待兴的新中国尽快建立自己的科学技术体系并支撑经济社会发展发挥了重要的指导作用,极大地促进了我国科学技术的发展,缩短了与先进国家的距离。科技事业进入了一个有计划的蓬勃发展新阶段。两个规划的实施催生了以"两弹一星"为代表的一大批科技成果,促进了一系列新兴工业部门和产业的诞生,国家实力提升,国人志气大长。

"文化大革命"使中国现代化进程遭受新中国成立以来最严重的挫折,科技事业也走进了严冬。

4. 科教兴国

1995年5月6日颁布的《中共中央国务院关于加速科学技术进步的决定》,首次提出在全国实施科教兴国的战略。江泽民指出:"科教兴国,是指全面落实科学技术是第一生产力的思想,坚持教育为本,把科技和教育摆在经济、社会发展的重要位置,增强国家的科技实力及实现生产力转化的能力,提高全民族的科技文化素质。"同年,中国共产党第十四届五中全会在关于国民经济和社会发展"九五"计划和2010年远景目标的建设中把实施科教兴国战略列为此后15年直至21世纪加速我国社会主义现代化建设的重要方针之一。

思考题

1. 如何理解李约瑟对中国古代科学技术的著名论断?
2. 西方科学技术的发展与宗教意识的关系?
3. 请分析中国科学技术在近代落后的原因。

参考文献

[1] 徐行言.中西文化比较.北京:北京大学出版社,2004.
[2] 方汉文.西方文化概论.北京:中国人民大学出版社,2006.
[3] 贺毅,苏峰.中西文化比较.北京:冶金工业出版社,2008.
[4] 李中华.中国文化概论.北京:中国文化书院,1987.
[5] 葛雷,齐彦芬.西方文化概论.北京:中国文化书院,1987.
[6] 孟节省,林雪原.西方文化漫谈.北京:红旗出版社,2002.
[7] 罗素.西方的智慧.北京:致公出版社,2010.
[8] 席泽宗.中华科学思想史.北京:科学出版社,2009.

第六讲 集权与分权——中西政治文化比较

主要内容

一、政治思维：尚一趋同与发散多元
二、政治制度：集权专制与分权制衡
三、政治人格：家国臣民与城邦公民
四、政治学术：治国谋略与制度研究

开篇案例

20世纪80年代后期，某高校有一位工科出身的政治辅导员，面对大学生关于"为什么要坚持四项基本原则"的讨论所提出的诸多问题，不知道该怎样回答，他下决心工作之余看点书。他看到希罗多德的《历史》记载：包括大流士在内的七个波斯人在一场政变之后，聚在一起商量如何重建国家的体制，其中一位叫欧塔涅斯的人主张"全体波斯人参加管理国家"，可惜他的意见不是主流，主张建立君主专制的大流士却占了上风。他又看了古希腊的城邦民主政治制度的发展，发现了它的伟大意义和局限性。又看了西方的"三权分立"的来由，看了中国古人谈论的政治是家国一体、家天下，"普天之下，莫非王土；率土之滨，莫非王臣"[①]，"君要臣死，臣不得不死"等内容。他悟出一个道理：世界各国历史国情各不相同，政治文化传统不同，政治没有统一的模式，中国人还是要走自己的政治发展道路。

---

① 《诗经·小雅·北山》。

由于中西经济基础不同,其上层建筑与意识形态也就不同,西方政治文化与中国传统政治文化的差异主要表现在:政治思维上的尚一趋同与发散多元;政治制度的专制集权与分权制衡;政治人格的家国臣民与城邦公民;政治学术的治国谋略与制度研究等。建设中国特色社会主义民主政治,必须从中国政治文化历史基础出发,从国情实际出发,坚持改革,建设有中国特色的社会主义现代化民主法治社会。

一、政治思维的尚一趋同与发散多元

中国传统政治思维与西方政治思维的差别集中表现在:中国古代政治思维尚一趋同,西方政治思维多元发散。

(一) 中国传统政治思维的尚一趋同

中国传统的政治思想奠基于春秋战国时代,那是中国古代史上思想最活跃的时期,出现了百家争鸣的蔚为壮观的场面,其中以儒、墨、道、法四家为主。

儒家政治思想的主要内容是"德治主义"的政治伦理化,核心是以人伦关系为基础的仁政与德治。他们把政治问题的解决,完全寄托在道德与人格的修养上,使政治与伦理合一,内圣与外王合一,政权与教化合一。孔子说:"君君、臣臣、父父、子子。"[①]对孔子来说,政治无疑是人伦道德的延长。一种好的政治,必须具有正常的人伦关系。如果君臣、父子、夫妇、长幼各尽自己的责任和义务,那么政治也就归于清明。所以孔子说:"为政以德,譬如北辰,居其所,而众星共之。"[②]孟子进一步发挥了孔子德政思想,提出"仁政"学说,主张政治上采用"以德服人"的办法。因为在他看来,"以力服人者,非心服也,力不赡也;以德服人者,心说而诚服也"[③]。所以"治国之道有二,仁与不仁而已矣"[④]。就是说衡量政治好坏的标准,主要是看一国之君能否推行仁政。荀子亦主张"以德兼人",反对"以力兼人"。

墨家政治思想的核心是尚贤与尚同。他们从小生产者的利益出发,以"兴天下之利,除天下之害"为衡量政治思想的价值和标准。他们反对世袭等级制度,主张"官无常贵,而民无终贱,有能则举之,无能则下之"[⑤]的尚贤思想。墨家主张对于有才能的人,可以不问其出身、地位,"虽在农与工肆之人,有能则举之"。即使

---

① 《论语·颜渊篇》。
② 《论语·为政篇》。
③ 《孟子·公孙丑上》。
④ 《孟子·离娄上》。
⑤ 《墨子·兼爱上》。

是统治者的亲属或贵族,如无才能,也不应任用,即所谓"贵贤罚暴,勿有亲戚兄弟之所阿"①。在"尚贤"基础上,墨家又提出"尚同"的思想。认为最高统治者也应由贤者担任,并"天下之欲同一天下之义",使万民"上同而不下比",形成思想、意志、观点、标准、纪律等各方面由上至下的统一,"治天下之国,如治一家;使天下之民,如使一夫"②。"天子之所是,必皆是之;天子之所非。必皆非之"③即以最高统治者的是非为是非,只有这样,被统治者才能"皆恐惧振动惕慄,不敢为淫暴"④。

道家的政治思想趋向于现实意义上的无政府主义。这主要表现在对当时的现实政治、礼义道德的彻底否定上。与儒家相反,道家认为"上德不德,是以有德";"礼者,忠信之薄而乱之首";"六亲不和有孝慈,国家昏乱有忠臣";"不尚贤,使民不争",等等。庄子进一步发挥老子的思想,认为仁义礼智是圣人制造出来的一种畸形病态现象,社会的一切罪恶都是推行仁义礼智的结果,因此只有打倒圣人,抛弃圣知之法,天下才能回到至德之世,由大乱变为至治。

春秋战国时代,是中国社会、政治处于大变动时期。对当时社会转型贡献最大的是法家。由于法家的理论和实践,才使贵族政治趋于瓦解;并促成郡县制取代封建制。这些都是法家对中国文化的贡献。在法家的思想体系中,还有另外一面,即任术的思想,也对中国传统政治文化发生了重要影响。

韩非集先秦法家之大成,在他的思想中,除尚法外,最大的特色是继承并发展了慎到、申不害、李斯等人的"任术"、"重势"思想,并把它推向极端。韩非把君主用术概括为"七术"、"六微"、"八说"、"八经"之多,其中包括"疑诏诡使"、"挟知而问"、"俪言反是"等纯属阴谋权术的内容,实开后世政治中告奸连坐的特务制度、严刑峻罚的恐怖政策、诱供诈供的审讯方法,以及说假话、布置圈套、制造派别等一系列政治阴谋的先河。韩非也吸收了慎到"重势"的思想,认为"势"就是君主的爪牙,就是权力,君主之所以能够发号施令,统治臣民,那是由他所处的地位、权力决定的。这种"重势"的思想,为后世政治中的权力之争提供了酵母。

中国古代的政治思想是从"分"开始的。然而各家各派都没有思想宽容的意识。他们都相信唯我正确,极力贬低排挤甚至消灭对立的思想派别,以自己的思想统一天下人的思想。他们共同追求的理想是思想的统一。在诸子看来,百家争鸣就如列国纷争一样是不正常的,只是他们还没有能力吃掉别人而已。法家主张君主治国要以统一思想为要务,不仅要"禁言"、"禁行",还要"禁心"。"禁心"是最

---

① 《墨子·兼爱下》。
② 《墨子·尚同下》。
③ 《墨子·尚同上》。
④ 《墨子·尚同中》。

重要也是最有效的方法。最后要达到以君心为臣心，处处"以上为意"，"心出一穴"。也就是使人们都失去思考能力和欲望，只知盲目服从。儒家是主张"王道"的，即以仁义之师，以道义的感召力量为基础实现政治统一。但在思想上，他们与法家一样的霸道，坚决排斥异己。这样，百家争鸣繁荣景象的深层，已经在汇合着一股合力，它最终催生了秦汉以后的思想大一统局面。秦代严格贯彻法家以强制手段统一思想的政策，演出了"焚书坑儒"的悲剧。到汉代则最终"罢黜百家，独尊儒术"。

（二）西方政治思维的发散多元

西方政治思维的发散多元可从政治思想的演变得以呈现。

纵观西方政治学说之进化，根据王沪宁的研究自古至19世纪，大体出现过四种不同景观。这四种景观作为一定历史阶段占主导地位的景观，与现实政治热烈的变迁交织在一起，作用于人们的政治思维。

其一，伦理学景观，基本上主导古典古代，伦理学上的目标和原则渗透政治。各种体制、组织、权力上的设置，均为达此目标。苏格拉底及其袭承者柏拉图确信美德即知识，所以"理想国"的主题在于讨论完善的人和完善的生活。柏拉图极重教育，类似于"格物致知"、"修身齐家治国"。国家被规定为实现正义。亚里士多德虽以"吾爱吾师，吾更爱真理"一语向其先师柏拉图告别，但伦理学景观在亚氏那里依然故我。他相信在任何一个国家中起决定作用的因素是公民联合起来以求实现道德价值，道德目的是公民经营共同生活的根本愿望。古罗马人的政治思维不发达，继承了希腊人的衣钵，如西塞罗断定国家是个道德的集体，等等。

其二，神学景观，基本上贯穿中世纪。从教父哲学到阿奎那，从安布罗斯、奥古斯丁和格里高利至亨利四世与美男子菲利普，至路德和加尔文，各派思想家和政治家观念无论相似抑或相异，均没有也不曾想摆脱神学的"怪圈"。上帝创世、上帝安排俗间秩序、人法上帝成为不可动摇的信条，只不过不同的思想家都给这个命题涂上自己的油彩。换言之，对政治思维说来，神学宗旨成为各位思想家构成他们阐述己见的主观前提。中世纪后期，这一特征尤为明显。

其三，法学景观，盛行于资产阶级革命前后至今（19世纪中期后有所修正）。文艺复兴将神性从至尊的地位挪开去，树立起人性。政治理想从敬神轻人转为尊人重世，注重人的权利、自由、欢乐和幸福。不论其理论形态如何，各派思想家的总体倾向大体一致。马基雅弗利对手段的推崇、博丹对国家主权的分析、格劳修斯和斯宾诺莎对自然法的顶仰，霍布斯对专制集权的寄托，洛克对分权的规定，孟德斯鸠对"法的精神"的探讨，卢梭对社会契约的依靠，等等，均想通过设计政治体制而达到某个人类目的。自然法、人民主权、社会契约、自由、平等、幸福成为这一阶段西方政治思维的概念框架。

其四，社会学景观，19世纪上半期至今存在，与法学景观共同主导近现代西方政治思维。19世纪以来，资产阶级革命的暴风骤雨时期过往，西方社会在守旧与变革的激烈论争之中，社会并未形成稳定的秩序，反而陷于更趋激烈的动荡。于是，便有思想者怀疑法学景观的效力，认为法学景观独尊政治并未带来歌舞升平，社会的稳定或振兴有赖于更为广阔的运动和条件，即全社会的各项运动和各项关系。这一思路导出两派政治学说。一派为实证性的，主张借助社会运动法则，进而通过协调相适应达成社会和谐，如孔德之"秩序与进步"之说，斯宾塞之"社会静力学与社会动力学"之说。广言之，边沁的功利主义与密尔的自由主义均受到社会学景观的濡化。另一派为批判性的，主张剖析社会存在的弊端，进而通过改进和变革它们达成社会进步，如圣西门、傅立叶和欧文。马克思主义政治学说从后一种景观发展而来，其主旨在于超越把政治理想限于形式政治的观念，从而超越形成这种观念的社会，从更加贴切和细密的关系中获得自由。

虽然整个中世纪的西方，基督教一统天下，基督教神学是唯一的意识形态，教会严密控制人们的思想，残酷迫害异端，国家也是教会控制人们思想的工具。不过，即使在思想受到严密禁锢的条件下，我们仍能看到，基督教思想绝不是停滞不前和趋于僵化的，而是在一种表面统一不变的形式下，不断进行着创造，内容不断更新。尽管对异端的迫害不断发生，甚至制度化、系统化了，但异端仍层出不穷。像亚里士多德那样与基督教差异甚大的政治思想，也能和平地移植于基督教神学体系之中。这都体现出西方人追求思想新奇多样化的心理特性。到文艺复兴和宗教改革之后，思想的解放更是一发不可遏止。亚里士多德在批判柏拉图时指出："城邦的本质就是许多分子的集合"，倘若过分"划一"，"就是城邦本质的消亡"[①]。应该说，亚里士多德正确表达了希腊精神，代表了西方的主流传统。

二、政治制度：专制集权与制衡分权

政治制度上中国传统倾向集权专制，西方表现为分权制衡。

（一）中国古代的专制集权

中国古人从未设想过多元与横向的权力关系和结构。他们的共同倾向是把权力关系完全变成纵向的关系，最终把所有权力都集中于一人，即君主手中，从而使

---

① 亚里士多德，《政治学》，商务印书馆，1965年，第45页。

权力关系和权力结构简单化、单向化。至于由相互平等的人相互协作、协调,共同行使权力,这是他们无法设想的。

商周时代是"家天下"的政治结构,家国一体,王或天子以统治者家族的大家长或宗主的身份高居于万人之上。在卜辞中,商王自称"余一人",在《尚书》中,多次出现"予一人"①的自称。它将王与其他人区分开来,强调了王脱离社会并高居社会共同体之上的至尊的地位,强调了其地位和权力的独一性和排他性。周的帝王号称"天子",他是天之子,"皇天上帝,改厥元子"②。同时又是民之父,"天子作民父母,以为天下王"③。他也是民之主。所谓"礼乐征伐自天子出","普天之下,莫非王土,率土之滨,莫非王臣"之类的原则,反映的就是王的这种地位和身份。

先秦诸子就是在这样一个历史传统的基地上顺着这一个方向思考政治体制问题的。因为中国的国家起源于家族的征服,一个家族掌握了最高统治权,这个家族的父家长便成为独一无二的统治者。这个历史事实塑造了诸子的政治理想,也规定了他们的思维定势。在他们的观念中,国家权力归于一人,是天经地义的。"国不堪贰","君命无贰"。如果出现了"贰"或"多"的现象,必然是祸乱的根源,甚至这种现象本身就是祸乱。关于这一点,诸子几乎异口同声,即"乱莫大于无天子"④。但也不能有两个天子,两个天子就等于无天子。"使天下两天子,天下不可理也"⑤。《吕氏春秋》是融汇百家学说的,在这个问题上也反映了各家的共同观念,即天下必有天子,天子的权力是至高无上、独一无二的。"王者执一,而为万物正……国必有君,所以一之也;天子必执一,所以抟之也。一则治,两则乱"。"一则治,异则乱,一则安,异则危"⑥。"唯器与名,不可假人"⑦。中国人是着意不要把权力分割,也不能让渡于人。这与西方强调分权形成鲜明对照。

根据诸子的观念,国家或天下必须统一于一个君主,国家或任何社会权力体系都只能有一个头。"权者,君之所独制也"⑧。"权势者,人主之所独守也"⑨。韩非告诫君主说:"毋弛而弓,一栖两雄"⑩。儒家的孟子引证孔子的话说:"天无二日,

---

① 《尚书·汤誓·盘庚》。
② 《尚书·召诰》。
③ 《尚书·洪范》。
④ 《吕氏春秋·谨听》。
⑤ 《管子·霸言》。
⑥ 《吕氏春秋·不二·执一》。
⑦ 《左传》,成公二年。
⑧ 《商君书·修权》。
⑨ 《韩非子·主道》。
⑩ 《韩非子·扬权》。

民无二王"①。在回答"天下恶乎定"时,他说"定于一"②。在治国之道的探讨上,先秦诸子的思想呈现出多元化倾向,甚至相互势如水火。然而,在政治体制的设计上,他们却以相同的价值观念为基础,以君主为统帅的一元化权力结构是他们共同的理想,这就是他们共同的政治心态。

一元化政治体制设计还包括其它一些内容。这里可以大致提出以下几点:第一,君主的至尊地位。它强调君主至高无上,独一无二,与臣民的"权悬"非常之大。第二,是中央与地方关系上的绝对集权。战国时代就提出"百县之治一形"③。韩非更简洁明白地宣布了中央集权的原则:"事在四方,要在中央,圣人执要,四方来效。"④第三,是权力关系的单向化。在下者绝对服从在上者,没有任何权利和权力逆向流动制约在上者。"无从下之政上,必从上之政下。"⑤这都是人们比较熟悉的。在一元化政治体制基础上还培养起一种"忠"君的道德,就像一个忠贞的女人不嫁二夫一般,臣民的感情也只能指向和固着于一个君主,献给一个君主,必要时还要像兵马俑一样充当君主的活的殉葬品。像中世纪西方人把感情和忠诚在政府与教会之间分配,形成双重忠诚,在中国则是不可能的,也是不道德的。

先秦时代奠定了一元化政治体制设计的理论基础,至秦始皇得以实现。汉承秦制,这套体制得到完善和巩固。此后在整个古代社会,它成为几近僵化的政治模式。尽管王朝频频更替,但这个模式不但从未被突破,反而不断被强化,并内化为人们不可移易的思维定势和价值取向,几乎没有人跳出这个框子去思考问题。尽管这个模式一再证明了它的失败,但从未受到过怀疑和认真地反省或争议。它的每一次失败,都促使它进一步强化,古人顺着这一个方向一直走下去,直到古代社会的尽头。

(二)西方的分权制衡

西方国家的政治体制以多元主义为特征。这种多元主义的突出表现,就是在国家权力体系的最高层面,并存着两个以上平行的权力机构或掌权者。

古希腊城邦的典型体制是多元化的。它表现为设立平行的若干机构和同一机构内设立平行的若干职位。比如在斯巴达,就设有并列的两个国王。两个王并存,已经为中国人所难以想象,可这两个国王还不是最高首脑,有五个监察官负责监督

---

① 《孟子·万章上》。
② 《孟子·梁惠王上》。
③ 《商君书·垦令》。
④ 《韩非子·扬权》。
⑤ 《墨子·天志上》。

他们。此外还有更为重要的公民大会和元老院。在雅典,政权结构更为复杂。有公民大会、五百人议事会、陪审法庭、元老院,执政官是九名,将军则是十位。城邦时代的政治体制奠定了西方多元化政治传统的基础,它典型地反映了西方人的政治心态。

罗马城邦时代的政治体制更是多元主义的典型。它的体制可以说是人民大会、元老院和高级官吏三足鼎立,其中人民大会是三个(一说为四个)并存,元老院有数百名成员。其高级官职的建制更是独具特色,其中大多数官职都不是一人充任,而是由两个以上权力和地位平等的官员充任。罗马人在建立共和之初就选举了两个权力相等的行政长官取代原来的王作为国家首脑。行政长官的权力并不亚于王,不过他不是一个人而是两个人共同执政。在共和国机构最发达的时期,最高官职执政官是二人,监察官是二人,保民官多达十人,最高裁判官是十六人。其中多数官员的权力都具有协议的性质,他们所作的决定必须全体一致通过方有效,官员之间相互有否决权,哪怕只有一个成员反对,决议就不能成立。罗马帝国时代虽然建立了个人专制,但到帝国末期,罗马人竟别出心裁地创造了"四帝共治"制,在一个统一的国家内,由四个帝王分别治理不同的地区。

中世纪西欧盛行君主制,然而只是从中世纪末期起约二百多年的时间里,君权才真正成为一元化的,在大部分时间里,它在纵向上受贵族集体权力的制约,横向上有国家与教会、俗权(或王权)与教权的分离,在同一个社会共同体内出现两个并列的权力体系。在中世纪占主导地位的政体学说是源于希腊罗马的混合政体理论,它要求在国家权力机构中,君主、贵族和人民的权力并存,并相互制约。

知识链接

欧洲的封建制

欧洲的封建制是以封土为基础形成的一种社会制度和政治制度。在这种制度下,有两种最基本的社会关系:一是封君与封臣的关系,继而发展为贵族的等级制;二是贵族与其农奴之间的关系,这种关系的存在形式是庄园制。

从政治学的角度看,欧洲封建制度实际上是一种区域政治组织形式,国家被分解为无数地方性政治单位。由此,国家与区域、中央与地方间的对立和冲突是潜在的和不可避免的。层层分封使国家形成了以土地分封为基础的封建贵族等级制度。这个等级系列的顶端是国王,他是名义上的全国土地最高所有者、全体贵族的宗主,但国王的权威实际上是大打折扣的。由于土地分封,贵族承认国王具有超越性,也由于土地分封,贵族们分享了国王的权力,他们只把国王看做是自己队伍中

的第一人。中古时期的英国人尊称国王为 Sire(陛下),该词与现代英语中的 Sir(先生、爵士)同源,可见陛下与爵士地位相差不远。其次是国王的直接封臣,包括公爵、伯爵、大主教、大修道院长等;再次是男爵、子爵等,他们是大贵族的附庸,阶梯的最下层是单甲骑士(领地的物产只够装备一个骑士)。整个阶梯长短不一,多的可达20级,其中,除国王和单甲骑士外,大部分贵族的身份是双重的,他可能既是附庸,又是领主。这样,在封建制度下搭成的是蜂巢式的社会结构,一个个独立的互不统属的公国、伯国组成了所谓的国家。公爵和伯爵在自己的领地上享有独立的权力,自行征集军队,组织司法审判、管理行政和财政,俨然一个独立王国。从国王与贵族都有在自己的领地行使行政、司法权而言,他们属于同一层次。国家名义上是个整体,但政治主权从未集中在一个单一的中心。国家的职能被分解为垂直向下配置,实际上是极度分裂的。如法兰西在10世纪晚期就有50个以上明显的政治分区。卡佩(Capetian)王室最初仅限于拉昂——巴黎一块狭长的领地。"我的封臣的封臣不是我的封臣",这一中世纪广泛流传的俗语,就是这种分裂割据的真实写照。由分封形成的等级制,使西欧封建国家形成了多元的权力结构体系。各日耳曼封建王国名义上由王权代表着国家,处于至尊的地位,而实际上王权只不过是多元权力中的一种而已。可见,与中国等东方封建制度的单向金字塔式的结构不同,西欧封建制呈网络金字塔型结构,国家或政府权力分散到各级封臣手中,王权长期式微,中央集权的形成障碍重重。不仅如此,这种封建结构还深刻地影响到日后欧洲政治与制度的建构。①

近代西方人普遍接受了由混合政体理论演变而来的分权学说。近代的三权分立是最典型的多元主义设计。它把国家权力分割为三个部分,分属三个不同的机构,这三个机构互相平衡,互相制约,没有一个机构也没有一个人的权力是至高无上的、绝对的。"没有分权就没有自由","国家三种权力合一就是专制的同义词",这种观念成为西方人的共识。

 知识链接

三权分立

权力分立的思想在政治思想史中是最古老的观念之一,近代分权思想则以洛克为先导,而以孟德斯鸠为代表。孟德斯鸠把权力分立的思想变为政治结构各组成部分在法律上相互制约和平衡的体制。他认为,"任何国家都有三种权力:立法

---

① 董小燕,《西方文明:精神与制度的变迁》,学林出版社,2003年,第76页~77页。

权,执行有关国际法事务之权,执行有关公民法事务之权……后一种权力可以称为司法权,前一种则可以径称为国家行政权"①。依照立法权,国王或执政官制定临时的或永久的法律,并修正或废止已制定的法律。依照行政权,他们媾和或宣战,派遣或接受使节,维护公共安全,防御侵略。依照司法权,他们惩罚或裁决私人讼争。这三种权力必须分立,如果立法权和行政权集中在同一个人或同一个机关之手,自由就不复存在了,因为人们害怕这个国王或议会制定暴虐的法律,并且暴虐地执行这些法律。如果司法权不同立法权和行政权分立,自由也不能保证,因为司法权和立法权的结合将使法官成为立法者,从而对公民的生命和自由施行专断的权力,而司法权同行政权合一,则会使法官握有压迫人的力量。假如这三种权力为一人或一个机关所有,那么必然是专制独裁,因此,必须使立法权、行政权和司法权分掌于不同的人、不同的机关手中。这样就既可以使它们互相制约,又可以使它们保持平衡,从而使三种权力有条不紊、互相协调地行动,最终建立起真正的法治国家。他还认为,立法权应该由人民集体享有,司法权应有独立性,而行政权则应掌握在国王手中,这样便于迅速行使权力,便于治理国家。不过君主虽有行政权,但不能超越立法权和司法权或制止这两种权力的行使,否则就会蜕化为专制政体。②

现代更产生了多元主义政治思潮,它否定国家具有主权,将政府本身视为社会诸种职责不同的社会团体之一,与教会、工会、商会等社会团体处于同等地位。这种思想虽然没有得到广泛认同,但也从一个侧面反映了西方人政治心理的特征。

在多元的权力体系下,各种权力机构相互之间基本上是横向的相互制约的关系,而不是相互统属的纵向关系。每个机构都有自己的权力范围和相对独立的职能,同时又受其他机构的制约。没有任何机构凌驾于其他机构之上。它们相互之间的权力关系保持着一种犬牙交错、此消彼长的不稳定平衡。毫无疑问,建立这种政治体制的心理基础是对个人专制的反感,是一种民主共和精神。权力的分散是为了使最高权力掌握在人民手中,权力的平衡与制约满足了人民的平等感。而维护这种脆弱的平衡需要特殊的政治智慧和艺术,也需要耐心、容忍和妥协。这都体现了西方人的政治心态。

三、政治人格:家国臣民与城邦公民

作为政治认知主体,先秦诸子与古希腊思想家的政治角色是不同的。前者是

---

① 《西方哲学原著选读》(下卷),商务印书馆,1981年,第45页。
② 孟节省、林雪原,《西方文化漫谈》,红旗出版社,2002年,第219页。

君主的臣民或家臣,后者是城邦的公民。这是他们认知方式不同的根源。

(一) 中国古代政治人格:家国臣民

中国先秦时代的国家,我们常称为宗法制国家。它是家族的扩大和血缘关系的政治化。或者反过来说也一样,是政治关系的血缘化。这种家国同一的体制起源于家族之间的征服战争,获胜的家族便成为土地和土地上人民的主人。天子是获胜家族的宗主,所以是被征服土地的所有者或占有者,同时也是政治上的最高统治者。获胜的家族直接转变为国家,血缘关系转化为政治关系。宗主周天子之位由嫡长子世代继承,代表着家族统治的连续性。同时为嫡次子和庶子及其他姻亲"授土授民",即把土地和人民如同私有物或战利品一样分配给他们。这些宗亲即为诸侯,成为一方土地和人民的宗主和政治统治者。这样,人民便成了天子、诸侯和卿大夫家族的分级占有物,天子、诸侯和卿大夫个人便成为所有者家族的"法人代表"。血缘的网络覆盖、贯通、联络与整合着地域的社会组织,同一个社会实体,既是国,又是家;同一种权力,既是政治权力,又是宗法权力;同一个关系,既是政治关系,又是血缘关系。这就是所谓家国一体、"家天下"的政治结构。

应该看到,这种家国同一或同构的体制并非君主的非分企求和僭越,而是君臣的共识。春秋战国期间的政治变革,是政治权力由天子和卿大夫两端向诸侯这个中间的焦点和实体凝聚的过程。它一方面使周天子的权力成为虚构以至完全丧失,另一方面剥夺了士大夫的独立性而加强了诸侯君权。这样一来,诸侯便成了土地和人民的最高所有者,也是唯一所有者。此后,无论国家分裂还是兼并,任何一个独立的政治实体只能有一个主人。国家只能属他一人所有。虽然在战国时代以降,由于郡县制的实行和官僚制度的建立,国家机构和职能开始和君主个人的血缘宗族关系分离,国事与君主私人事务也有了某种区别,但君主的最高所有权即家天下的结构没有变。人民仍是君主的所谓"三宝"(土地、人民、政事)之一。家臣虽然变成了国臣,因为国仍是家的扩大和变种,家庭内部的伦理关系与国家的政治关系同构,皇帝的地位和权力仿佛是全国的大家长,所以国臣终究还是家臣。只不过家国的直接同一这时转变为家国同构。而家国一体时代人们关于国家和臣民的观念仍然延续了下来。这一点尤其体现于推重"周礼"传统的儒家学说中。

秦始皇在公元前221年统一了中国,从此,中国人便没有选择地处于专制集权主义的统治之下。实际上,中国的君主专制统治早在公元前15世纪—16世纪的商朝就开始了,如果传说中的夏朝真实存在的话,那么在公元前21世纪就开始了,只不过那时的专制没有秦以后那么极端。从(可能是传说中的)夏朝到1911年辛亥革命推翻清王朝,建立共和政体,我们国家4000多年的历史都处于君主专制统治下,是世界上君主专制时间最长的国家。

在这种制度下,国家的一切,包括臣民(国民)都是属于君主个人及其家族的,所谓"普天之下,莫非王土;率土之滨,莫非王臣",说的就是,天下的土地属于君主,天下的人民也属于君主。与部落时代不同的是,国家的权力已经是政治性的权力,是外在的强迫性权力,但这个权力往往掌握在一个家族手中,统治者将国家的权力与家长的权力合为一体,将公权与私权合为一体。国就是家,君主就是父亲,官僚被称做"父母官",是君主的管家奴才,臣民们则是儿子、奴仆,是家奴。中国古代的历史也就成为皇帝们"家天下"的历史。对国民的称呼主要有"臣民"、"子民"、"庶民"等。在古代,"臣"和"君"相对;"子"和"父"相对;"庶"则和"士大夫"(对古代担任官职者的称呼)相对。因此,臣民就意味着地位低下者、被动的服从者、受统治者,所以有时又被蔑称为"草民"、"蚁民"等。

在这种制度下,王或者皇帝作为国家最高的统治者,被认为是"天子"、"民主"(民之主),拥有无限的权力。他的个人意志就是国家法律,可以决定臣民的一切。臣民没有独立的地位和自主的权利,只能服从和效忠于君主和朝廷;尤其是普通民众,要担负繁重的赋税,忍受官吏残酷的压迫、剥削,常常连生命安全也没有保障。

在这种国家里,只有皇帝一人是主人,其余都是臣仆。在君主面前,即使贵为宰相,也是皇帝的奴仆,他不过是奴仆的领班。君主对臣民有生杀予夺的权力,所谓"君要臣死,臣不得不死;父要子亡,子不得不亡"。

臣民的首要特征是其处于不平等的地位。臣民社会的共同体是等级共同体,在臣民社会中,君臣、父子、夫妻、男女、长幼、尊卑、主奴等各种等级关系是社会关系的基本结构,每个人都被镶嵌于这种等级结构之中,做任何事情都要讲究一定的礼法,即符合自己的身份地位,否则就会被人鄙视甚至招致惩罚。不平等的突出表现,是君臣关系的不平等。臣民社会本质上是君臣关系的共同体,是君的绝对权力和臣民的绝对从属与服从,是君的高高在上和臣民的屈辱地位。

对于臣民而言,国家权力表现为外在权力。第一,国家权力不属于他们,对国家事务他们无权参与;第二,国家权力服务于统治集团的利益,他们总是牺牲者、被压迫者、被剥夺者。因此,臣民对国家必然是疏远、冷漠的心态。他们只关心自己的事务,不关心国家的事务;他们只会消极地服从,不会积极地参与。他们没有对国家的义务感,为国家所做的事情只是出于被迫与无奈。

不平等的社会结构内化为臣民意识,使臣民们认同这种不平等,安于被压迫的屈辱地位,习惯于单方面的服从和效忠。他们没有独立意识,没有平等要求。如果他们成为统治者或在上者,也会同样压迫其他臣民。也就是说,他们或者做奴才,或者做主子,但不会做共同体中平等的一员。做奴仆的时候,是没有人格地服从主子;做主子的时候,则不允许臣下有独立的人格和尊严。如果臣下表现出独立的人格、维护做人的尊严,那就被视为对主子尊严的侵犯。

由于统治者的权力是任性的权力、不负责任的权力、绝对的权力,不受制约、不受监督、没有规范,臣民只能任其摆布。所以,在这样的社会里,臣民养成屈从于外在权威的习惯,以顺从、忠诚、忍耐为美德。这是臣民的道德。人们普遍消极被动、逆来顺受、怯懦畏缩、性格内向、谨言慎行,卑贱地生活,不知尊严为何物,这就是臣民性格的特征。

(二) 西方政治人格:城邦公民

西方的公民起源于古代希腊、罗马时期的城邦政治生活。在古代希腊的城邦社会中,公民是有特权的少数自由民,他们具有平等、公开地参与政治生活的权利,如制订法律和规则、参与选举和公共决策等。古希腊城邦的公民的特权是与生俱来的。

公民是希腊(和罗马)城邦结构所特有的一种身份。它不见于古代其它地区。公民是政治共同体中平等的一员,其身份属"公"。

在古希腊,从法理上说,城邦属于公民集体所有,所有公民都是城邦的主人。城邦的政治权力属于公共权力,应该由公民集体掌握,服务于公共目的,这是人们公认的。由于城邦属于全体公民所有,公民权便意味着参政权,只是参与的深度和广度不同罢了。公民们认为自己是自由的,自由就在于不臣服于任何外在的权威,只服从他们自己为自己制定的法律,也就是自治。政治思想就是探讨公民自治的方法。在民主制发达的城邦里,公民作为城邦的主人,在城邦政治制度和政治生活的各个方面都得到体现。公民把城邦的公共事务视为自己的事务,参加公共生活是公民生活中最重要最本质性的组成部分。希腊人把不关心政治的人称为"无用"的人,是"根本没有事务"的人。希腊民主的一个突出特点在于,民主不仅是一种制度,而是公民的一种生活方式。因为有这样一种政治制度和公共生活,所以古希腊的政治思想基本上是公民的集体政治意识的结晶,是公民的政治态度、政治情感、政治价值观念的表现。

在民主制鼎盛的时代,公民内部的政治讨论十分热烈。城邦的公共事务是普通公民的经常性话题,而不是仅被少数知识分子或政客所垄断。政治思想产生于公民大会和陪审法庭的激烈辩论中,产生于街头巷尾和客厅的对话和演说中,而不是产生于君主的宫廷和学者的书斋。在城邦民主最发达时代产生的一大批"智者",其活动方式和作用与先秦的"士"们很相似。但"智者"不是向统治者游说或献策,使之接受一种价值观念或治国方略,而是教公民一种表达自己政治信念、阐述自己政治观点、进行政治辩论的方法和技巧。他们不灌输观点和价值,而是把这些留给公民自己去独立选择。政治辩论所要说服的对象是公民集体或公民同伴而不是某个掌权者。在这样一种政治环境和氛围中,学者和思想家们也是从公民的地位和角度来考察和研究城邦的。

古罗马共和国时期,由于平民的斗争,公民权逐渐扩大,所有罗马人都成为了公民。全体罗马公民不但有参战、纳税等义务,而且也有选举、参政等权利。到了罗马帝国时期,斯多亚学派所提出的"世界城邦"和"世界公民"的思想——世上的一切人均为兄弟,都是世界公民的一员,产生了划时代的意义。这是一种全新的公民意识,为新型公民的出现创造了理论基础,也为基督教的传播奠定了理论基础。在公民问题上,基督教的一个重要作用就是培养了西方人对世俗政权的批判意识和独立精神。

起源于中世纪末期的西欧城市自治运动,是市民群体向世俗政权提出对等的权利要求,这是近代公民意识的觉醒。城市的出现,开始了告别臣民、缔造公民的一个新时代,与城市一同走来的还有信任、合作和互助的公共精神以及在城市生活中自然培育起来的公民参与意识和能力,对近代西方公民社会的出现有最为直接的影响。商品经济的发展、市场的出现和自由贸易的特征,对公民社会而言是具有重要意义的。商品自由经济的出现,说明了对经济的掌控权不仅仅在国家和政府手中,这表明在国家政治权力之外已经又有一种新的力量诞生了。商品经济是一种权利自主性经济,这就从客观上促使相应法律对个人财产权以及其他相应个人权利的保护,划定了国家、政府在若干问题上的界限,宪政国家的轮廓也就逐渐清晰明朗。对个人利益的保护,宪政制度下对政府的限制和对公民资格的确立,都是公民社会力量不断壮大的关键因素,公民社会在商品经济蓬勃发展的势头下得到了自身发展的良机。随着资本主义的发展,在经历了启蒙运动和法国大革命之后,近代公民意识在理论和实践上都得到了重大的发展,并走向成熟。

作为现代社会的公民具有如下特征:

1. 独立

公民具有独立的人格,对事务作出自己的判断,独立地作出决定,独立地承担责任,把命运掌握在自己手中,维护和争取自己的权利。公民间的合作行为、集体行为,都是其中每个公民自愿的选择。每个公民都意识到自己的独立性。他是一个独立的个体,有着独特的价值。在这个世界里,他是独一无二的。参与国家的政治生活并不能否定他个人的价值,融入社会并没有泯灭他与别人、与社会共同体的界限。

公民社会中没有对于权力的崇拜,公民除了法律和公共权威外不服从其他的权威。人们在法律的规则下行事,只要没有违反法律,就有自由,不受任何人、任何组织或政府的干预。在这种制度下,公民的个性得到充分发展,其心灵比"臣民"开放。他们敢于表达自己的见解,依靠自己的理性思考来进行选择,勇于接受新鲜事物,具有较强的创造性。

2. 自治

作为个人,每个公民被视为长大成熟的人,有能力独立地作出判断和选择,知道自己的利益所在,能够对自己的行为负责。所以,公民自己的事务只要不涉及社会和他人,就由他自己决定,不需要他人干预。如果他人和政府进入公民个人生活的领域,则被视为侵犯了公民的个人权利。

公民集体的公共事务则由公民们集体决定。他们自己为自己制定规则,即法律,大家共同遵守;他们共同选举出掌握公共权力的政府,服从其领导。所以,公民既是统治者,又是被统治者。公民不是服从外在权威,而是服从自己的公共权威,以遵守法律和履行公民的义务为美德。如果不经过公民自己的选择而强加给他们一个权威,他们认为这是剥夺他们的自由,使他们成为奴隶,这是公民绝不能容忍的。这种公民集体的自治,在一个国家的层面上,就是民主。

3. 自尊

公民首先具有人的起码尊严,不容侵犯。如果受到侵犯,他将誓死抗争。他会有尊严地活着,有尊严地做事,做尊严的事,也就是说他不做有损自己尊严的事,也不允许别人使其失去尊严。其次,公民还有作为国家共同体平等一员的尊严,即主人的尊严。虽然他接受命令,但他仍然是国家的主人;虽然他服从领导,但他与领导者同样是国家的公民;他尊重他人的人格,也要求自己的人格受到他人的尊重。

4. 平等

公民身份本身就意味着他是国家平等的一员,在公民所享受的基本权利方面,他与所有的人都是平等的。所以,公民意识就是主人意识、平等意识。作为公民,我们应该意识到,法律赋予了我们平等的权利。我们是主人,在这一点上,我们与所有其他人都是平等的。

5. 参与

公民是国家的主人,就应该承担起主人的责任。国家公共事务就是公民自己的事务,国家的管理需要每个公民的参与。公民个人的利益和要求,也只能通过自己的政治参与来表达,通过与其他公民合作来争取。所以,公民的参与是积极的、主动的。在民主制度下,公民们善于与其他公民联合起来,通过和平合法的方式影响政府立法和决策,表达他们的利益和要求;通过将代表自己利益和要求的候选人选进政府的方式,来维护和申张自己的权利。

6. 理性

公民在理智上是成熟的人。他们能够理智地、合乎逻辑地思考、判断和行为,以克制、中庸、宽容、妥协为美德。在政治生活中,他不会采取情绪化的行动,而是理智的克制的行动,适可而止,不走极端。对其他人的意见和行为,能够采取宽容的态度,而不是绝对化的态度。在利益和权力的竞争中,适时作出让步,达成妥协。

四、政治学术:治国谋略与政体研究

在政治主题的认识上的差别和政治视野上的不同,直接影响到中西政治学说内容的不同。我们看到,同是政治学著作,古希腊思想家与先秦诸子似乎是在谈论着完全不同的话题。对治国方法的研究,是中国传统政治文化十分重要的内容。而对制度研究的侧重则构成西方政治文化的重要特色。

(一) 中国传统政治学术:治国谋略

从历史的横断上看,古代中国学术各家各派都十分关心治国方法的问题。司马谈对诸子百家的分析是对这一点很好的说明:"天下一致而百虑,同归而殊途。夫阴阳、儒、墨、名、法、道德,此务为治也。"①这就是说,诸子百家虽然观点不同,但目的都在于提出一套治国安邦的方策。从历史的纵向上看,治国的方法问题也是各朝各代政治文化的重要内容。这不仅通过历史上长期存在的人治与法治、德治与礼治,君道无为与君道有为、王道与霸道等问题的争论得到表现,而且更深刻地反映在对于"政治"含义的理解上。中国古代就把政治理解为对国家事务的管理。如"政者事也"、"治者理也"、"教不善则政治"。②

在对治国之道的研究上,最突出的是法家。法家可以说是最早对政治行为和政治过程进行深入细致探讨的人。他们研究的范围包括君与臣的政治行为、政治心理、国家权力的组织方式、运行方式和程序、贯彻君主意志的方式和途径、选官、监察、养兵、收税等。法家以主张和实行变法而著称,变法家们在君主的支持下,改变治国之法,其目的是提高政治权力的效能。尽管这种变法也涉及政治体制,但只是在君主制范围内进行调整和组合。当时,正值君主制转型时期,由西周时期封建割据君主制向战国以后专制集权君主制的转变,是他们政治设计的共同趋向。

我们看到,法家把国家看做君主操控的机器,把政治关系看做赤裸裸的权力关系和利害关系,剥除神秘的面纱,摒弃道德的说教,主张君主以法、术、势治国。其中法是规则、规范,术为技术、方法,势为君主的权力地位,从而使政治抽象化和程序化。然而,因为他们的设计使君主本人处于程序化和理性化政治之外,所以便留下了导致非程序化和非理性化政治的致命缺口。由于总是在君主专制的框架内思考问题,使中国人在整个古代,跳不出暴政与腐败的无端循环的政治怪圈,就如一个陷入"鬼打墙"的人走不出黑幕一般。直到近代西方政治学说的传入,才使中国

---

① 《六家要旨》。
② 《国语·齐语》。

人的政治思维得到一束冲开黑幕的阳光。

先秦诸子从来没想过通过改变君主专制制度来实现他们的理想,他们无一例外地都站在这个君主专制制度的基地上。即使有庄周学派那种对这种制度不满的人,也没有找到别的制度的依托。先秦诸子不但不谈君主制以外的政体,而且也不知道其他类型的君主政体,因为他们没涉及君主的选举、权限等问题。他们对君主分过类,但那是按君主的品行、治国方式等来分类。所以,他们都只是在君主专制的框架内思考问题,从未对这个政治基础发生过怀疑。将实现政治目标的主要手段仅固着于一种政体上,甚至将这种政体本身视为目的,这是中国古代政治学的一大致命缺陷。然而,在对君主专制政治的研究上,中国传统政治文化则非常发达,可以说是举世无双。

对治国之道的研究结果体现在皇帝制度和发达的官僚制度上。秦汉以后,国家权力是高度集中的,控制了立法、司法、行政、军事和社会的所有方面,国家权力本身不受限制。

在专制集权的政治制度中,国家所有的政治制度都是围绕着皇帝,所有的制度都是为了皇帝、皇家的"家天下"统治建构的,是皇帝私人专制统治的工具,是工具性的政治制度。这些统治的工具性制度主要包括官僚制度、监察制度和军事制度。

任何大规模的专制统治,都必须拥有一个大规模的、执行统治者个人意志的政治组织。秦汉在建立了统一的"家天下"的帝国之后,皇帝必须依靠官僚集团帮助他统治和管理辽阔的疆域,而这样的官僚组织必须由皇帝授权、任命、予以俸禄职位,保证效忠于皇帝。这正是中国古代官僚制度的产生、形成以及发达程度远远早于欧洲的一个重要原因。中国古代的官僚制度从它诞生的那天起,就垄断了所有的国家权力。这正是因为中国古代的国家是一个宗法家族专制集权的统治,这种大型的家族化专制统治的组织基础就是官僚制度。

 知识链接

中央官制及其演变

秦朝以前,已有三公、六卿等官职。秦统一以后,中央官制定为三公九卿制。以后的封建王朝基本上沿用,只是名称和职掌有所变化。

1. 秦朝三公九卿制

三公:丞相,帮助皇帝处理全国的政事;太尉,负责管理军事(无调兵权);御史大夫,执掌群臣奏章,下达皇帝命令,兼理国家监察事务。

九卿:奉常(掌管宗庙礼仪)、郎中令(掌管宫廷警卫)、太仆(管理宫廷车马)、卫尉(掌管皇宫保卫)、典客(处理各族事务及外交)、廷尉(负责司法)、治粟内史

（掌管全国财政税收）、宗正（管理皇族内部事务）、少府（掌管全国山河湖海税收、手工业制造）。

三公九卿制是专制主义中央集权制度的一个重要组成部分。它对封建经济的发展、国家的统一与巩固、中华民族的形成，都起了重要作用；但也大大加强了对人民的统治。

2. 三省六部制

由隋文帝首创，唐太宗时进一步明确了三省的职权。三省为中央政府最高机构。中书省负责草拟和颁发皇帝的诏令，门下省负责审核政令，尚书省负责执行国家的政令。三省的长官都是宰相。三省下设吏部（主管官吏的考核和任免）、户部（主管户口、赋税等）、礼部（主管国家礼仪制度、科举）、兵部（主管军政）、刑部（主管刑法）、工部（主管国家的工程建设）六部，具体负责各项行政事务。

三省六部职权有分工，也有合作，相互牵制和监督，从而使封建官僚机构形成完整严密的体系，提高了行政效率，加强了中央的统治力量。三省的长官都是宰相，这就削弱了相权，加强了皇权。它有利于发挥官吏的特长，安排适当的职务，做到知人善任。因此，这是中国官吏史上的重大变革，并为以后封建王朝所沿用。

宋太祖将宰相的职权一分为三，总揽中央行政权力。在宰相之下增设参知政事为副相，分割宰相的行政权；设枢密使管理军事，分割宰相的军权；设三司使管理财政收入等，分割宰相的财政权。

元世祖设立中书省、枢密院和御史台，健全了中央统治机构。中书省上承天子，下总百司，为最高行政机构，行使宰相职权；枢密院为中央最高军事管理机关；御史台为最高监察机构。另外，设宣政院统领宗教事务和管理西藏地区。

明太祖裁撤中书省，废除了丞相制度，把中央行政权分属六部。皇帝直接管理国家政事，并下令以后不许再设丞相这一职务。从制度上集君权与相权于一身，保证了皇帝的专制独断。三省制度结束后，设立殿阁大学士参与决策，逐步形成内阁制度。

清初，中央机构大体采用明朝制度，设内阁，置六部，但保留着由满洲贵族组成的议政王大臣会议。凡军国大事都由议政王大臣会议决定，皇权受到限制。雍正时设军机处，军国大事全凭皇帝裁决，军机大臣只是跪受笔录后加以传达执行，地方军政首脑直接听从皇帝指挥，君主专制制度走向顶峰。

中国古代国家家族化统治权力的扩大和稳固的一个主要的力量就是军事制度，也是其权威合法化的主要工具。《管子·参患》篇说得很清楚，他认为："君之所以尊卑，国之所以安危者，莫要于兵"，"兵虽非备道至德也，然而所以辅王称霸"。"辅王称霸"四个字极其精准。事实正是如此。应该指出，家族化之所以能够转换为国家的政治制度,使家族的统治变成国家的统治,其中一个主要的因素就是家族化的统治者把他们的统治建立在军队之上。如果没有一支属于他们的强大的军事力量,任何形式的家族化统治都是不可能的。

如果说官僚制度和军事制度是统治者用来对付一般民众的话,那么监察制度就是用来对付官僚制度和军事制度的。因为官僚制度和军事制度有着自身的利益,经常会威胁到专制君主的统治。因此统治者充分发展和利用了监察制度。古代监察官员通称为"御史",这个御史的"御"字,即代表了家族化的国家统治者皇帝个人拥有和占有之意,史实也是如此。御史之职出现在战国时期,其职事主要是掌管国王身边的事务,以后才逐渐演变为监察官员。《周礼·春官》载:战国时御史共计172人,其最初的职责为掌管图书法令,随国王左右的书记和秘书之官。后来,皇帝经常通过御史了解各方面与全国各地的情况,以后又依靠御史监督中央与地方官员。这样,御史渐次成为君主的耳目之官。最为典型的是,在元人叶子奇《草木子》一书中记载,元世祖忽必烈有一个说法:管行政的中书省是我的左手,管军事的枢密院是我的右手,管监察的御史官是我用来医治这两手的。此事极为形象地讲明了监察制度的性质和作用。

(二) 西方政治学术:制度研究

与中国不同,西方传统政治文化注重对制度问题的研究。当然,西方并不是在各个时期都是如此。但从总体上看,对制度的研究是西方政治文化的重要内容。一般来说,西方各个历史时期的思想家都是通过对国家一般理论的讨论,而达到对理想政治制度的认识。翻开任何一部西方政治思想史的著作,都可以清楚地看到这一点。

1. 古希腊关于制度的研究

为了协调公民内部的矛盾,希腊人主要求助于制度的设计,也就是设计一种理想的政体,以分配公民的权利和权力。希腊人日常的政治辩论也是围绕政体问题展开的:各种政体的利弊优劣,何种政体是最好政体等。柏拉图为了挽救城邦危机,先是在《理想国》中设计了一种政体,后又在《法律篇》中设计了另一种政体。柏拉图把他那个理想国的政体称为贤人政体,说它是一种符合正义的国家组织形式。此外,他对当时的希腊进行了归类分析,列举四种所谓不符合正义的政体,即军阀政体、财阀政体、民主政体、僭主政体,并认为当时的四类政体都是恶的。所有这五种政体,在柏拉图看来,是逐个演变,依次更替的。实际上,人们熟知的《理想国》一书的希腊文名称就是"政体"(politeia)。亚里士多德把政体划分为两类六种。首先,"凡照顾到公共利益的各种政体就都是正当或正宗的政体;而那些只照顾统治者们利益的政体就是错误的政体或正宗政体的变态(偏离)"①。在正宗政体中,由一人掌握最高权力的称为君主政体;由少数人掌握最高权力的称为贵族政体,由多数人掌握最高权力的则称为共和政体。非正宗的变态政体也包括三种:僭主政体为君主政体的变态,只照顾僭主自己的利益;寡头政体为贵族政体的变态,只照顾少数寡头的利益;平民政体为共和政体的变态,只照顾多数穷人的利益。亚里士多德的《政治学》的确切译名应该是"政体研究"。在这部政治学的开山之作中,他把政治学所要研究的问题归结为"整个说来是一个政制问题"。在谈到政治学要研究的主要问题时他谈了四个方面,都是政体问题。

希腊人对政体的重视几乎到了迷信的程度,似乎一切政治问题都可以通过某种政体上的改变来解决。改变公民资格,改变选举制度,增设或取消某一机构,改变某一机构的组织方式、议事程序、表决方法,改变各机构间权力分配等。按他们的观念,无法理解先秦诸子的思想。因为亚里士多德在谈到各种政体时也谈到君主制,他把君主制又分为五个类型。

古希腊人最关心的是使整个城邦政治结构及其运作的理性化和程序化,特别关注的是使掌权者被纳入这种理性化和程序化的政治结构和过程之中。因此,虽然他们在对治国之道的研究上要幼稚粗糙得多,然而他们却是精于构思政治体制的天才设计师。他们思想自由,思路广阔,想象力丰富,设计和创造了各种各样政体形式。其构思之精密,艺术之高超,令现代的宪法学家也为之惊叹!

2. 当代西方国家民主制度

(1) 代议制。代议制是资本主义国家政治制度的根本性制度。首先,它区别于封建君主专制制度,它表明国家权力不再属于某个个人,而是由代表社会不同阶级、阶层利益的代表组成国家权力机构来掌握;国家的法律不再是某个个人或政治集团的意志,而是由代表公众意志的国家立法机关制定的。其次,在代议制的基础上可能产生其他的民主制度,比如,为了使议会具有充分、公正的代表性,需要建立议会代表合理的产生机制,因此,选举制度伴随而生。此外,为了实现公正原则,西方国家还产生了政治竞争等一系列制度。

(2) 普选制。西方国家在经历了长期政治民主发展和完善的过程之后,最终建立了普选制度,这成为衡量一个国家政治民主发展水平的标志性指标。它既是公民参与国家政治生活的重要途径,也是当代西方国家确定其政权合法性的唯一标准。

(3) 多党竞争制度。政党制度是在近代资本主义政治、经济条件下产生的。西方国家政党制度是以多党制为重要特征的,多党政治确定了政治竞争的基本形

---

① 亚里士多德,《政治学》,商务印书馆,1965年,第132页。

式,各个政党通过合法的竞争争取国家的执政权,而国家政治权力则通过一定的规则在不同政治力量中进行分配,达到社会广泛的政治参与的目的。

(4) 以分权制衡原则建立的政府制度。分权制衡原则是西方国家政权机构的组织原则,它是针对封建社会集权政治提出的,旨在限制国家权力,防止政府滥用权力。近代西方资本主义国家建立后,基本遵循这一原则构建政府权力机构。并在制度上摸索不同的权力制衡模式,在国家权力阶层起到了一定的权力调节和制约作用。

(5) 确定和保障公民的基本权利制度。西方国家民主制度体现了以实现人的基本价值为终极目标的政治理想,具体地说,就是要通过宪法规范规定公民的基本权利,并且建立切实的保障制度。这对国家权力的设置及运作起到重要的制约性作用。

(6) 监督制度。建立有效的监督制度是西方国家民主制度原则中重要的组成部分,政治监督原则体现在西方国家政治制度建设的各个方面。在西方国家政治权力运作中,有各种不同的权力监督机制在发挥作用,有体制内的,也有体制外的,基本形成立体的监督体系。

总之,西方国家民主理论包含了十分丰富的内容,从民主原则到民主制度,使民主思想从精神领域的培植到现实生活的体现,通过民主制度的运作将民主原则变为现实社会政治生活中有形的规则。而且,民主逐渐成为一种具有普遍意义的衡量社会政治发展的价值标准。

附

中国政治文化的近现代变迁

1840 年以后,中国在西方列强的坚船利炮面前被迫开放门户,伴随着帝国主义列强的武装入侵,包括政治、经济、思想文化在内的整个西方文明破门而入。在这一前所未有的先进而完整的参照系面前,古老的中国社会开始了沉重而痛苦的蜕变过程。历史以其不可抗拒的意志和无情性,深深刻下了一条中国近现代政治文化的变迁轨迹:器物技能——政治制度——政治文化——马克思主义中国化。

1. 鸦片战争至洋务运动:器物技能

鸦片战争的惨败,使清王朝中一批开明的官僚和知识分子开始意识到只有探夷情、译西书,向西方学习先进技术,才能对付"船坚炮利"的侵略者,如因领导"虎门销烟"而彪炳史册的林则徐就率先主张购买和仿制外国船炮以求自己"器良精熟",魏源更明确地提出了"师夷之长技以制夷"的著名口号。林、魏等人的主张在19 世纪 60 年代—70 年代的洋务运动中成为实践。迫于内忧外患的双重压力,洋务派以封建国家的"自强"和官僚资本的"求富"为目的,先后创办了一些军事工业和民间工业。但是,洋务派所引进的只限于西方的军事装备、机器生产和科学技术,不仅未能触动封建专制制度及意识形态特别是臣属型政治文化的本体,而且恰恰是为了"辅"、"卫"封建专制统治。洋务派的主要代表人物和理论权威张之洞更简明也更确切地把这一意旨概括为"中学为体,西学为用"的原则。这是洋务派的历史和阶级的局限性。但是,承认中学不是完美无缺而有可补之处,这毕竟是在自成一体的牢固的传统秩序里打开了一个缺口,也是近代中国在追求现代化的道路上所迈出的第一步,虽然是有限的一步。

2. 甲午战争至辛亥革命:政治制度

在1894年至1895年的甲午中日战争中,用西方坚船利炮武装起来的、吨位居世界第8位的北洋舰队,却惨败于吨位居第11位的日本的舰队,这标志着以西用辅中体、有"驭夷之道"之称的洋务运动的破产。同时又造成了中国民族矛盾的急剧恶化,使中国民族资产阶级开始登上历史舞台。

首先是以郑观应、王韬、康有为、梁启超为代表的资产阶级改良派。他们鉴于甲午战争的事实,深感单靠坚船利炮、声光化电救不了中国,还必须从政治制度这个根本上着手改革。他们从思想学术入手,宣传、介绍西方的民主制度、进化论、天赋人权论等,并企图以此来指导变革封建专制制度,在中国设立议院,实行立法、司法、行政三权分立的君主立宪政体。如维新派主帅康有为明确宣称:"立行宪法,大开国会,以庶政与国民共之,行三权鼎立之制,则中国之治强,可计日待也。"①毋庸置疑,从变革政治制度入手以达到救国治强的目的,这是维新派比洋务派的进步和深刻之处。但是,维新派主张采用和平改良、自上而下的方式,依靠"乾纲独断"的光绪帝,实现社会政治变革,建立君主立宪制,既不敢触及以封建土地制度为核心的封建社会经济结构,又不敢设想推翻腐败、专制的清王朝,更无力摆脱以儒学为核心的传统文化的束缚,其结果必然是一厢情愿的天真幻想。

戊戌变法失败后,革命逐渐取代改良而上升到思想界的主导地位。以孙中山为领袖的资产阶级革命派,吸取了维新派的教训,走上了用暴力手段推翻清王朝,用西方式的民主共和国取代封建君主专制制度的革命道路。终于,1911年武昌城内的一声炮响,宣告了延续两千年的封建帝制的垮台。1912年1月,中华民国建立了。孙中山在就任临时大总统的宣言中说:"是用黾勉从国民之后,能尽扫专制之流毒,确定共和以达革命之宗旨,完国民之志愿。"②

总之,这一阶段政治文化的主要内容,是把西方资产阶级的政治制度移植到中

---

① 康有为,《请定立宪开国会折》。
② 《临时法令大全》(总类1)。

国来,不同程度地实现社会政治变革(革命派比维新派要彻底)。这比前一阶段局限于接受西方器物技术,显然前进了一大步。特别是封建专制政体在辛亥革命中被共和政体所取代,民主、共和观念也开始播入人心,为破除传统政治文化、建立现代政治文化提供了有利条件。

3. 辛亥革命失败至五四运动:政治文化

在短短的几十年中,洋务自强挫于甲午战争,维新变法挫于西太后,义和团反帝运动挫于中外反动势力的联合绞杀,清末宪政挫于日益高涨的革命,辛亥革命又挫于袁世凯复辟。无论是引进技术装备,还是对政治制度进行的改良式革命,都归于失败。这促使了先进的中国知识分子的觉醒,他们开始认识到思想文化领域里的革命是保证社会政治革命不可或缺的重要一环,只有彻底更新传统文化,才能使中国自立于世界民族之林。正是在这样的历史背景下,新文化运动狂飙突起。

这场以1915年9月《新青年》杂志创刊为标志的新文化运动,是一次空前规模的思想启蒙运动和思想解放运动。陈独秀、李大钊、鲁迅、吴虞、胡适等一批年轻激进的民主主义者,高举民主和科学的旗帜,响亮地喊出了"打倒孔家店"的口号,把批判的锋芒直指以儒家学说为核心的封建主义旧思想、旧文化、旧道德以及一切尊孔读经的复古思潮。民主和科学是西方现代文化的要素,又恰恰是以专制和蒙昧为特征的中国封建传统文化的死敌。陈独秀曾大声疾呼:"要拥护那德先生,便不得不反对孔教、孔德、贞节、旧理论、旧政治。要拥护那赛先生,便不得不反对旧艺术、旧宗教。","只有这两位先生得以救治中国政治上、道德上、学术上、思想上的一切黑暗"①。

在这场新文化运动中,臣属型政治文化受到了陈独秀等人的尖锐批判和激烈抨击,从而走上了政治文化现代化的道路。更为重要的是,新文化运动在更广泛、更深刻的层次上使人们的思想观念得到不同程度的更新,为马克思主义在中国的广泛传播和中国共产党的创立,准备了思想条件。

4. 五四运动至改革开放前:马克思主义中国化

五四新文化运动以前,中国的先进分子倡导的新学或西学,实际上都是19世纪的西方资本主义文明。经过五四运动,接受马克思主义的先进知识分子,加强了马克思主义的介绍、研究和宣传,并立即把它和中国反帝反封建的运动结合起来,成立了中国共产党;中国从此走上了一条经由新民主主义走向社会主义的历史必由之路。

---

① 陈独秀,《本志·罪案之答辩书》,新青年,第6卷第1号。

以毛泽东同志为首的中国共产党人,是中国现代史上最为进步的政治力量,他们肩负起使民族独立、国家富强的历史重任,把马克思列宁主义与中国的具体国情相结合,领导中国人民经过长达 28 年的浴血奋战,终于从根本上结束了两千多年的封建主义统治和一百多年的帝国主义、封建主义和官僚资本主义的半殖民地半封建统治。马克思主义创始人的美好设想,继十月革命胜利之后,又在这个占世界人口近 1/4 的东方大国开始变为现实。这在中国历史上是一件开天辟地的大事,中国人民任人宰割、欺侮的时代一去不复返了,正像毛泽东同志在开国大典中所庄严宣布的那样:"中国人民从此站起来了!"新型社会主义制度的建立、中华人民共和国的诞生,为新型的社会主义政治文化的建立提供了可靠的制度保障和载体,马克思主义国家意识形态地位的确立,则给中国几千年来经久不衰的传统臣属型政治文化以空前沉重的打击,为现代政治文化提供了科学的理论基础和指导思想。

5. 改革开放至今:当代中国政治文化的新趋势

改革开放以来,中国政治文化发生重大变化,呈现出从家长的政治文化走向民主的政治文化,从人治的政治文化走向法治的政治文化,从臣民的政治文化走向公民的政治文化的发展趋势。

(1) 从家长政治文化走向民主政治文化。家长制可被看做是中国社会组织的核心精神,也是中国数千年历史中政治生活的缩影。家长制从其最初意义看,是一种伦理性家庭、家族的组织结构,后来由于治国安邦的需要而发展成为国家的组织形态。家长制政治文化在训练和诱导国人的人格方面有着举足轻重的作用。在家长制政治文化的阴影下,人格的塑造完全按照统治阶级规划好的模式发展。现代日常生活中,人们有意无意表现出的奴性仆从、阿谀奉迎、虚饰欺骗等心理与行为都可说是与家长制政治文化有直接或间接联系;以言代法、以人代法、官大于法,所体现的也正是家长制的政治价值意识。

近代民主归功于近代资本主义生产方式,但是其民主在很大的程度上仍然有所局限。当我们对西方社会民主的缺陷加以批判时,并不意味着是对它的全盘否定。中国现代化既然是在人类发展至今的全部文明基础上进行建设,它就不能排斥其中有价值的遗产,就不能不吸收和借鉴包括西方文明在内的一切有益成果。具体到制度模式,西方国家的一系列宪政原则,包括自然权利、人民主权、权力制衡、依法行政、程序原则等等,都已经逐渐成为与家长政治相抗衡、为世界人民所认同的政治选择。它们并非是哪个国家哪个民族的专利,而是一种世界性的文化。以民主制代替家长制,培育和造就民主政治文化,是中国政治文化发展的必然趋势。

(2) 从人治政治文化走向法治政治文化。君主专制的一个显著特点是把国家权力视为个人权力。这样,个人的人格就成为国家的最高政治人格,成为整个国家的政治基础。君主专制无处不折射着人治的痕迹。我们不能说封建专制时期没有法律或法律制度,但我们绝对可以说它没有"法治"。中国封建专制时期,皇帝出口为宪,其诏、旨、策、谕等皆为法,这种法律不是为了治理国家,而是使它成为绝对的"人治"工具,所谓的"刑不上大夫"的说法,就集中概括了专制统治下法律的局限性。

法治是民主政治发展的必然要求。"法治,从形式上讲是指国家不仅通过法来管理社会,而且它本身也为法所支配。具有普遍、公开、确定性特征的法律规则是衡量国家行为的标准,国家行为的选择及其方式都取决于法的认可与否;从实体上讲,法治是人类社会组织结构理想化的拟制,是人类文明的尺度和社会进步的标志。"①

中国需要法治,而且需要比资产阶级更彻底的法治。两千多年来,中国一直沿用人治。古代中国治乱循环、近代中国屡遭失败的根本原因就是人治的专制制度。中国若保持社会长期稳定,实现国家现代化,必须实现由人治专制走向民主法治,"必须使民主制度化、法制化,使这种制度和法律不因领导人的改变而改变,不因领导人的看法和注意力的改变而改变"②。

(3) 从臣民政治文化走向公民政治文化。臣民文化与公民文化是相对应的概念,并分别与专制制度和民主制度相适应。中国传统社会是君主政治的一统天下,君权绝对至上。君主政治下,民主政治根本无从产生。偶有圣贤明君重视人民,也只是民本思想的流露。专制统治下的国民无需享有和行使政治权利,无需做自己的主人,只需做一个安分的守法主体、一个顺从的义务主体即可。另外,强烈的封建等级制严格固定了所有人的身份,公民文化更是无从产生。中国古代社会,一贯奉行君为臣纲、父为子纲、夫为妻纲。奴婢、奴才、臣子、臣民等等都遵循严格的等级界限,每一等级不可逾越。三纲五常的长期教化侵蚀了人的心灵,使得民众安于这种等级划分,并习惯成为顺民。

公民文化是建筑在商品经济和民主政治基础上的现代文化,它标志着人由自在自发的自然状态逐渐成为自由自觉的主体。因此,在价值取向上,它表现为自主自律、自由自觉的主体价值要求,强调权利本位、主体价值和自由理性精神;在行为方式上,表现为个性、参与、创造、开拓;在共同体生活中,表现为高度的角色意识、社会责任感和社会主义公共精神。

---

① 马庆钰,《告别西西弗斯》[M],中国社会科学出版社,2000 年版,第 337 页。
② 《邓小平文选》(第二卷)[M],人民出版社,1994 年版,第 146 页。

改革开放以来,伴随政治、经济体制改革的逐步展开和深入,当代中国的政治文化已向这一终极方向不懈努力,开始了由传统向现代的转型,发生着显著的变化,"政治文化发展视角从封闭型向开放型转变、政治认知与价值判断由情绪化逐步向理性化转变、政治人格由盲目依附型向独立自主型转变、政治思维从二元对立向务实中和式转变、政治信仰政治理想的危机与重建、政治价值取向在个体与集体之间调适"①。但这些变化并不意味着中国政治文化已经发展到现代政治文化的全新状态,传统政治文化的现代转换需要一个相当的量的积累与转换过程,传统的负面作用在一定时期内还会产生影响。因此,我们每一位公民都有责任和义务进一步加强法制意识、民主意识和参与意识,积极推动当代中国先进政治文化的发展。

思考题

1. 中国先秦儒、道、法、墨对中国政治思想的异同?
2. 中国封建社会集权专制政治制度的内容?
3. 中西古代政治人格有何异同?

参考文献

[1] 丛日云. 西方政治文化传统. 吉林:吉林出版集团,2007.
[2] 金太军,王庆五. 中国传统政治文化新论. 北京:社会科学文献出版社,2006.
[3] 徐大同,高建. 中西传统政治文化比较研究. 天津:天津教育出版社,1997.
[4] 丛日云. 中国公民读本. 天津:天津教育出版社,2006.
[5] 曾小华. 中国古代政治制度的独特类型及其特征. 杭州:中共浙江省委党校学报,2006.
[6] 唐晓,王为,王春英. 当代西方国家政治制度. 北京:世界知识出版社,2005.
[7] 董小燕. 西方文明:精神与制度的变迁. 上海:学林出版社,2003.
[8] 金太军,王庆五. 中国传统政治文化新论. 北京:社会科学文献出版社,2006.

---

① 李月军,《近二十年来中国政治文化变迁与分析》,安徽广播电视大学学报,2002年第1期,第8页~13页。

第七讲 "义务"与"权利"——中西法律文化比较

主要内容

一、价值取向：和谐与正义
二、法理观念：法自然与自然法
三、法理精神：人治与法治
四、法律本位：义务与权利
五、法律属性：公法与私法
六、法理信仰：伦理化与宗教性

开篇案例

从大一见到学院大堂的正义女神的雕塑时起，在我的心中就一直有个疑问："为什么我们要把西方正义之神搬进我们法学院的大门，而不使用我们中国自己的司法之神独脚兽？"怀着好奇心理，我对正义女神和独角兽的法律功能进行了一番考究，试着从更深的层面去解答长久以来藏在心中的困惑。

我先从正义女神的雕塑特征来探寻她的蕴意。在西方国家，法院的建筑物上或建筑物前经常能见到正义女神的雕像。正义女神通常被塑造成一个左手持天平，右手执长剑的成熟女性的形象，双眼被布紧紧蒙着，表情沉静而刚毅，雕像的背后刻有一句简洁的古罗马法律格言，"为了正义，哪怕它天崩地裂"。正义女神像的来源最早见于古希腊的神话。古希腊神话中正义女神的名字叫泰米斯（Themis），是天与地的女儿，其手中常持一架天平。后来这位正义女神与万神之神宙斯结合，生下了一个女儿——狄克（Dike），来协助她共掌法律、秩序和正义。狄克的造型则是一位手执宝剑的美少女。古罗马兴起后，罗马人接受了希腊的诸神，并混入了罗马的诸神,创造出不少新的神灵来。他们将泰米斯与狄克母女二人的形象合而为一,取名为朱斯提提亚。她一手持天平,一手执宝剑,但双眼却开始用布蒙上。正义女神像的深意需要我们从她的表象特征来看。一方面,对于宝剑和天平的象征意义,德国著名法学家鲁道夫·冯·耶林曾有一段十分精辟的论述:"正义女神一手提着天平,用它衡量法,另一手握着剑,用它维护法。剑如果不带着天平,就是赤裸裸的暴力;天平如果不带着剑,就意味着软弱无力。两者是相辅相成的,只有在正义女神持剑的力量和掌秤的技巧并驾齐驱的时候,一种完满的法治状态才能占统治地位。"在另一方面,正义女神的眼睛为什么要用布紧紧地蒙上呢?这是因为罗马人想要赋予正义女神以两层新的含义,一是法律面前人人平等;二是要用心灵去观察、去裁判。

随后让我们来探寻一下我国的司法图腾——独角兽。独角兽,又名獬豸,是中国上古传说中的一种神兽,它似羊非羊,似鹿非鹿,头上长着一只角,故俗称独角兽。独角兽的样子类似麒麟,它们同为传说中的神兽,不同之处在于独角兽头部正中长有一角,有双方争执不下的案件,只要把它牵上来,它就会用它的那只触角去抵触有过错的当事人。在中国古代的法律文化中,独角兽是公平正义的象征。与正义女神不同的是,它是怒目圆睁,昂首阔步,一副威风凛凛的样子,这也正暗合了中国古代司法的运作模式,代表中国古代的司法官裁判时强调察言观色以明察秋毫。汉代司法官员头上带的法冠就叫"獬豸冠",其得名源于独角兽的造型,并被后世一直沿用。清朝时,监察御使和按察使所穿的补服,前后皆绣有獬豸图样。所以一直以来,独角兽都被当做历代王朝刑法和监察机构的标识,甚至成为司法人员的精神支柱,它代表着中国传统的司法精神。

接下来我们可以从反观东西方法律之神所影射的不同法律文化来论证我们的法学院之所以采用正义女神的雕塑,是一种从传统法律观念到现代法律观念的转变。

可以说无论是正义女神还是独角兽,他们都是一种神判的象征,都代表着人们对公平正义的追求以及对邪恶势力的惩罚。但是我们更需要观察它们所折射出的东西方法律文化的差异。其一,正义女神更多是理性的代表而独角神兽更多是感性的代表。西方人强调法律的科学性,法律的理性是法律的本质。早在古希腊罗马时代,西塞罗就提出:"法律是最高的理性,是从自然生出来的。"亚里士多德也指出:"法律正是免除一切情欲影响的神祇和理智的体现。"正义女神遮住双眼,这样就可以靠理性而不是情感和直觉来明辨是非。而中国人强调法律的道德因素,强调立法和司法应符合具体的纲常礼教。独角兽怒目圆睁,通过灵感、直觉、顿悟来判案,所强调的恰恰是法的感性,而相对忽略了其科学性。其二,正义女神是对程序正义保障,而独角兽是对实体正义的追求。程序正义注重达到目的或者产生正当结果的过程、手段和方式。在现代，程序正义不仅仅是指程序本身的完备性，同时还指对实质性正当程序的实现，这要求关闭感官，以理性的态度追寻正义。正义女神的形象正是这一观念的体现，她蒙住了双眼，变成了在复杂的程序迷宫中摸索前进的女孩，她不受感官的影响，看不到亮丽的风景，听不见怨妇的哭声，不知道当事人的身份，也不会受到金钱和权势的诱惑，她只是扶着程序之墙不停地前行，直到走出案件的迷宫。而在独角兽身上，我们全然找不到程序正义的影子，这是由我国古代诸法合体，诉讼法律极不发达，程序正义更是无从谈起的历史传统决定的。其三，正义女神更好地体现了法治而独角兽则更多地体现了人治。正义女神是中立的，她不先发制人，只是用天平衡量诉讼双方提出的证据，哪一方的证据充分就胜诉，哪一方的证据不足就败诉，然后用宝剑加以处罚。她的职责是"裁断"而不是发现，所以为避免先入为主而蒙上眼睛，体现了裁判的中立性，是一种法治的体现。而独角兽体现的是儒家人治思想，主张圣人之治，保持司法的神秘性，断案决狱依靠的不是客观规则，而是断案人的主观意志。独角兽正是这一观念的化身，我国封建社会历代统治者都倡导独角兽精神，把其作为司法机构和官员的标识。

我国要建设社会主义法治国家，以一种理性的裁判方式，通过程序正义去保障当事人最起码的平等，从而走出人治，踏上一条法治之路是一个必然的趋势。通过以上分析我们发现，正义女神尽管是西方司法文化的代表，但其在当今已经代表了法制发展的一种趋势，演化成为了世界各国法治化发展的象征。因此，我们法学院采用这一象征正是我们对中国传统法律文化进行反思，挖掘传统文化中具有活力的因素，加大与西方法律文化的交流，从而促进传统法律文化向现代法律文化的转变的体现，是极具预见性的。

（王婷婷，《从正义女神到独角神兽》，法学在线——北大法律信息网，http://article.chinalawinfo.com/Article_Detail.asp? ArticleID=48355）

当今时代，全球化已然成为人类社会发展最重要的特征。在全球化进程中，世界范围内的法律文化交流与冲突进一步拓展，每个国家或民族都面临着法律文化的选择和重构问题。法律文化是一种文化传统，是一个国家、地区或民族从事法律活动的过程中长期起作用的"定势"。中西方国家的形成方式、地理环境、经济条件、社会结构、文化传统、价值取向等方面的不同，使得中西法律文化之间也存有很大的差异。

一、价值取向：和谐与正义

在中西方法律文化比较中，价值取向的比较应该是很重要的一部分。对价值的关注也是一种人文关怀，它不仅能立体反映出每一法律体系在各自文化系统意义结构中所处的位置,还能恰当地表达出不同法律文化之间的终极差异。中国的法律主要是担当社会控制的重大任务,所以,中国法律的价值取向是通过对社会的控制,追求一种没有诉讼的和谐状态。而西方的法律是通过相互权利的博弈而达成合理的、正当的社会安排,也就是所谓的正义。

(一) 中国传统法律文化的价值取向:和谐

和谐是中国传统法律文化的主导性价值取向,是其终极目标。对于理想的社会,传统中国人所憧憬的是《礼记·礼运》中所描绘的大同世界,即"大道之行也,天下为公,选贤与能,讲信修睦。故人不独亲其亲,不独子其子。使老有所终,壮有所用,幼有所长,鳏、寡、孤、独、废疾者,皆有所养。男有分,女有归。货恶其弃于地也,不必藏于己;力恶其不出于身也,不必为己。是故谋闭而不兴,盗窃乱贼而不作,故外户而不闭。是谓大同"[①]。数千年来,大同世界虽未曾有一日实现,但始终是传统中国文化所努力讴歌和追求的对象。的确,对一个崇尚道德的社会来说,它的魅力是强烈而深远的。所以,自西周以来,中国历朝历代的思想家和各式各样的法律,都在为大同世界,特别是这个世界中"谋闭而不兴,盗窃乱贼而不作"的和谐社会而探索和运作[②]。

要理解这种价值取向的形成,应从传统中国社会的结构和文明的特点入手。传统中国社会结构的一大特点是家与国同构或者说家国一体化,这种独特的社会结构起源于我国青铜时代的国家形成,后因宗法农业生产生活方式的普遍化而得以加强。这种社会结构导致了国家政治的原型乃是家务,国法是家规的放大,国家内乱和国民争讼是家内不睦的延伸。因此,一国即如一家,以安定和睦为上;处理国民争讼就像排解家庭纠纷,最好是调解,不得已辅之以刑,目的是求得和谐[③]。另外一个原因是传统中国文明的法自然属性。"道法自然",中国人一直追寻对自然属性的认识,并寻求自然秩序中的和谐,也就是与自然秩序保持一种和谐。

自然经济所引起的这些结果,与家国一体化的社会结构,以及现实政治的需求正好契合。这使得思想家们很自然地从观察"自然"出发,来阐发他们心中所向往的和谐与统一的社会理想。所以,传统中国的正统法律思想是"礼法结合"、"德主刑辅"。这种基本模式的建立和确立,是先秦诸子百家的政治法律理论的归宿。孔孟之儒从人性中发掘出礼仪之道;法家从人性中找到的是以刑去刑;荀子儒法兼容,从人性中引出礼仪和法度。董仲舒则立足孔孟的仁义道德,吸收融儒法于一体

---

① 《论语·颜渊》。
② 张中秋,《中西法律文化比较研究》,法律出版社,2009年,第336页。
③ 张中秋,《中西法律文化比较研究》,法律出版社,2009年,第337页。

的荀子思想,再汇之道家的阴阳之学,明确提出"礼法结合"、"德主刑辅"的治国之策,并得以实践,沿用时间很长,成为传统中国追求无讼的基本制度。和谐作为法律文化的终极目标和价值取向,总是左右着"德主刑辅"。有了"德主刑辅"的模式存在与无讼目标的召唤,造成了传统中国对待争讼都以调解为重要的解决纠纷方式。所以,以和谐为目标的调解与调判,成为了中国的司法传统①。

在中国法律文化中,法律虽然以刑杀为核心,但刑杀不是它的目的,它所追求的是取消刑杀以至刑措的无讼。这主要是因为无讼联系着和谐,联系着政治理想,联系着大同世界的实现。无论是对官方还是民间,这些都是幸福的源泉和意义的表证。因为对生活在关系性社会中的传统中国人来说,和谐是他们最大限度地获得人生幸福感和满意度的保障。

(二) 西方法律文化的价值取向:正义

在西方,对正义的追求构成了西方法学与法律发展的主要线索,正义即是善良和公正,而法则是正义的体现。自古希腊起,思想家们就特别关注正义这个词,并给予它多种解释。他们认为,正义以一种调整自然力对宇宙组成部分的作用、保持平衡与协调的先验宇宙原则而出现。柏拉图认为,在人类社会,正义应是一种人类品行和美德的道德原则,它体现为善和各守本分、各尽其职。他的著作《理想国》的副题即是《论正义》,该书围绕正义和公道对政治法律思想深入探讨。亚里士多德继承和发展了古希腊的正义观,将法律和正义更加紧密地联系在一起,认为法律的实际意义是促成全邦人员都能进到正义和善德的永久制度。

西方法律文化有两个来源:一是古希腊的理性主义;一是希伯来犹太基督教传统。在希伯来思想中,法律和正义是等同的,法律对正义之举有非常重要的作用。这种思想对通过法律实现正义的思想形成产生了很大影响。中世纪出现的神学正义观就受希伯来思想的影响,认为正义是上帝的一种意志,通过永恒法、自然法和神法所体现出的理性,为人定法的制定和执行指明了方向。

正义是西方法律所追求的理想,在西方法律文化中具有很高的地位和价值,其得以实现就要通过法律,这是西方追求正义的一般途径。正义在观念上表达的是一种抽象的理想和价值观,不论它以何种形式表现自己,都不能自我实现。作为一种理想和价值观的正义,它只能以抽象的形式存在于人们的观念之中,成为人类文明进步的精神动力。正义要实现就要借助它自身以外的载体,所以,正义要实现自己,必须通过历史主体为其寻找相应的载体。西方社会为正义所寻找的载体最后

---

① 松晓芳,《中西方法律文化价值取向的比较》,天府新论,2008 年第 12 期,第 180 页。

只能是法律。正义的核心是自由,但是,任何自由都容易被肆无忌惮的个人和群体所滥用,为了社会福利,自由必须受到某种限制。对滥用自由的最好限制就是法律,所以法律很自然地成为实现正义载体的选项。

中国法律文化的"和谐"和西方法律文化的"正义"这两种价值取向看似不同,但也有紧密的联系。任何文明社会的理想都是人的文化原理的体现,都是人们追求生活秩序化和社会正义性的表达。中西方法律文化的价值取向思维的起点,都是从自然状态开始立论。但是对"自然",两种不同的文化就有不同的视野。中国传统的自然观建立在阴阳原理之上,得出等级秩序所构成的和谐自然观。西方的自然观建立在算术、几何原理之上,在古希腊思想家看来,"自然"虽然也是一个和谐的统一体,但它是一个遵循几何原理的均衡。自然法则与商品经济和城邦制度中的合理性相结合得出理性,理性又与社会经济关系、公共生活和城邦法律中的公平、平等以及权利与义务的对等相联系转化出正义①。

由此可以看出,中西方法律文化所代表的价值取向不同,但两者都可以说都植根于共同的人的文化原理之上的理性控制,不同的也就是理性内涵的偏重有差别。中国法律文化追求有差等的"阴阳"和谐,西方法律文化追求平等均衡的和谐——正义。

二、法理观念:法自然与自然法

(一) 中国传统法律文化的法理观念:法自然

中国法律文化中的法理观念是"法自然",也就是效法自然,以自然的固有规律、真谛作为人类社会生活的基本法则的观念,其基本内容有以下两个方面。

首先,天人合一。中国古代天人合一的思想传统,有一个逐渐演化的过程。作为一种思想观念,天人合一远在先秦时期就已产生。它认为人就是自然的一部分,与大自然浑然一体,根本不存在物我之分、自然与我之分,人与自然不能割裂,也不是对立的,而是和谐统一的。人生活在天的秩序之中,天的"法则"就是人的法则,人没有理由,也没有必要自立法律。

其次,"伦理"即"自然"。在中国传统文化中,自然的本质不是理性或自然理性,而是伦理,即以血缘为纽带形成的宗法伦理。伦理就是人的本质或理性,就是人的自然。中国人的法自然就是效法自然中所体现的伦理。所谓法自然就是"法伦理"。周公说的"亲亲"和"尊尊";孔子说的"君君、臣臣、父父、子子";董仲舒说

---

① 松晓芳,《中西方法律文化价值取向的比较》,天府新论,2008年第12期,第181页。

的"君为臣纲、父为子纲、夫为妻纲"等调整社会秩序的制度,无不效法于伦理,准确地说是家庭伦理。

(二) 西方法律文化的法理观念:自然法

西方法律文化的法理观念是"自然法",它有两大核心内容自始至终贯穿其中。

其一,与中国法律文化重视人与自然的和谐统一(或天人合一)不同,西方法律文化强调人要征服自然、改造自然,才能求得生存和发展。中国法律文化认为人是从属于自然的,而西方文化则认为人是独立于自然而存在的。早在古希腊时代,苏格拉底就把法分为自然法和人定法。自然法也就是自然规律,具有普遍性。人定法是国家政权颁布的法律、条例、规定,具有易变性。可见,西方法律文化在源头上就已将人从自然中独立出来。

其二,中国传统文化认为伦理或家庭伦理是自然,而西方文化认为理性才是自然。所谓理性是指对事物的分析推理和判断,是相对于感性而言的概念。中国法律文化的家庭伦理化,其实是感性文化(或文化现象),并非事物的本质或自然,而西方法律文化关于事物的理性认识才是自然,所以,理性的法律在西方又叫自然法。

从中西法律文化在法理观念上的差异,可以看出:中国法律文化认为"人是天的附属",西方法律文化认为人与自然相互独立;西方法律文化认为人是法的主体,因而尊重作为主体的人的精神,而中国法律文化则把人作为法的客体,不可能真正产生对人的尊重[①]。

三、法理精神:人治与法治

(一) 中国传统法律文化的法理精神:人治

在几千年的封建统治下,中国法律文化形成了以人治为特征的法律精神。实际上,这里的人治体现的并非大众的意志,而是极少数拥有核心权力的个人或统治集团的意志。而这种法律治理模式得以延续的最深层原因,大概要从儒家思想对中国传统政治理念的全方位影响谈起。中国传统法律文化中的人治精神源于"人性本善"的界定,源于对人类本性的乐观认定,源于对人治正义性的信任。《三字经》第一句即为"人之初,性本善"。在孔子看来,人治是治国之本,良好的人治依

---

① 王晓玲,《中西法律文化比较》,产业与科技论坛,2006年第3期,第62页。

托于圣明的在位者。皇帝首先要在德行上为天下作出表率,儒者将这种人性的魅力和影响力所产生的法律效应看得十分重要,认为其价值远远超过制定完整的法律体系。自皇帝而下,各级大臣官吏也要如此,德行是其行政能力的首要评判标准。即便有法律,也是人治下的法律,着力点从来都是德行兼备的"人"。

同时,中国传统法律文化将"礼"与"人"结合起来,形成了中国古代"人治"特点:第一,皇权至上,权力不受制约。在古代中国,权力呈金字塔形分布,皇帝处于金字塔的顶端,皇权至高无上,不受法律的约束,内政外交大权都掌握在皇帝或以皇帝的名义而控制着国家政权者的手里。第二,古代中国没有西方那样的立法机构,没有独立于皇权之外的立法权。古代的法律首先反映的是皇帝的意志,其次是以皇帝为代表的由极少数人组成的统治集团的意志,最后才是获得他们认可的社会一般意志。法律的至上性被皇权的绝对性所代替。第三,中国古代实行司法行政合一的权力体系,没有独立的司法机关。第四,在古代中国的法权体系中,一切都打上等级身份的印记,不同阶层的人享有不同的权利,特别是官吏贵族享有特权,在法律面前,人人并不平等。在这种人治体制中,维护皇权和特权等为国家的头等大事,个人权利只能置于权力之下,受到权力的恣意践踏和侵害①。

(二) 西方法律文化的法理精神:法治

法治在西方法律文化中处于核心地位,所有的法律行为都以制定的法律为依据。法治追求的是能够反映普遍大众的意志。与中国传统法律文化相比,在西方,统治者仅仅是大众意志之一,其观点倾向最后都要融入全社会的整体价值取向中。法律是所有一切社会规范的基本点,是至高无上、不可侵犯的。在法律面前,统治者并没有获得凌驾于大众之上的权力或权利。西方源远流长的法治精神最根本的就是要保证法律在制定和实施过程中的公平性和正义性。

亚里士多德曾经为"法治"下过一个定义,这一经典定义至今仍广泛流传。他认为,"法治应包含两重含义:已成立的法律秩序获得普遍的服从,而大家所服从时,法律本身又应该是制定良好的法律。"②在亚里士多德的观念里,法律是普遍的,法律需要获得最为普遍的服从,而且是自上而下的;同时,法律又是至高无上的,没有任何人或制度可以凌驾于法律之上。发源于古希腊和古罗马的西方法律思想是民主政治和宪政政治的产物,这两点构成了西方法律制度的基本准则,进而,法治作为法律的执行手段,也必须以民主和宪政为最终归宿。

"在法律面前人人平等"成为西方法治的最为简单准确的注脚。在西方法治

---

① 王洪松,《中西方权利观念之比较研究》,山东大学硕士学位论文,20030919,第 20 页。
② [古希腊]亚里士多德,《政治学》,吴寿彭译,商务印书馆,1965,第 199 页。

传统中,法律是最高的统治者,任何人都必须服从法律,这种法治是建立在民主政体基础之上的,它是一个包括立法、司法、执法、守法等在内的动态过程。其政权的组织形式是三权分立,即立法、司法、行政三权分属于三个部门掌管,三者互相协调、互相制约。从深层意义上来说,这种权力控制与限制的社会心理与情感,是基于基督教的原罪观念,即承认在上帝面前人人平等的邪恶,因为"人性已经腐化,并且从上帝那里堕落下来"。由于人性本恶,人们对任何人包括自己的人性都充满着深刻的不信任,因此需要"以权力约束权力",所有的人都必须服从法律,法律的制定、修订亦须遵行法定程序。任何人,包括君主都受法律的支配和约束,法律具有至上的权威[①]。

人治与法治成为中西方法律文化的鲜明对比点,一方面,西方法治的首要目标是取消特权和专政,实现"法律面前人人平等",而人治正是建立在这种不平等的基础上的。中国传统的法律在制定过程中将统治阶级的意志以法律的形式表现出来,实际上,统治国家的并不是法律,而是皇帝本人以及其下属的官僚系统。在西方,人民企盼良好的法律,而在中国百姓需寄希望于明君和清官。另一方面,如前文所述,中国古代实行司法行政合一的权力体系,没有独立的司法机关。司法不独立就无法对权力进行限制。皇权从未也没有任何可能性受到来自社会的制约。更为深化这种制度上的缺陷的是,法律又将皇权的至高无上性制度化、永久化,成为官僚和大众需要遵循的准则。相比之下,西方的三权分立、西方的宪政则能更有效地对权力进行制约,法治不是人治的工具,而是国家运行的方式和手段。法治是理性的、无私的、至上的,它对于所有人的保护和处罚都是一样的。

四、法理本位:义务与权利

(一) 中国传统法律文化的法律本位:义务

中国传统的自然经济是一个封闭的经济体系,它以自给自足为基本特征。在中国封建社会,皇帝除了为"天"履行义务(祭天和祭祖是皇帝在位时的"法定"义务),其对于臣、民而言,生杀予夺"权利"与"权力"集于一身。可见,在中国传统法律文化中,法律关系的根本主体是"天"和"天子(皇帝)",只有它们才有资格拥有权利或承担义务。而臣与民只是法律关系的客体,即权利义务指向的对象。所谓"君叫臣死,臣不得不死",就是把人作为可任意处置之"物"。虽然相对于"天"和"天子",臣、民都是法律关系的客体,但是在中国传统法律文化中,臣、民的法律地

[①] 焦盛洋,《中西方传统法律文化的冲突与融合》,贵州工业大学学报(社科版),2005 年第 6 期,第 61 页。

位并不是相提并论的。在臣民法律关系中,"臣"又是法律关系的主体,孟子说"劳心者治人"中的"劳心者"指的就是"臣"。直至现在中国民间老百姓还把"官员"称为"父母官",表现出对其拥有权利或权力的尊重和敬畏,而"民"只能是臣民法律关系的客体。孟子又说"劳力者治于人",也就是说,"劳力者"只能承担义务,不能享有任何权利①。

可以说,中国传统的法律是一部义务本位法,或道德责任本位法。正如张晋藩教授在《中国法律的传统与近代转型》中指出的那样:"在中国古代的法典王章中,虽然详细规定了庶民对于国家应负的纳税、守法、尽忠、服徭役、兵役等种种义务,但却没有关于庶民权利的明确法律规定。"不仅古代中国的法律规范如此,就是中国传统的法律思想也是这样,先秦的儒家崇尚礼治与明德慎罚的为政之道,主张要"别贵贱,尊卑",即"君君、臣臣、父父、子子的等级名份不得犯上逾越";法家则以"一断于法,君主独治,术势并重"为学说特征,强调"正君臣上下之分,不可改也,若尊主臣,明分职不得逾越"。到了汉代以后,中国以儒家思想为核心的法律文化更是以"三纲五常",规定了臣民、子女、妻子对君主、父亲、丈夫的义务,因此,纵观中国传统法律文化的发展历史,可以说就是一部义务法律文化发展史②。

(二) 西方法律文化的法律本位:权利

西方的商品经济与自然经济不同,它必须以产品的交换完成经济活动,这就需要打破自给自足的封闭的经济模式。法律的权利本位正是以这种实践要求为背景的。在商品经济中个人必须拥有权利和义务的独立性,人不再是依赖物质生产关系的附属品,社会阶级和人身依附变得不那么必要了。在自然经济体制下,人的权利来源于特定的社会地位或者集团归属;而在商品经济条件下,权利不再需要不同等级地位集团的赐予,在履行相应的义务和责任的同时,个人的权利意识得到空前强化。

商品生产通过与各种科学技术的结合,从一切固有的传统束缚解放出来而进入了自由运用智慧的领域,从而推动了罗马法的复兴浪潮。由于罗马法是一个以权利为本位的价值体系,并且重视严格的形式和程序,反映了商品关系的一般法权要求,所以它成为近代国家权力运行的基础,受这种法律训练的行政专家也就优越于其他一切官吏。在近代,高度发展的商品经济,实现了梅因所谓的"从身份到契约"的社会革命。近代思想家依据自然法学说,宣扬每个人具有与生俱来的、不可剥夺的自然权利,有的甚至以此为基点,提出所谓"人民主权"说。《拿破仑法典》

---

① 王晓玲,《中西方传统法律文化观念的比较》,江南社会学院学报,2007年第4期,第65页。
② 韩冰,《中国法律文化的传统与现代化构建(上)——法律文化及中西方法律文化比较研究》,前沿,2005年第2期,第127页。

确认了从封建的、地域的、专制的直接羁绊下解脱出来的自由和平等的商品生产者的主体地位,主张私人在平等的、自由的领域用私人意志来调整彼此关系,进而实现个人权利,固定个人之间的生产和消费的普遍联系和全面依存的法权关系,因而被恩格斯称为"典型的资产阶级法典"。从此以后,宣扬个人权利成为资本主义社会生活关系区别于封建社会关系的一个重要标志。"人民主权"不过是私人权利在政治领域中的扩大和延伸。因而,从上面的演进中我们不难看出,西方社会通过商品经济的发展、对个人价值的张扬以及私法体系的发展促进了权利本位权利观的形成①。

综上所述,可以看出,在传统的中国社会,个人从属于以家庭、阶级、国家等组成的等级森严的国家结构中,个人的权利意识和个人人格意识都被严格地压制于体制之下。取而代之的是国家成为一切社会矛盾和社会事务的裁定者,个人和国家、私与共的界限是不存在的,由此产生的后果是个人的权利得不到保障,而个人的义务构成了法律的所有主体内容。因此,在中国传统法律文化中,个人权利意识是极其淡薄的,个人也不存在西方式那种超然的绝对权利,只存在因某种社会境遇的改变而不断变化的相对权利。并且个人权利的行使是以其对义务的充分履行为基本前提,个人权利缺乏应有的独立性。反之,对主体来说,义务则是首要的、神圣的、绝对的,它是一种无声的命令,约束着人们的思想和行为。所以,中国的权利观念是以义务为本位的,而决非以权利为本位。诚如有的学者分析的,在古代中国的法律中,权利和义务是一种源于个人道德和社会地位的法律关系,在中国传统上,首先关心和强调的是义务观即行为的正当性,权利与义务的关系是通过一种道德至上而建立起来的②。

在西方,由于个性观念至上地位的引导,社会关系中的个人很早就分离成为不带血缘关系的利益集团,即个人群,而不像中国古代血缘纽带强化,个性泯灭于集体主义之中。社会生活非政治化,非意识形态化,界定权利归属和结构,通过契约聚合各种资源,用债与责任来平衡和救济私人关系,这些都构成了古希腊人和古罗马人的法律控制手段。国家政治表现为一种驾驭社会之上的"中立"力量。它不仅要求公民对国家尽义务,更多的是把保障公民权利、自由和利益作为自身存在的基础。国家实际上是个人之间订立契约的产物。同时,在通过私法对社会生活进行组织的过程中,法律又有效地把国家权力排斥在私人生活之外,达到"无为而治"的境界,并实现个人的权利和自由,始终保持个人性人格观念的绝对存在③。

---

① 王洪松,《中西方权利观念之比较研究》,山东大学硕士学位论文,20030919,第 19 页。
② [美]金勇义,《中国与西方的法律观念》,辽宁人民出版社,1989 年,第 137 页~143 页。
③ 杨仇孙,《从人格观念角度剖析中西法律文化的差异》,凉山大学学报,2004 年第 4 期,第 49 页。

五、法律属性:公法与私法

(一) 中国传统法律文化的法律属性:公法

公法文化是中国传统法律文化的基本属性。与西方法所不同的是,中国古代法虽是诸法合体、民刑不分,却是以刑为主,重刑事轻民事,历代法典实质上就是以刑法规范为核心的诸法合体,这是世界史上其他法律文化所无法比拟的。中国古代法从它诞生的那一刻起,就打上了浓浓的刑法化烙印,表现出典型的公法文化特色。主要表现在:

1. 成文法典型的刑法化

中国是一个发达的成文法国家,法律存在的表现形式基本上是法典。从第一部成文《法经》算起,中国的法典编纂史已有2000多年。如果从《洪范》算起,则更长。在这么漫长的时间里,相继出现的中国历代法典有《洪范》、《吕刑》、《法经》、《秦律》、《九章律》、《北齐律》、《开皇律》、《唐律疏议》、《宋刑统》、《大元通制》、《大明律》、《大清律例》。可见中国古代的法典是沿革清晰、一脉相承的,虽然称呼各异,但性质相同。《唐律疏议》作为中国古代成文法典中的楷模,便是一部"标准的刑法典"。①

2. 刑法的刑罚化

中国传统思维里的刑法重在惩罚(报复),轻在教育(警戒)。法即刑,刑即杀。杀戮的目的不是为了别的,而是为了镇压犯罪,维护君主的专制统治。所以"刑罚,重其轻者,轻者不至,重者不来;此谓以刑去刑,刑去事成;罪重刑轻,刑至事生,此谓以刑致刑。"②为了达到"以刑去刑"的目的,必然导致法律的刑法化和刑法的刑罚化。

3. 民事法律的刑法化

民法是调整平等的权利主体之间一定的财产关系以及与财产有关的人身关系的法律规范的总和。中国古代虽然没有近代西方那样严格意义上的民法典,但早在西周就已有了民事活动方面的法律规定。但是,中国的民事法律从一开始就没有独立的地位可言,民事诉讼制度远远落后于刑事诉讼,因此,经常用刑罚的手段来处理民事案件③。换言之,中国民事法律被刑法化了。这种民事刑事处罚的特点,"自西周而成为一种传统,一直到清末仍未有根本性的变化"④。

---

① 张中秋,《中西法律文化比较研究》,法律出版社,2009年,第81页。
② 《商君书·勒令》。
③ 李光灿,《中国刑法通史》(第一分册),辽宁大学出版社,1989年,第283页~285页。
④ 张中秋,《中西法律文化比较研究》,法律出版社,2009年,第87页。

中国传统法律文化的公法性质从根本上忽视了民众独立人格的培育和保护。几千年的封建统治下,中国个人在法律上的独立人格长期处于缺失状态。每个人只有在家族、集体和阶级中的身份归属定位,而没有个人完整的权利义务位置。说到底,中国传统法律精神中只有家族本位、集体本位、国家本位,而没有个人本位。这些集团本位是对个人权利本位的一种越位和侵犯。普通大众的权利在法律中的体现是微乎其微,或者被完全忽略的。马克斯·韦伯(Max Weber)对此有着深刻的见解。他认为:"中国的法以典型的方式,……独立于皇帝而作为私人的国家概念是不存在的,同样亦没有私人的社团法,没有协会法,更不要说那些受政治制约的禁令,禁止一切非家庭式,或者非财政目的或者特殊许可的团体。对于公法来说,社会的存在仅仅是作为承担赋税和负担家庭连带责任的团体,这一事实妨碍了法律概念的形成。"①

(二) 西方法律文化的法律属性:私法

西方法还在其早期形成时期,就已表现出较浓厚的私法色彩。古希腊、古罗马法主要是通过氏族内部及贵族与平民之间的斗争成长起来的,斗争是围绕着"权利"这个轴心展开的,由于双方力量的抗衡和为了避免不必要的牺牲,最终形成的"法"便具有了妥协基础上的平等性和民主性,而这种平等和民主主要是针对每个公民的权利而言的。伴随着经济、文化的发展而进行的一系列变法,使法律上的平等性和民主性的原有限制逐渐松弛,权利的内容和范围也渐趋扩大,法律从氏族、家族的集团本位慢慢地转变为个人本位。这种以个人为本位的权利法实质是一种私法。

从根本上说,西方私法文化的传统与发达是建立在发达的商品经济和对个人权利的承认之上的。因为私法是一种理性化、私人化的民事性法律体系,与市场经济和个人有着不可分割的内在联系,即如马克斯·韦伯所说,经济的因素在建立市场共同体化和自由契约基础之上的经济合理化方面,"对于法的理性的规模和方式,首先自然是经济上重要的法(今日的"私法)的理性的规模和方式,"②起着关键的作用。

西方的法律文化走的是由氏族到个人再经上帝到个人的个人本位道路。西方法律文化源于具有自由开放精神的希腊法和具有个人主义特征的罗马法,形成了保护个人权利自由的历史传统,最终确立了个人本位的法律。西方个人主义的发展在制度上主要是通过权利本位法对集团本位法的否定而实现的,这与西方社会的政治、经济、文化特征及其发展是一致的③。

---

① [德]马克斯·韦伯,《经济与社会(下卷)》,北京:商务印书馆,1998年,第85页~86页。
② [德]马克斯·韦伯,《经济与社会(下卷)》,北京:商务印书馆,1998年,第15页。
③ 肖利,《浅析中西法律文化的差异与启示》,天津市工会管理干部学院学报,2009年第3期,第51页。

可以说,私法文化传统与发达正是对市场自由和个人权利尊重的体现,是西方文化的核心价值在法律上的表达。它在推动经济市场化、政治民主化和社会法治化的同时,还保护和促进了人权的发展,这是它持久的价值所在。

公法和私法区分的意义在于,它们可以对社会和成员的双重品格进行一个恰当的定位。私法是公法的基础,私权是公权的基础,公权源于私权的代理、委托。公法、私法都具有法律共同的价值,但他们各自的对象和作用的领域不同,私权的出现意味着承认个人平等独立,私权神圣,公权是为私权服务的,要防止公权的滥用。由于公法、私法不分,中国传统法律文化大异于西方法律文化,其典型特征是其个人独立人格之缺失,个人平等自由之不可得,个人的地位只能存在于家庭、家族等群体与等级之中。法律要求于每一个人的,首先是对于社会(家族、国家)的各种绝对义务,它主要表现为要求与禁忌,同时它又没有或很少地赋予其权利。在中国传统法律文化中,由于公法、私法不分,从而法律不能够也不可能以维护社会成员合法利益,维护其精神安宁,激发每个社会成员的积极性、主动性为出发点,从而使中国传统法律文化不能以"权利"为本位,它只能朝着远离现代理性法律文化的轨道发展①。相反,西方的私法传统使得个人本位的发展在制度上得以确定,个人的权利在法律的表述上已经摆脱了身份的桎梏而演进为契约行为。从法律的角度,这是对身份义务法或身份道德法的摒弃;从社会学的角度讲,这是对人的解放和对人权的弘扬。

六、法理信仰:伦理化和宗教性

(一) 中国传统法律文化的法理信仰:伦理化

传统中国的法律文化重视人伦道德,也就是儒家所提倡的宗法伦理道德。这一传统可以追溯到西汉时期,其表现就是儒家理论控制了中国政治思想的方方面面。儒家伦理作为国家制定法律和执行法律的指导思想,其意识形态深刻地影响着人们的法律意识,它使传统中国的法律成为一种道德化的法律,法律成为道德的工具,道德成了法律的灵魂。这不仅挫败了任何法律面前人人平等的要求,而且导致了对个人权利的简单否定,否认社会成员拥有"为法律而斗争"的权利。依照儒家思想,普遍的和谐与稳定的理想状态并不能通过法律或权利与义务之间的平衡而获得。"礼"的基本概念是构想一个以义务为中心并仅仅对义务加以调整的社会。理想的政府并非依照好的法律来统治,而是靠贤人来统治,贤人的使命在于以

---

① 焦盛洋,《中西方传统法律文化的冲突与融合》,贵州工业大学学报(社科版),2005年第6期,第61页。

其言传身教教导人们怎样过有德性的生活。在"礼"盛行的社会里,自身利益被置于由内心反省所激发的有效控制之下。这样有德性的人本身便是秩序的渊源①。

中国传统法律伦理化的影响是极其深远和广泛的,我们可以通过对传统中国法律的条文或是具体律法中观察到它无处不在的渗透和蕴涵。就其成因,大概要从中国古代的氏族社会说起,氏族部落之间的连年征战是古代法律体系形成和完善的历史背景,在这个过程中,血缘和族缘是十分重要的认定依据,同样也是否定的依据。法律上对立还是联合,敌人还是朋友都以血缘为准。随着社会的演进,固有的血缘纽带逐渐被新的宗法血缘关系代替。加之,中国的传统社会没有经历西方社会由于航海大发现和商品经济所带来的冲击,血缘的纽带一直稳定延续并日渐牢固。中国传统法律提出的"法自然"的核心正是伦理,是以血缘为延续纽带的伦理化的宗法法律,因此,法自然也可以说是法伦理。"族属同气,休戚与共"是对这种法律信仰的概括,同族成员、同血缘人员之间的互助一方面可以培育互助互爱的民风习俗;另一方面也助长了亲亲相护和包庇的歪俗,在纠纷和问题面前首先想到的不是法律的运用,而是托人情找关系。这种回避法律的做法是传统中国法律信仰的弊端,不利于国人树立健全独立的法律人格。但同时,伦理化的传统法律通过将伦理性的社会、经济、家庭等各种关系的法律化,实现了统治者对社会的有效控制,确保了社会的有序化,并借此为传统中国的经济、政治、文学艺术的繁荣和发达作出了贡献。毫不夸张地说,18世纪以前中国文明在世界历史范围内能保持超群的发达状态,与伦理化的传统法律有着不可分割的内在联系。

(二) 西方法律文化的法理信仰:宗教性

在西方,宗教对法律产生着深刻的影响,从法律的制定和实施中都体现出宗教的色彩和宗教的性质。早在公元4世纪初,基督教对于罗马法的影响就已经显现出来,西方法律传统与基督教的紧密相连始于教皇的宗教革命。教皇革命的目的是为了排除皇帝和国王对法律的控制,将罗马教会变革为一个在教皇的统一且唯一领导下的、有着独立的和一致的法律体系的革命。教会通过法律朝着正义与和平的方向、为拯救俗人和改造世界而努力。古代西方人普遍认为,上帝是万物的创造者,人类和人类的法不过是上帝的赐予而已。因此,在自然法之外,还有体现神意的法,亦即永恒的上帝之法,世俗社会制定的法所体现和服从的不只是自然法,还有上帝的"神法"。

一般意义上的基督教文化对近代以来西方法律文化的影响更是不容忽视。基

---

① 李扬丽,《中西法律文化之比较》,现代企业文化,2009年第38期,第151页~152页。

督教一直是西方国家正式的国教或主要宗教,大多数立法者、法官和法学家已普遍接受和持有新教的基本信仰,其基本观念,如个人价值、尊重人格等,对西方法律的制定和实施已产生相当的影响。纵观西方法律发展进程,宗教对法律发展的影响大致经历了两种不同的方式。宗教改革以前,法律基本是作为上帝意志的产物而被人们奉之以绝对信仰;宗教改革以后,法律作为上帝赋予人类的理性作用下的产物,个人意志渗透到立法过程,此时对法律的信仰进而转化为理性的信仰,即在人类理性与智慧作用下充满正义与秩序的法律,纯粹的上帝信仰则被排除在外了,法学也渐渐实现了同神学的分离。但上帝作为终极的价值标准和源泉仍影响着西方法制乃至社会的进程,因为在西方人的心目中,人类知识世界无法填平的自然物质世界和人类心灵世界的鸿沟,只有上帝才能弥合。[1]

对比东西方在法律信仰方面的差别可以看出:儒家思想在几千年的传统社会演进中已经逐渐融入法律的精髓当中,并且内化为个人的思维特征和价值取向。伦理道德被法律化,法律被伦理道德化。封建卫道士们借助法律之名来维护其意志和利益,凡是违反伦理规范的行为都会被归为罪恶。汉武帝罢黜百家、独尊儒术之后,到唐朝《唐律疏议》的修订完成,中国传统法律经历了一个引礼入法、礼法结合的过程。唐律作为中华法系的代表,"一准乎礼"。儒家这种家国一体、忠孝相通,维护家长专制的"礼治"原则被引入国家法律关系,渗透到传统法律的字里行间,成为贵族官僚享受司法特权、家族主义、家长制、夫权制的理论基石,形成了中国传统法律文化的家族伦理法律化,国家政治法律伦理化、家族化的一大特色。礼法、礼律并称,礼书与法典并列,礼教与法律关系密切,而且,在司法实践中,也深受儒家思想的影响。可以说,儒家思想在法律上一跃而为最高的原则,与法理无异,儒家的伦理法思想成为一种传统,深深地烙印在人们的意识之中。[2]

在西方文化中,基督教对法律的影响首先是法的观念,上帝是天地间万物的创造者,人类自身和人类的法,不过是上帝的赐予而已。由于西方人大都信奉宗教,人对宗教的服从是发自内心的真正服从,是对宗教的真诚信仰,这种信仰所产生的归属感与依赖感,能激发起人们对法的信任、信心和尊重,并愿意为之献身。正是在这种社会普遍的宗教情感氛围中,法律最终找到了自身正当性与合理性的真正基础和根源并获得了真正的、有普遍社会感召力的神圣性。[3] 同时,基督教对法

---

[1] 陆忠虎、袁晓磊,《西方法律中的宗教性因素及其对法律移植的启示》,法制与社会,2008 年第 4 期,第 16 页。

[2] 宫宏祥、啜瑞志,《中国法律伦理化传统及其对现代法治建设的影响》,山西高等学校社会科学学报,2008 年第 11 期,第 70 页。

[3] 焦盛洋,《中西方传统法律文化的冲突与融合》,贵州工业大学学报(社科版),2005 年第 6 期,第 62 页。

律的影响,不仅触及规范层面、制度层面,更渗透到价值层面和精神层面。它是唯一对整个西方法律产生巨大影响的宗教。关于基督教和教会法对西方法的影响,正如沃克所说,"这种影响,至少表现在以下五个不同的方面:第一,它对自然法的理论产生了影响;第二,直接提供经过整理并已付诸实施的行为规则;第三,强化伦理原则和提出一些基本依据,以支持国家制定法或普通法的规则;第四,在人道主义方面影响法律,包括强调个人的价值、对家庭成员及儿童的保护、生命的神圣性等;第五,证明和强调对道德标准、诚实观念、良好的信仰、公正及其他方面的支持"①。同时,由于西方社会的教会与世俗政权的二元统治结构,即便在文艺复兴、宗教改革和资产阶级革命等结束了教会法的"光荣"历史后,基督教对社会及其成员关于法律、道德和行为观念等的影响也是不可磨灭的。这就决定了作为文化精神现象的基督教对西方传统的法律影响的必然性,而西方法律文化的宗教性也是不可避免的。

附

中国法律文化的近现代变迁

中国法律文化是在中国特定的社会历史条件下生存和发展起来的,是自夏、商、西周以来四千多年法律文明发展的历史沉淀。在数千年的历史中形成了自身的法律特质。到了19世纪40年代,由于帝国主义的入侵,情况才发生了巨大的变化。

1840年鸦片战争的爆发和失败引起了中国社会的转折,也使几千年的中国法律文化遭到西方法律文化的猛烈冲击。"西方殖民者的炮舰外交揭露了关于中西交往中'谁说了算'这个反复未决的争论。从根本上说,这是一场最广义的文化冲突。②"西方资本主义列强入侵近代中国的目的是把中国变成他们的殖民地,用资本主义的方式,控制中国的国际交往和经济贸易,从而为资本主义的商业利益打开门户。这遭到了林则徐等有识之士的坚决反对,并引起他们深思,他们主张"师夷长技以制夷"。一部分官僚士大夫在忧国忧民的同时,开始重新考察中国传统的法律制度,了解西方的法律文化并作出了积极的选择。正是在这样的背景下,洋务运动意味着中国法律文化演变的开始。他们创办军事工业,设置新式的司法设施;他们建议改善监狱条件,废除斩首和肉刑,用劳役代替监禁;他们还在江南设立翻译馆等新式机构,翻译出版介绍西方资产阶级进化论、天赋人权论、分权论的书籍,

---

① 张冉,《试论宗教对西方法律的影响》,法制与社会,2008年第12期,第38页~39页。
② 费正清,《剑桥中国晚清史》(上卷),中国社会科学出版社,1985年,第122页。

宣传资产阶级的民主、平等、自由思想。1864年出版发行在法律文化史上具有重要意义的《万国公法》，强调法律制度建设的重要性。19世纪90年代是西方法律文化对中国法律文化冲击的转折点。从19世纪90年代到20世纪20年代西方法律文化像滚滚洪流通过商阜口岸向中国内地扩散，大大加速了国家体制及社会制度的解体和改组。中国学者的注意力已经由注重"艺"转向注重"政"及"教"。几乎所有的维新派思想家都接受了西方的法制观念。以康有为、梁启超为代表的维新派高举变法维新的旗帜，掀起了变法运动。他们突破了"器不变道亦不变"的思想藩篱，提出了君主立宪的政治改革方案，欲以西方政治原则来改造国家生活，主张民众统治、民众参政和立宪政府等西方政治观念。以孙中山、黄兴等为代表的资产阶级革命派，在推翻满清封建专制王朝的斗争中，实行资产阶级民主、自由，彻底批判封建专制主义的法律制度。他们坚决反对改良派所谓中国不能建立共和政体的论调，改造数千年的君主专制政体，建立实行民主立宪制度的共和政体。1912年3月11日，《中华民国临时约法》的颁布宣告了封建帝制的结束，中国传统封建法律文化从总体上、尤其是从制度层面上开始了瓦解。辛亥革命肯定了资产阶级的革命成果，采纳了民主、独立和自由的原则，并将其纳入资产阶级民主共和国的方案之中。在20世纪第二个十年里出现的五四新文化运动是对千百年来中国历史沉淀而成的传统法律文化的扬弃和超越。新文化运动的批判矛头首先指向旧伦理。陈独秀说："自西洋文明输入吾国，最初促吾人之觉醒者为学术，相形见绌，举国所知矣；其次为政治，年来政象所证明，已有不守残抱缺之势，继今以往，国人所怀疑莫决者，当为伦理问题，此而不能觉悟，则前之所谓觉悟者，非彻底之觉悟者，伦理之觉悟为吾人之后觉悟。"①李大钊广泛接触了各种西方的政治法律学说，深入研究西方的政治法律制度及其实践，逐渐形成了对西方政治法律文化的独特分析框架。他把西方政治法律文化视为人类文明的重要组成部分，在对中国传统文化批判的过程中，将西方政治法律文化输入中国。因此，客观地说，法律文化是当时新文化运动的重要组成部分，它的产生与发展对当时民族救亡运动有非常重要的促进作用。②

自20世纪70年代末以来，中国进入了改革开放的历史巨变时代，先后在经济、政治及文化等各个领域实施了变革，整个社会全面进入转型期。法律文化作为与政治、经济联系最为密切的文化样式，在内外部因素的作用下，也开始了向现代化的迈进，呈现出较为明显的变迁轨迹。

第一阶段，法律文化现代化的思想理论准备和启蒙时期。"文化大革命"结束

---

① 陈独秀，《吾人最后之觉悟：独秀文存》，安徽人民出版社，1985年，第38页。
② 雷五兰，《中国法律文化变迁及特点》，政法学刊，2006年第4期，第73页~74页。

后,1978年开展"实践是检验真理的唯一标准"的大讨论,冲破了"两个凡是"和个人崇拜的长期禁锢,打破了思想僵化、教条主义的沉重枷锁,迎来了思想文化的大解放。在这样的思想背景以及"健全社会主义民主,加强社会主义法制"方针的指引下,法律文化发展迎来了第一个活跃期。在20世纪70年代末80年代初,开展了"人治"与"法治"、"法律面前人人平等"的大讨论,符合现代法治精神的法律思想逐步得以确立。在法律文化建设方面,国家先后出台了刑法、刑事诉讼法、民法通则、民事诉讼法及行政诉讼法等基本法律;法学理论研究方面,20世纪80年代中期开始,深入涉及法的概念、法制要求、法律与政策的关系等诸多主题。更具理论和技术价值的是,作为法律文化研究的核心概念——法律文化——已于这一时期由我国学者从西方引进并持续加以研究,在法律文化概念、结构、内容、法律文化在整个文化系统中的地位作用及法律文化现代化等方面都取得了有益的学术研究成果。1986年,全民普法的第一个五年计划开始全面实施,自上而下的现代法律文化启蒙教育运动正式拉开帷幕。

第二阶段,以市场经济为导向的现代法律文化初步构建时期。这一时期肇始于1992年党的十四大召开。十四大明确提出了"中国经济体制改革的目标是建立社会主义市场经济体制"。大会的召开和市场经济目标的确立为法律文化现代化提供了强大的推动力。市场经济在一定意义上讲就是法制经济,建立与之相适应的现代法律制度和形成与之相适应的现代法律文化氛围是市场经济的内在要求。在这一强力推动下,围绕建立市场经济法律体系的立法活动全面展开,先后制定或修改了一系列有关市场经济方面的基本法律。法学理论研究再掀高潮,在大量引进和介绍国外的法学思想理论的同时,提出并探讨了一系列新的法学理论与法制观念,如公私法划分、法治经济、立法平等、社会主义市场经济法律体系、现代法的精神、人权与法制,等等。"二五"普法在第一个五年计划取得初步成效的基础上全面展开,公民了解并学会运用更多的国家基本法律,法制教育力度加大。以自由、平等和权利为内核的法律价值观念逐步得到主导法律文化的认同并向大众法律文化渗透。

第三阶段,以建立"法治国家"为目标的现代法律文化构建时期。1997年党的十五大首次明确将"依法治国,建设社会主义法治国家"确立为政治体制改革的根本目标和治理国家的基本方略,并对依法治国与法制发展战略作了精辟阐述。在此推动力作用下,中国的立法和执法监督力度进一步加大,立法质量明显提高。法学研究也有了新的契机和理论兴奋点,掀起了探讨依法治国,建设社会主义法治国家的理论热潮,对民主政治、法治模式、法治与德治、立法行政司法改革、农村法治建设等方面也进行了深入的理论探讨,并出版了大量有关法治方面的论著。继"三五"普法之后,从2001年始,又展开了以领导干部、司法行政执法人员、青少年和企业经营管理人员为主要对象、以提高全民族的法律素质为目标的"四五"普法。随着全民普法运动的不断深入,公民的法律素质有了进一步的提高,学法用法意识普遍加强,现代法律文化有了更为扎实的民众基础。[①]

通过对中国法律文化历史变迁的分析,我们可以发现中国现代法律文化的形成和发展有以下几个显著特点。

(1) 中国法律文化是西方法律文化和传统法律文化在冲突交融过程中整合而成的。引起中西方文化冲突的主要原因在于两种法律文化的模式和价值形态迥然不同。中国法律文化与西方法律文化是在不同文明条件下生长出来的两种法律精神的载体,他们之间有着巨大的历史差异性。西方法律文化建构于商品经济的基础之上,而中国传统法律文化则建构于自然经济基础之上。两种不同的经济文明体系,必然造就两种不同的法权体系,从而导致中西方法律文化的剧烈撞击和冲突。从已经凝固的法律文化意识、情感观念出发,中国传统法律文化对于西方法律文化是难以接受的,因此冲突难以避免。而这种冲突和交融一直存在于中国近代80多年中。康有为、梁启超、严复、孙中山等近代先进思想家,他们都对中西方法律文化提出了不同程度的汇通融合要求,从而形成了西方法律文化占主导地位的中国近代法律文化。

(2) 从义务本位观主导到权利本位主导。中国有着四千多年的人治传统,崇尚等级、特权和服从。传统法律文化以人的义务为本位,而现代法律文化则以权利为本位。重义务轻权利是中国传统法律文化的特征,对现代法律文化,有深刻影响其具体价值原则的主要表征为:法的主要作用是社会政治控制;法道德化或宗教化;特权合法化;法的实现等级化;"法"、"刑"相类似,等等。社会制度的变革必然导致法律文化的变迁。中国社会由古代到近代、当代几经风雨,发生了翻天覆地的变化,尤其是市场经济和民主政治建设的深入,社会物质生产方式的变化,使义务本位观念的经济政治根基发生了动摇,权利本位观念逐渐找到了适应自身发展的土壤。现在,在我国法学界以及全社会达成了这样的共识:在权利和义务的关系中,权利是第一位的,是义务存在的前提和依据;法律设定义务的目的是为了保障权利的实现;权利须受法律的限制,而法律限制的目的是为了保障每个主体的权利都能得到实现;在法无明文限制或强制的行为领域可以作出权利推定;只有在承认权利是义务的依据这个前提下才能真正实现权利和义务的一致性。权利是本,义务是其派生,权利是目的,义务是手段。权利和义务并不是二元的,而是一元相生的。

---

① 金亮贤,《改革开放以来法律文化变迁述评》,政治与法律,2002年第5期,第23页~24页。

(3) 从强化政策文化到强化法治文化。中国法律文化在演进的过程中始终和政治密切联系在一起,法律服从于政治、依赖于政策。不论是古代还是现当代,不论是建国初确立的法治建设原则还是 20 世纪 50 年代提出的要人治不要法治以及文革中政治文化的专制独裁都使法律文化横遭摧残。20 世纪 70 年代末,中国政治、经济体制的改革尤其是改革开放政策孕育的社会巨变再次实证了中国政策文化的强大力量。不可否认的是,改革开放政策在推进中国经济、政治体制改革的同时,客观上也推进了中国现代法律文化的形成和发展,进而引发了政策与法律关系的讨论。随着讨论的进一步深入,越来越多的学者认为,执行政策和执行法律在本质上应该是一致的,执行政策必须有利于实施法律,有利于树立法制观念;政策对法律有一定的指导作用,但政策必须受法律的制约,而不能违反法律。在国家和社会生活中,特别是在建立市场经济和民主政治的条件下,"必须从过去主要依靠政策过渡到主要依法办事",这是市场经济发展的客观要求和必然规律。必须明确发展市场经济、建设民主政治,都离不开法制的保障、制约和导向。依法办事,树立法律至上的权威性,应是法制国家的主要之点。①

(4) 从公法文化一枝独秀到公法与私法文化共同繁荣。诸法合体、一并于刑是中国传统法律的基本特征。《说文解字》解释:"法,刑也。"历代法典统称刑律,违法统称犯罪,司法部门统称刑部。由于刑法条文多是义务性、禁止性、强行性的规范,实质上是国家公权的体现。所以,公权思想,公法优位主义就成了我国传统法律文化的一大特色。在欧洲,主要是以私法作为法的基底和根干;在中国,虽然拥有从古代就相当发达的文明的漫长历史,却始终没有从自己的传统中生长出私法的体系来。新中国成立后,由于长期以来受"左"的教条主义观点的影响,我国法学界普遍否认社会主义国家存在公法与私法的划分问题,并认为划分公法和私法,是资本主义社会法制和法学的特有现象。20 世纪 90 年代以来,越来越多的学者逐步认识到,对于公私法的划分问题,需要用新的理论重新研究,重新认识。由于社会主义现阶段的经济成分是多元的,以公有制为主体的多种经济形式并存为我国宪法和法律所确认。而否认公法、私法划分的根据之一,是生产资料的私人占有的消灭和纯粹公有制的建立,既然清一色的纯粹公有制经济在社会主义社会中,特别是在其初级阶段上不可能存在,那么否认公法、私法的划分的所谓经济基础,也只能是一种奢谈或主观想象。因此,必须按照市场经济模式要求,划分公法与私法,建设现代化的公法文化和私法文化,并应将这种划分上升到法治国家建设的高度加以认识和重视。一些学者认为:"公私法的区别,是现代法秩序的基础,是建

---

① 雷五兰,《中国法律文化变迁及特点》,政法学刊,2006 年第 4 期,第 74 页~75 页。

立法治国家的前提。""建立社会主义市场经济法律制度,要求以承认公法与私法的区别并正确划分公法与私法为前提。"①

中国传统的法律文化是一种发源于过去,存在于现在并在一定程度上影响未来的法律文化。其最大的特征就是伦理被法律化、法律被伦理化。这种法律精神在漫长的历史演进中既有新的因素的不断充实,又保持着观念上的连续性。法律文化特有的惯性力量和内聚力塑造了中国传统法律发展脉络和规律。我国现今法律文化的内容及模式与传统法律文化之间存有不可割舍的关联。昨天的现实是今天的历史,今天现实的成就,割不断昨天的渊源,现实的法律文化只能建构于传统法律文化的基石之上,这是法律文化承继性的内在规律。在现代,尽管传统法律文化的生长基础与环境已经发生了极大变化,事实上也确存有大量传统法律文化与现代精神相背离的事实状况,但不可否认,传统的法律文化对当今我国的法治仍然有相当重要的影响。

在开放的大潮下,在全球化进程中面对翩然而至的西方法律文化的冲击,延续几千年的传统法律体制及观念,必将在法律文明的冲突中受到震撼。西方现代法律文化建构于商品经济的大厦之上,以构造民主政治为价值核心,以谋求公正、平等、权利、程序等为价值取向。西方现代法律文化的特征无疑契合我国市场经济对法律文化的内在要求,因此,学习和借鉴西方法律文化毋庸置疑。

法律文化的变迁过程是一个法律文化现代化的渐进过程,而法律文化的现代化是构筑法治社会大厦的前提和根基。要实现社会主义"法治国家"的民主政治目标,必须充分认识到法律文化建设的重要性,努力实现我国法律文化的现代化。要实现这一目标,对古今中外的法律文化进行整合则是历史的必然,也应是我们理性地谋求中国法律文化发展的战略选择。任何褒扬西法文化、贬抑中法文化的理念都是不足取的。正确的理念应是:既从传统法律文化中汲取养分,又从西法文化中提取合理成分,从而打造"融通古今、会通中西"的中国特色的法律文化。

思考题

1. 简述獬豸与正义女神的法律文化含义。
2. 如何理解中国法律文化的义务本位和西方法律文化的权利本位?
3. 简述改革开放以来的中国法律文化现代化的主要历程。

---

① 葛修路,《论我国法律文化的变迁特征及现代化的实现》,山东济宁师专学报,2006年第1期,第58页。

参考文献

[1] 张中秋. 中西法律文化比较研究. 北京:法律出版社,2009.
[2] 崔永东. 中西法律文化比较. 北京:北京大学出版社,2004.
[3] 孔庆平. 改造与适应:中西二元景观中法律的理论之思. 上海:三联书店,2009.
[4] 信春鹰. 全球化与多元法律文化. 北京:社科文献出版社,2007.

第八讲 "抒情"与"叙事"——中西文学比较

主要内容

一、文学源头：咏诗与史诗
二、文学起源：物感与模仿
三、文学特征：抒情与叙事
四、文学审美：空灵与追寻

开篇案例

古希腊有两个名叫宙克西斯和巴拉修斯的画家，两人均画艺超群，互相不服，于是当众竞技。当宙克西斯揭开蒙在画面上的布帘时，全场为之雀跃。宙克西斯画的是葡萄，实在太像了，太逼真了，连空中的飞鸟也上当受骗，扑向画面，争相啄食。这时，宙克西斯便得意洋洋地对巴拉修斯说："先生，请揭开你的布帘来，让我们看看你都画了些什么？"然而巴拉修斯却向他谦恭地一鞠躬，说："对不起，我的画正是这块布。"比赛的结果不言而喻，巴拉修斯成了胜利者，因为宙克西斯的画只骗过了飞鸟，巴拉修斯的画却骗过了画家。

这则小故事是讲到西方美学的"模仿说"时常会举的例子。判断艺术水准的高低所依据的就是对外在世界模仿的相似程度。虽然这个例子讲到的是绘画，但是"模仿说"以及由此发展而成的"再现说"长期深刻地影响着包括文学在内的西方文艺作品。它与重在表现和写意的中国古典文艺作品大异其趣。

一、文学源头:咏诗与史诗

(一) 中国文学源头——《诗经》

关关雎鸠,在河之洲。窈窕淑女,君子好逑。
参差荇菜,左右流之。窈窕淑女,寤寐求之。
求之不得,寤寐思服。悠哉悠哉,辗转反侧。
参差荇菜,左右采之。窈窕淑女,琴瑟友之。
参差荇菜,左右芼之。窈窕淑女,钟鼓乐之。

上面这首诗是大家耳熟能详的《关雎》,它是我国历史上第一部诗歌总集《诗经》的开卷诗篇。我们都能读出这是一首情诗,它通过比兴的手法,通过重章复沓的形式抒发了青年男子对窈窕淑女的恋慕、思念之情。《诗经》中为我们所熟悉的、出口能诵的都是这种抒情诗篇——

蒹葭苍苍,白露为霜,所谓伊人,在水一方。
溯洄从之,道阻且长,溯游从之,宛在水中央。
蒹葭萋萋,白露未晞。所谓伊人,在水之湄。
溯洄从之,道阻且跻。溯游从之,宛在水中坻。
蒹葭采采,白露未已。所谓伊人,在水之涘。
溯洄从之,道阻且右。溯游从之,宛在水中沚。
(《秦风·蒹葭》)

彼黍离离,彼稷之苗。行迈靡靡,中心摇摇。
知我者谓我心忧,不知我者谓我何求。悠悠苍天,此何人哉!
彼黍离离,彼稷之穗。行迈靡靡,中心如醉。
知我者谓我心忧,不知我者谓我何求。悠悠苍天,此何人哉!
彼黍离离,彼稷之实。行迈靡靡,中心如噎。
知我者谓我心忧,不知我者谓我何求。悠悠苍天,此何人哉!
(《王风·黍离》)

……昔我往矣,杨柳依依。今我来思,雨雪霏霏。
行道迟迟,载渴载饥。我心伤悲,莫知我哀。
(《小雅·采薇》)

虽然这些诗篇中所咏叹、感喟、哀伤的具体事件或内容已很难知晓,但它们传达出来的那种或喜悦、或沉痛的真挚情感,塑造出来的生动、真实的艺术形象,那种一唱三叹、反复回环的语言形式和委婉而悠长的深厚意味,至今仍感动着我们。它们一开始就以这种虽短小却深沉的抒情艺术感染、激励着人们。它们从具体艺术作品上体现了中国美学的民族特色。所以,李泽厚在其名著《美的历程》中说:"《诗经·国风》中的'民间'恋歌和氏族贵族们的某些咏叹,奠定了中国诗的基础及以抒情为主的基本美学特征。"①

(二) 西方文学源头——《荷马史诗》

从人类文学史的角度来看,中西文学中最早兴起的文学体裁都是诗歌。诗歌这种呈现于世界的最早的文学艺术形式,最能体现纯粹艺术精神。在西方,与我国的《诗经》产生的年代相近的也是一部诗歌,即相传为古希腊盲诗人荷马(图1)所著的《荷马史诗》。大家可能都看过一部叫做《特洛伊》的电影,它的故事就是源自这部《荷马史诗》。《荷马史诗》是由两部长篇史诗《伊利亚特》和《奥德赛》(也有的译作《伊利昂纪》和《奥德修纪》)组成的。它与《诗经》由抒情的短章编纂而成不同,也正如"荷马史诗"这个名字所昭示的,它是有完整故事情节、规模宏大的叙事长诗,整部作品不仅内容丰富多彩,情节引人入胜,而且在艺术上也达到了很高的水平。

《伊利亚特》和《奥德赛》这两部史诗各分24卷,《伊利亚特》共有15,693行,《奥德赛》共有12,110行。它们都以空前宏伟的规模全面展现了处于过渡期的古希腊社会政治、经济、文化、军事等各方面的情况,前后共涉及了20年间发生的历史事件。《伊利亚特》叙述希腊联军围攻小亚细亚城市特洛伊(Troy)的故事,以希腊联军统帅阿伽门农和勇将阿喀琉斯的争吵为中心,集中描写了战争结束前几十天发生的事件。希腊联军围攻特洛伊十年未克,而勇将阿喀琉斯愤恨统帅阿伽门农夺其女俘,不肯出战,后因其好友战死,乃复出战。特洛伊王子赫克托尔英勇地与阿喀琉斯作战身死,特洛伊国王普利安姆哀求讨回赫克托尔的尸体,举行葬礼,《伊利亚特》描写的故事至此结束。《奥德赛》讲述了希腊英雄奥德赛在特洛伊战

图1 诗人荷马

---

① 李泽厚,《美学三书》,天津社会科学出版社,2003年,第51页。

争胜利后及返航途中的历险故事。利用木马计攻陷特洛伊城后,奥德赛不顾海神波赛冬的咒语启航回家,一路上历尽劫难,在海上又漂泊了 10 年。伊塔克的许多人都认为他 10 年不归,一定已经死去。当地许多贵族都在追求他的妻子佩涅洛佩(Penelope),佩涅洛佩百般拒绝他们,同时还在盼望他能生还。奥德赛在这 10 年间经历了许多艰难险阻:独目巨人吃掉了他的同伴,神女喀尔刻把他的同伴用巫术变成猪,又要把他留在海岛上;他又到了环绕大地的瀛海边缘,看到许多过去的鬼魂;躲过女妖塞壬的迷惑人的歌声,逃过怪物卡律布狄斯和斯库拉,最后女神卡吕普索在留了奥德赛好几年之后,同意让他回去。他到了菲埃克斯人的国土,向国王阿尔基诺斯重述了过去 9 年的海上历险,阿尔基诺斯派船送他回故乡。那些追求他妻子的求婚人还占据着他的王宫,大吃大喝。奥德赛装成乞丐,进入王宫,设法同儿子一起杀死那一伙横暴的贵族,和妻子重新团聚。

《荷马史诗》并没有平铺直叙、记流水账似地记述这二十余年历史发展的全过程,而是使用了高度集中、高度概括的创作手法,既突出了重点,又照顾了全局。《伊利亚特》以阿喀琉斯的两次愤怒为线索,把情节高度浓缩在战争最后一年的 51 天中,而具体描写的也只是 9 天间发生的事情;《奥德赛》首先描写的是奥德赛回到故乡伊塔克前 42 天的海上遭遇,然后再用倒叙的手法展现了他海上 10 年的漂流经历,同时又以帖雷马科寻父和全家团圆为线索,使全篇首尾呼应,浑然一体。这样的结构布局使全诗的情节引人入胜,极富于戏剧性。

由上可见,作为中西文学的发轫之作,《诗经》和《荷马史诗》虽然在形式上都是"诗",但却有不同的风格。荷马史诗实际上是规模宏大的叙事诗,开创了西方文学擅长敷陈故事,通过情节写人状物的传统;而《诗经》显然是吟咏短制的集成,是中国寄景抒怀的"写意传统"的滥觞。两者分别为中西文学抒情与叙事两种不同风格的形成奠定了坚实的基础。值得指出的是,西方广义的"诗",实际上是以小说和戏剧为主,即重视叙事和情节。亚里士多德的名著《诗学》也不是纯粹抒情诗的理论,所谓"诗学"主要是以史诗和悲剧为对象的叙事研究。正是在此基础上,柏拉图和亚里士多德开创了以"模仿说"为基础的客观唯心主义和现实主义的叙事学理论。在这种理论的影响、指导下,几千年来,西方诗歌大多以叙事诗为主。

二、文学起源:物感与模仿

前述是关于中西文学的源头,但又是什么引发了中西方文学家分别写出了《诗经》与《荷马史诗》两种不同类型的文学作品呢?这实质是关于文学的起源论问题。中西方对文学的起源是什么,有不同的观点。由于中国的"天人合一"、"心物一体"的宇宙观,中国古人认为文学起源于心物感应;而由于西方的"天人二分"、"物我二分"的宇宙观,让西方古人认为文学起源于对外物的模仿。

(一) 中国的文学起源论——心物感应

自从人类诞生以来,自然世界事实上就分成了两极,一面是"天",即包容宇宙万物的客观自然;另一面则是具有主体思维的"人"。天与人在观念中结成怎样的关系,往往决定了一种文化的基本倾向,也深深影响着文学的样式和审美特征。

在中国,"天人合一"一直是古典时代人们追求的一种理想境界。我们的祖先非常注重天与人之间相互渗透、融合和协调。对天,只是自然地顺从,既不顶礼膜拜,也不想征服改造;既不甘做奴隶,也不想当主人。封闭的地理环境、自然温饱的小农经济、相对平淡的陆地生活,使中国古人从来没有把自然的"天"当做值得重视、有自己特点的对手。既然没有了对立面,也就没有明确的主客体的二元意识。因此,古人一方面是对人事之外的自然物的忽略,如春秋时郑国子产说"天道远,人道迩"(《左传·昭公十八年》),孔子说"未能事人,焉能事鬼"(《论语·先进》),"敬鬼神而远之"(《论语·雍也》);另一方面,则将人事与天事统一起来,人事即天事,这就是西汉董仲舒(前179年—前104年)概括的"天人合一"。这种"天人合一"观念作为一种基本的文化意识和心理倾向,使中国历代文学家没有多大兴趣向外探求,去把自然、历史等再现一遍,而是把注意力放在自己内在的生命意识的表达上,在文艺中强调感发意志、吟咏性情的重要作用。

宋代朱熹说:"或问余曰:'诗何为而作也?'余应之曰:'人生而静,天之性也;感于物而动,性之欲也。'夫既有欲矣,则不能无诗,既有思矣,则不能无言;既有言矣,则言之所不能尽而发于咨嗟咏叹之余者,必有自然之音响节奏,而不能已焉。此诗之所以作也。"(《诗集传·序》)[①]正如汉代的《毛诗序》所言:"诗者,志之所之也,在心为志,发言为诗。情动于中而形于言,言之不足故嗟叹之,嗟叹之不足故永歌之,永歌之不足,不知手之舞之,足之蹈之也。"此外,"永"即为"咏"。在这种"诗言情、歌咏志"的观念下,诗是心物感应出来的,以模仿为其特征的叙事文学很不发达就成为一种必然。

因此,这就不难理解,中国虽是诗歌的国度,然而历史悠久、人数众多的汉民族,却长期没有西方那样宏大的史诗。如果在中国的《诗经》中还有点"史诗"的意思的话,可以看如下一段文字:"笃公刘,匪居匪康。乃场乃疆,乃积乃仓。乃裹糇粮,于橐于囊,思辑用光。弓矢斯张,干戈戚扬,爰方启行。笃公刘,于胥斯原。既庶既繁,既顺乃宣,而无永叹。陟则在巘,复降在原。何以舟之,维玉及瑶,鞞琫容刀……"这里引述的是《诗经·大雅》中的《公刘》的前两节,全诗共六节,虽有点史

[①] 转引自曹顺庆,《中西比较诗学》,人民大学出版社,2010年,第79页。

诗的味道,但这首歌颂周族远祖公刘率领部落迁徙的诗歌,总共才不过230多字,事情的前因后果不清楚,也没什么具体的事件。而古希腊的《荷马史诗》,把一场持续十年的大战,以及在战争后,英雄奥德赛的海上历险,都叙述得绘声绘色,真切细致。《公刘》很难与之相提并论。再如,中国汉民族的神话,特别是上古神话流传下来的很少,只在《吕氏春秋》《山海经》《淮南子》等书中有些零星的记载,而且内容多集中于灾难救世方面,缺乏故事的因素,叙事线索也不明确,著名的如《大禹治水》《后羿射日》《精卫填海》《女娲补天》等,莫不如此。所以著名的神话学家袁珂曾说:"(在中国上古典籍中)没有可以称做神话的专门体裁,也没有一部可以从中发现记叙连贯和完整的神话文学作品。"[1]较之前面所提及的希腊的"体系神话"而言,中国的神话分散杂乱、没有完整的谱系。中国的神话尽管神多,但是关于神祇的记载非常简单,都是有关事件的概述。作为故事主角的神,没有明显的个性,没有复杂的心理活动。比如,射掉九个太阳的后羿,追逐太阳的夸父,似乎都只是一个符号,关于他们的描写简单而模糊。我们对他们个人的一切一无所知,记住的只是他们的丰功伟绩和惊天壮举。中国原生态的神话并不算少,但很难看到刻画入微、曲折生动的故事。

  在我国,专门的叙事文学体裁——如戏剧和小说,是从元、明时代开始繁荣的,此前的将近一千五百年间,抒情诗占据着文学的至高地位。从最早的诗歌总集《诗经》开始,诗人们注重反映的是真切细致的生活感受和心路历程。例如,前面例引的那首著名的《采薇》中如此深情地唱道:"昔我往矣,杨柳依依;今我来思,雨雪菲菲。行道迟迟,载渴载饥,我心伤悲,莫知我哀。"紧接着《诗经》出现的《楚辞》是又一座文学高峰,它同样充满了强烈的抒情性。屈原以一颗赤子之心,深情地眷恋着多难的祖国。他在《离骚》中倾诉衷情:"岂余身之惮殃兮,恐皇舆之败绩!"难道我担心自己会遭受灾祸。不,我担心的是楚国的车轮将要覆倾!楚国不能容他,他却离不开楚国。以屈原之才干,当时不难另谋出路。屈原把怀才不遇的苦闷,对世界的怀疑、对前途的绝望赤裸裸地呈现在了《离骚》里面。"謇吾法夫前修兮,非世俗之所服。虽不周於今之人兮,愿依彭咸之遗则。长太息以掩涕兮,哀民生之多艰。"就是如此虔诚地效法古代的圣贤,绝非一般世俗之徒的穿戴。我不能和今人志同道合,但却心甘情愿沐浴彭咸遗留下的准则,我揩拭着辛酸的眼泪,声声长叹,哀叹人生的航道充满了艰辛。中国文学沿着这条抒情的路子走下去,于是便有了怡然自得的陶渊明、对酒当歌的李太白、沉郁顿挫的杜子美、婉约凄美的李清照、豪放洒脱的苏东坡、多情早逝的纳兰性德,等等。

---

[1] 袁珂,《中国神话史》,重庆出版社,2007年,第2页。

（二）西方的文学起源论——模仿外物

在西方文化中，主体与客体区分得很明确，天人之间的关系是二元对立的。人在"天"，即自然面前，或感觉威严恐惧，或欲求对抗征服。因此，"天"（自然）对于"人"而言，是对手、是敌人、是远离自己的身外之物。之所以具有这样的认识，至少有这样一个因素：早在公元前3000年—公元前2000年左右的欧洲文明萌发期，即所谓"爱琴文明"时代，航海和商业就是当时人们最主要的经济活动。在考古发掘的器皿和壁画中，到处可见海草、珊瑚、海豚、章鱼等形象，足见他们对海洋生活的熟悉。比起陆地，海洋更能显示自然作为人类对手的气质。对于变化无常的海洋，"靠天吃饭"是行不通的，必须求真知，否则将会被海洋吞噬；面对狂暴凶悍的海洋，也不可能"乐天知命"，必须具备冒险的勇气和探索精神，才能争取到基本的生存权利。同时，商业活动的发达，使人们处于开放和竞争的状态，也更加重视生活的物质内容。而这就是形成西方文化中"天人对立"关系的重要因素。

在这样的观念下，为了生存，主体就必须尊重客体、了解客体，以求掌握和重现客体的情状。古希腊德谟克利特有句名言："从蜘蛛我们学会了织布和缝补，从燕子我们学会了造房子，从天鹅和黄莺等歌唱的鸟我们学会了唱歌。"受这样的文化氛围影响，我们就可以理解，亚里士多德的"模仿说"为什么长期成为西方的主流文学观念。如果文学艺术能惟妙惟肖地模仿自然，模仿自然中人的活动和历史，模仿得越逼真、越准确、越接近被模仿的对象，就越被认为具有美感。这种"模仿说"在文学样式上的表现，就是叙事文学的发达。具体而言，可举史诗和神话为例。世界上的一些主要民族都有自己气魄宏大的史诗，如英国的《贝奥武夫》、印度的《摩诃婆罗多》和《罗摩衍那》、芬兰的《卡勒瓦拉》、法国的《罗兰之歌》、德国的《尼伯龙根之歌》、西班牙的《熙德》、俄国的《伊戈尔远征记》，至于上文中所提及的、被誉为西方文学"圣经"的《荷马史诗》，更是闻名遐迩。史诗的意义不在于"诗"，而在于"史"，实际上就是对民族发祥、迁徙、所经历的战斗流血以及英雄业绩的模仿和再现。在古希腊人亚里士多德关于文学样式的三种分类中，史诗是第一位的，然后才是抒情诗和戏剧。

三、文学特征：抒情与叙事

由于中国的文学起源——心物感应论，文学必然具有抒情的特征。而因为西方文学起源——模仿外物论，文学必然具有叙事的特征。抒情与叙事这两种中西文学传统的差异性，也呈现在中西戏剧的对照中。

（一）中国文学的抒情性

在中国,也存在着叙事诗。的确,两千多年的中国诗歌史,叙事诗并非绝无仅有,如《孔雀东南飞》(《古诗为焦仲卿妻所作》)、《木兰词》、《长恨歌》、《圆圆曲》等,这些叙事诗与西方的叙事诗——比如宾塞(Edmund Spenser)的《仙后》、弥尔顿(John Milton)的《失乐园》、《复乐园》和《力士参孙》一类的长篇叙事诗相比,在篇幅上也相去甚远,而且中国古代的叙事诗较之汗牛充栋的言志抒情诗则毕竟有限。长于抒情的诗歌、散文始终占据着中国文学的主导地位。

朱光潜说过,就是被沈德潜称为中国"古今第一长诗"的《孔雀东南飞》,却只有350多句,1700多字,"充其量不过是一种短篇叙事歌(ballad),而无法算长篇叙事诗(epic)",因为它和西方长篇叙事诗动辄数万或数十万字相比,差距实在太大。而且,就是在这些叙事诗中,抒情的成分也往往是其中的点睛之笔。譬如前面提到的汉乐府中那首著名的《孔雀东南飞》说:"举手长劳劳,二情同依依","奄奄日欲暝,愁思出门啼","生人作死别,恨恨那可论?"一对殷殷爱侣终于生离死别,读之催人泪下。再如白居易的传世名篇《长恨歌》(图2),以安史之乱这样重大的历史事件为背景,但全诗只有三个人物,即"汉皇"李隆基、杨贵妃和临邛道士。"渔阳鼙鼓动地来,惊破《霓裳羽衣曲》。九重城阙烟尘生,千乘万骑西南行。翠华摇摇行复止,西出都门百余里。六军不发无奈何,宛转蛾眉马前死。花钿委地无人收,翠翘金雀玉搔头。君王掩面救不得,回看血泪相和流。黄埃散漫风萧索,云栈萦纡登剑阁。峨嵋山下少人行,旌旗无光日色薄。蜀江水碧蜀山青,圣主朝朝暮暮情。"杨贵妃陨命于马嵬坡,应该是最具戏剧性的事件,然而具体过程在这首长诗中几乎没有反映,这段诗句更多的是寓情于景。而唐明皇与杨贵妃之间"在天愿为比翼鸟,在地愿为连理枝"的情爱关系被大加渲染,成为这首长诗中最为绚丽多彩的部分。由此可见,在这样的叙事诗中,叙事往往也是作为抒情的陪衬出现的。这与西方的长于叙事与人物刻画的史诗是大异其趣的。

图2 《长恨歌》诗意图(戴敦邦绘)

中国的小说体裁中,其所追求的"意境化"(与西方叙事文学追求的"典型化"

相对),也是抒情传统的延伸。意境化,是中国文学追求的重在"表现"(相对于西方的"再现")的美学思想的结晶。意境美,原本是中国古典诗歌特有的审美范畴。如唐代大诗人柳宗元有名的五言绝句《江雪》:"千山鸟飞绝,万径人踪灭。孤舟蓑笠翁,独钓寒江雪。"诗中写了群山、小径、孤舟、寒江、白雪,点缀着一个头戴斗笠、身披蓑衣、手持钓竿的老翁。初"看"是一幅山水画,细品则可见蕴涵在短短20字内的诗情。诗人寄情于景,借江雪来抒发自己失意的抑郁感受,借渔翁来寄托自己的孤傲清高的情怀。中国的古典美学思想从一开始就注重物感说,重在抒情和表现,认为文艺的本质在于创造形象以写意抒情。中国文论从先秦开始,以"言志说"为发端,奠定了其基本走向。它始终沿着"表现"、"写意"这一基本方向向前发展衍化。从言志说、神韵说、童心说、性灵说一直延续到明清。我们知道,明清小说中常常会插入些诗词,这在小说中起到了抒怀咏叹的作用,同时,意境化的特点在明清小说中也很鲜明。如罗贯中的《三国演义》开篇便是一首词:

滚滚长江东逝水,
浪花淘尽英雄。
是非成败转头空。
青山依旧在,
几度夕阳红。

白发渔樵江渚上,
惯看秋月春风。
一壶浊酒喜相逢。
古今多少事,
都付笑谈中。

这首词开篇从大处落笔,切入历史的洪流,四句、五句在景语中富含哲理、意境深邃。下片则具体刻画了老翁形象,在其生活环境、生活情趣中寄托自己的人生理想,从而表现出一种大彻大悟的历史观和人生观。再如经典名著《红楼梦》,也有强烈的"表现"、"写意"倾向,颇有诗的境界。脂砚斋评《红楼梦》,多次说到意境。《红楼梦》就是沿着重意境而创作的。从一方面说,这是因为大观园里那些主人公经常作诗,如林黛玉的《葬花吟》,贾宝玉的《芙蓉女儿诔》等,分明是用"洒泪滴血,一字一咽,一句一啼"写成的。这样一些诗、词、曲,构成了小说中艺术意境的组成部分。另一方面,《红楼梦》的艺术意境,主要是因为它处处洋溢着诗情画意,抒情诗的味道极浓。作品第二十五回写贾宝玉一早起来没有看见小红,便走出房门,东瞧西望,一抬头,只见西南角上游廊底下栏杆上似有一个人倚在那里,"却恨面前有一株海棠花遮着,看不真切"。这一"隔花人远天涯近"的意境,是同贾宝玉的性格和心境交融在一起的。

在中国,戏曲发展较晚,它并不以讲述一个有头有尾的故事为主,却以不同人物的大段抒情曲文的演唱来吸引观众。那些流传后世、脍炙人口的中国传统戏曲不是整本大戏,而是无头无尾的折子戏。《牡丹亭》、《西厢记》等作品甚至把"情"直接作为创作的根本。《牡丹亭》篇首"作者题词"叹道:"如丽娘者,乃可谓之有情人耳。情不知所起,一往而深。生者可以死,死可以生。生而不可与死,死而不可复生者,皆非情之至也……嗟夫!人世之事,非人世所可尽。自非通人,恒以理相格耳!第云理之所必无,安知情之所必有邪!"又一部《红楼梦》,几把辛酸泪,"悲凉之雾,遍被华林","若说无情缘,今生偏又遇着他。若说有情缘,如何心事终虚化?"可谓情之深至而心为之碎。总之,中国文学传统里所盛行的是将抒情的美学价值作为最高的文学价值,中国古典戏曲戏剧中"七情俱备"。这不但是人生的本来面目,也是剧作者提供给观众以引起情感共鸣的手段。因此,中国古典戏曲接近抒情文体。它主要通过写情来直接展现人物内心世界,展现社会中的人际关系以及人物内心对外部世界的观照。抒情化了的中国古典戏曲,主要的文学功力不是用来写那推动事件进展的动作及其过程,而是写人物在特定境遇中的心情。愈是主要人物,就愈要全部展现自己内心。观众正是在人物的自我展示中来检验作者是否准确地表现人物的特定境遇的。以李渔为代表的中国戏剧理论家,往往从编剧论的角度来探讨戏剧情节的构思,中国戏剧重曲轻戏,成体系的戏剧情节理论比西方晚出现近两千年。

(二) 西方文学的叙事性

上古神话是叙事文学的源头。西方文学中的神话,以公元前8世纪左右形成体系的希腊神话为代表,内容极为丰富。希腊神话围绕着一个中心——奥林匹斯诸神层层展开。希腊神话的大半内容讲述的都是新老两批神祇的故事。宇宙最先生出卡俄斯(混沌)和盖娅(大地),盖娅生出乌拉诺斯(天空),乌拉诺斯与盖娅结合生出克洛诺斯等六男六女以及三个独眼巨怪和三个百手巨怪,这是老辈的神。克洛诺斯称王后与瑞亚也生六男六女,最小的是宙斯。宙斯推翻父亲成为世界的主宰;他与哥哥姐姐得墨忒耳、赫拉、哈得斯、波塞冬,和子女雅典娜、阿波罗、阿耳忒弥斯、阿瑞斯、阿佛洛狄忒、赫淮斯托斯、赫耳墨斯构成新神的核心,统称"奥林匹斯十二主神"。以"卡俄斯——乌拉诺斯——克洛诺斯——宙斯"的神界家族为主线,神话将众多神、人、英雄的故事编为一体,即晚出的英雄传说,诸如关于赫拉克勒斯的传说、忒修斯的传说和特洛伊战争的传说,也与这条主线有直接或间接的关系。这构成世界上现存最完整、最庞大的神话系统。因此,希腊的神话是"体系神话",而且希腊神话一般都有一个比较完整、有起有落的的故事框架。形象丰满,故事完整,细节丰富,描写生动,诸如神或英雄是神话文学的中心,突出了他们的个性和经历,而故事作为背景是围绕着诸神和英雄人物设计并展开的。可以说,古希腊神话是西方人用叙事的方法描述想象中与人相对立神的世界的结果。

欧洲传统戏剧视情节为第一位的,重心是动作。亚里士多德认为:"悲剧是对一个严肃、完整、有一定长度的行动的模仿。"[①]悲剧的动作早就规定了是令人恐怖震惊的事件——往往是英雄受难。英雄或由幸福变成不幸,或由不幸转成幸福,总之转变是戏剧的重要元素。在亚里士多德看来,不是为了表现"性格"而行动,而是在行动的时候附带表现"性格"。西方理论家如亚里士多德,多把情节作为戏剧的构成要素来加以剖析。西方从文学、哲学、心理学等多角度,对情节展开全面的研究,具有形而上的意味。

西方文学在审美表达上注重写实,即典型化的手法。西方传统文学不论是诗歌,还是小说、戏剧,都注重直白地叙述,而情感的表达则注重直抒胸臆。西方文学善于构筑曲折复杂的情节,并注重结构的奇妙与完整,同时,善于捕捉和挖掘人物心灵,注重心理刻画和描写。西方的思维传统习惯于把现象分解成若干要素,原则上不要求对整体作全面的涵盖,总是把握住一个方面或一个层次,分头进行单独的迅猛掘进。从文学的认识原理和意义功能上看,西方文化传统中的科学和法制,是以宇宙的自我法则和客观规律为基础的。在西方文学中,写实就是关注人与自然的关系,人与客观规律、宇宙法则、原理的关系,努力达到将生活表象上升到思辨哲理的层次高度,而不仅仅是从局部的道德或功利标准来评事论人。这种文学努力的重要表现就是西方文学从《荷马史诗》以来,就开始"真实地"描写具有多种性格的形象。

四、文学审美:"空灵"与"追寻"

相对而言,中国文化选择的是生命之树,西方文化选择的是知识之树。中国文化是以生命为本的文化,而西方文化是以知识(智慧、真理)为本的文化。这种文化差异表现在文学审美意识上,就有了中国的"空灵意识"和西方的"追寻意识"。究其根源,这种意识的差异性取决于地理文化学。

(一)中国文学审美价值——追求空灵

中国幅员辽阔,腹地纵深,地形地貌复杂多样,陆上边界远远超过海岸线的长

---

① 亚里斯多德著,罗念生译:《诗学》,北京:人民文学出版社,1984年,第19页。

度,产生了自给自足的农耕文明。依赖自然、听天由命、集体协作的生存需要,使中国人形成了"天人合一"的自然哲学观和中庸和谐的社会道德观。这样的文化渊源形成了中华民族温柔平和、求稳求静、保守的大陆性内倾型文化心理特征。这种特征表现在文学,尤其是诗歌中,往往是"物我相隔",诗人在观景的基础上常引发出强烈的理智意识。

"空灵"本来指文学艺术创作的一种美感形态,是作品中显示出来的弹性和灵气,它是在蕴义内涵、形象意境、氛围文笔、艺术风格等方面显示出来的一种美感形态。在此则指中国文学和审美意识重艺术精神、重情感意趣的特性,以及一种形而上的"出世"思想。"空灵"在此实际上是一种借喻。陶渊明能够陶醉于"采菊东篱下,悠然见南山"的氛围中,这决不是个人心性爱好问题,而是对悲愤意识和失落情怀的消解。孟子提出"达则兼济天下,穷则独善其身",然而在具体的现实中,并不是人人都能仕运亨通,求仕的、宦游的、被君弃的……甚至越有才能、越有抱负,困境越大。困境即为"穷","穷则独善其身"。也就是说儒家理想上同样指出了"达"与"穷"两种情形下的人生境界。"穷"时则更应保持高尚情操。至于"穷"时的悲剧意识,人们往往自觉地引入一些能使自己心境平静下来的因素,或者通过一种价值的转移,或是寻找一种心理的补偿物,或寻找一种安慰物。据此,(士人们所创作的)中国文学的审美情趣呈现出一系列空灵性特点。比如,中国文学常以仙和仙界折射人伦社会,表现出一种超越悲剧、超越现实的浪漫情怀。《庄子》的真人至人淡泊逍遥,《楚辞》的诸神富丽堂皇,《儒林外史》的狐仙通灵,等等。"自然"在中国文学中也常作为消解悲剧情怀和移情寄情的重要因素。儒家提倡自然物的比德功能,松、竹、梅、菊等在中国文化中历来是高洁的象征;道家和佛家则将山水、禅意、艺术、审美融为一体,在中国文化中充分地显示了山水的消解功能,王维即是典型例证。比如,他的"雨中山果落,灯下草虫鸣"、"明月松间照,清泉石上流"、"行到水穷处,坐看云起时",这些诗句都显示出山水自然与生命情思的呼应契合。

另外,酒以其醉意给士人们带来了摆脱平常束缚的解放感,梦以其对现实的补偿作用等,成为中国文学审美趣味之"空灵感"的重要因素。在中国文化中,酒是人生快乐的一个非常重要的因素,"对酒当歌,人生几何",酒的解放感一方面使人忘掉处境和道德束缚,另一方面使人在精神上真正舒展。陶渊明酒中的真味使他体悟到文化的盈虚之道,以决心在伪乱之世独善其身,显示出一种高风亮节、乐天知命的人格力量。求仙不成的李白"梦中往往游仙山";《桃花扇》用人生如梦以缓解巨大的文化性的悲剧意识。中国文学审美之"空灵"意识,更表现在对前面所提及的意境的追求。意境表现为言有尽而意无穷,追求思与境谐,以"一著一字,尽得风流"为上。如贺铸《青玉案》中的名句"试问闲愁都几许?一川烟草,满城风絮,梅子黄时雨"。词中化抽象为具象,用这三个可感的意象组成一个整体,艺术地回答了"试问闲愁都几许"。它不是三个意象的简单相加,而是形成了一个言有尽而意无穷的艺术境界。

(二) 西方文学审美价值——追求"追寻"

西方文明的发源地是古希腊。希腊半岛和爱琴海地区多山地,土地贫瘠,却有众多的天然良港。这种地理环境极大地限制了农业的发展,也使希腊人很早就从事海上贸易,使得希腊文明呈现出强烈的海洋性,发展了西方社会经济的商业文明,形成了崇尚奋斗、张扬个性的海洋性外倾型民族文化心理特征。

"追寻意识"是西方文学和审美意识中崇尚自由、追寻、发展精神的集中体现。我们知道,古希腊的科学型、自由型文化精神,经过文艺复兴、启蒙运动的传承,那种赞美生活、歌颂人生、讴歌人类的勇敢、聪明和智慧,站在宇宙的高度审视人与自我的搏斗,从而礼赞人性悲壮的崇高,体现以人为本、执着现实、积极进取、勇于追求的乐观精神和人本精神,成为西方文化的根本内涵之一。作为西方文化另一渊源的基督教,其文化的重精神重道德以及仁爱原则、救赎意识,又对近代新型资产阶级形成巨大影响力。基督教伦理的最高原则是"爱",它倡导天国式的隐士情怀和道德迷情,在圣化了的《圣经》故事里,为西方文学提供了一系列原型。中世纪传说中的"圣杯"以及诸多骑士寻找圣杯的故事,在西方文化中越来越成为一种仪式性表述,从此萌发出追随、寻找、复归等文化意义。这样,经过西方古典叙事文学的积淀,经过西班牙"流浪汉小说"的潜在导引,西方小说和叙写个体奋斗型诗歌等在情节模式、立意主题、人物塑造等方面,形成一种广义的"流浪汉文学"模式,其表现范式为"离家——入世——追寻——成功(或失败或毁灭)"。其主题意趣是个人奋斗、个体自由、独立意志;其艺术效应则由于作品在"游迹"中广泛涉猎了社会生活层面的内容,以及作者进步的人道主义文化人格的渗透,往往对社会及其意识形态进行反思、审视、批判、思考。

在审美表达和艺术模式上,西方"旅程式文学"所表现出的追寻意识以事系人,重视旅程空间的动态性和个人行动、个人奋斗,注重事件发展过程的真实性和故事性。从审美效果上看,表现出一种动态美、冲突美,为读者展示出一个广阔的视野和思维空间。同时,"旅程式文学"所表现出来的民主法制意识、自省与忏悔意识等深层文化内涵,分别灌注于追寻式、发展型艺术典型的文化人格之中,这也正是我们在阅读时所应注意的。比如,中世纪的《神曲》(图3),就表现出了伟大诗人但丁从地狱到天堂的追寻之路。这是一部比较特殊的史诗,因为诗中叙述的是诗人自己想象中的经历。全诗分《地狱》、《炼狱》和《天堂》三部,每部由三十三首"歌"组成,加上全书的序曲,总共有一百首歌之多,计1,4000多行。这部长诗采用的是中古时期所特有的梦幻文学形式，通过但丁的自叙，描述了他在 1300 年复活节前的那个星期五凌晨，在一座黑暗的森林里迷了路。黎明时分，他来到一座洒满阳光的小山脚下。他正要登山，却被三只张牙舞爪的野兽（豹、狮、狼，分别象征淫欲、强暴、贪婪），拦住了去路，情势十分危急。这时，古罗马时代的伟大诗人维吉尔出现了。他受但丁青年时期所爱恋的对象俾德丽采的嘱托前来搭救但丁，然后又作为他的向导带他游历了地狱和炼狱。地狱分成三部分：第一部分在狄斯城内，分成五层，分别收容一些异教徒的灵魂、好色之徒、犯饕餮罪者、贪婪挥霍者、生前动辄发怒的灵魂，这些人在这里受尽了各种煎熬。第二部分分成三层，收容的都是罪孽深重的灵魂。第三部分是一个分成四层的巨大深井，其底部是个

图 3 《神曲》

冰湖，凡生前有残杀亲人或各种背叛罪行的灵魂都被冻在湖里。能够进入炼狱的，都是那些生前的罪恶能够通过受罚而得到宽恕的灵魂。这里的刑罚不像地狱里的那样残酷，并且带有一种赎罪的性质，因此灵魂们比较乐于接受。炼狱山共分七级，分别洗净傲慢、嫉妒、忿怒、怠慢、贪财、贪食、贪色七种人类大罪。灵魂在洗去一种罪过的同时，也就上升了一级，如此可逐步升向山顶。山顶上是一座地上乐园。维吉尔把但丁带到这里后就离开了，之后但丁就由俾德丽采前来引导了。他们经过了构成天堂的九重天之后，终于到达了上帝的面前。这时但丁大彻大悟，他的思想已与上帝的意念融洽无间。整篇史诗至此也就戛然而止了。

可以说，从文艺复兴一直到现代文学，"追寻意识"都是西方文学中的一条主线。西班牙的塞万提斯（Miguel de Cervantes Saavedra，1547—1616）笔下的堂·吉诃德在追寻人间理想，法国弗朗索瓦·拉伯雷（Francois Rabelais，1495—1553）笔下的巨人追寻着关于人、自由的理想，而英国作家笛福（Defoe Daniel，1660—1731）笔下的鲁滨逊追寻着资产者的品格和精神。《汤姆·索亚历险记》、《老实人》、《双城记》、《红与黑》、《包法利夫人》、《高老头》，以至于 20 世纪的《老人与海》，等等，无不贯穿着强烈的追寻意识。追寻意识集中体现了西方传统文化的内涵，它往往围绕并体现着自由意识、主体自由意志的实现、参与生活和享受幸福的价值观、反思社会改变现实的叛逆精神等方面的文化精神。

附

相同的爱情不同的表现——中西爱情诗比较

在中国古典诗学中,艺术追求的目标是"言外之意,味外之旨",中国古代的爱情诗也不例外。李商隐的《夜雨寄北》:"君问归期未有期,巴山夜雨涨秋池。何当共剪西窗烛,却话巴山夜雨时。"诗人并不直接说出对远方爱侣的思念,却用"西窗"、"剪烛"、"共话"这几个意象婉约地表达了对相见的渴盼。全诗28个字,没有一个"想"、"念"、"思"、"盼",却无处不含相思之深意,所谓"不著一字,尽得风流",很好地处理了藏与露、多与少的关系。蕴无限深情于质朴无华的词语之中,给人留下无穷的回味余地。再如"东边日出西边雨,道是无晴却有晴"(刘禹锡《竹枝词》),"曾经沧海难为水,除却巫山不是云"(元稹《离思》其四),"衣带渐宽终不悔,为伊消得人憔悴"(柳永《凤栖梧》),"众里寻他千百度。蓦然回首,那人却在,灯火阑珊处"(辛弃疾《青玉案·元夕》),"天不老,情难绝。心似双丝网,中有千千结"(张先《千秋岁》),等等,这些千古流传的诗句,其最为突出的审美特征就是那种无限含蓄蕴藉的情愫。如果说"含蓄"是中国古典爱情诗的本色的话,那么"奔放"就是西方爱情诗的显著特征了。西方的爱情诗歌强调写现实社会中人的心理,比较直率地把诗人所要表达的意思表现出来,直抒胸臆,而毫无造作。西方爱情诗描写爱情比较喜欢竭力表述情感之深厚,写一种自然的、纯粹的爱情。西方的爱情诗,为表现那种汹涌磅礴的激情,总是竭尽渲染夸张之能事,情感的表达热烈奔放、原始狂野。不像中国诗人对性采取避讳的态度,西方诗人们对性是持歌颂态度的。相对于中国诗人的含蓄而言,西方诗人对"性"是大胆而热烈的。比如,莎士比亚第128首十四行诗:"我真愿变成欢跳的琴键多少次,/当你为我弹奏音乐,/用你温柔的手拨动幸福的琴,/琴键随着你纤细手指的舞蹈,/奏出了令我如醉如痴的和音……/既然那些轻狂的琴键如此幸运,/手指给它们!/而把朱唇给我吻!"诗中诗人对爱人的渴望是非常热烈和直接的,毫不掩饰内心的欲望,不但不掩饰还要大声地唱出,放射出文艺复兴时期伟大的人文主义的光辉。当然,西方爱情诗也有写得含蓄委婉的,但毕竟不是本色。总而言之,中国诗歌讲求写意,充分借助物境,感物起兴,追求风格上的含蓄蕴藉;而西方诗歌讲求写实,达意直观,激烈张扬,追求情感上的热烈奔放。品读中西方爱情诗歌,不仅能够感受到中西方不同的爱情表达方式,更能体会到中西方在爱情审美上的差异,从而也能体会到中西方在整个文化审美观上的趣味异同。

我国著名的美学家朱光潜曾经从微观上对中西诗歌的情趣差异作了精微的分

析。他的《中西诗在情趣上的比较》、《谈中西爱情诗》等文,即从人伦、自然、宗教和哲学等方面,发掘了中西诗歌在情趣上的异同之点。这里只简要评述一下朱光潜对中西爱情诗的考察。人类诗歌虽然千差万别,但从题材上看,人伦却是各国诗歌表现最多的方面。在《谈中西爱情诗》里,朱光潜很独到地指出:西方关于人伦的诗歌大半以恋爱为中心。中国诗歌表现爱情的当然也很多,但没有让爱情把其他人伦抹掉。朋友的交情和君臣礼仪在西方诗中几无位置,而在中国诗歌中则为最常见的母题。把屈原、杜甫一批大诗人的忠君、爱国、忧民的部分剥离开,他们的精华便已剥丧大半,他们便不成其为伟大。友朋交谊在中国诗中尤其重要,时答酬唱之作在许多诗集中占其大半。比如,"李白乘舟将欲行,忽闻岸上踏歌声。桃花潭水深千尺,不及汪伦送我情","故人西辞黄鹤楼,烟花三月下扬州。孤帆远影碧空尽,惟见长江天际流"。诗仙李白的这些诗句大家耳熟能详。建安七子,李白与杜甫,苏轼与黄庭坚,纳兰容若与顾贞观诸人的文谊早已传为美谈,他们的来往唱和的诗有很多杰作。在西方诗人中像歌德和席勒,华兹华斯与柯尔律治,雪莱与济慈,魏尔伦与兰波诸人虽交谊深厚,但是他们的诗集中叙朋友乐趣的诗却不常见。在《中西诗在情趣上的比较》里,朱光潜还指出:"西方爱情诗大半写于婚媾之前,所以称赞容貌诉申爱慕者最多;而中国爱情诗大半写于婚媾之后,所以最佳者往往是惜别、悼亡"①。比如,大家所熟悉的苏轼的《江城子》:"十年生死两茫茫,不思量,自难忘。千里孤坟,无处话凄凉。纵使相逢应不识,尘满面,鬓如霜。夜来幽梦忽还乡。小轩窗,正梳妆。相顾无言,惟有泪千行。料得年年肠断处,明月夜,短松冈。"再如纳兰性德的《浣溪纱》:"谁念西风独自凉,萧萧黄叶闭疏窗,沉思往事立残阳。被酒莫惊春睡重,赌书消得泼茶香,当时只道是寻常。"西方爱情诗最长于"慕",莎士比亚的十四行诗,雪莱和布朗宁诸人的短诗是"慕"的胜境;中国爱情诗最善于"怨",《卷耳》、《柏舟》、《迢迢牵牛星》,曹丕的《燕歌行》,梁玄帝的《荡妇秋思赋》以及李白的《长相思》、《怨情》、《春思》等诸作是"怨"的胜境。

为什么中西爱情诗有这样的差异?或者说,在倾诉男女恋爱情感方面,为什么中国诗远比西方诗逊色呢?在朱光潜看来,这主要有三层原因:第一,西方社会侧重个人主义,爱情在个人生命中最关痛痒,所以发展较充分,以致常常掩盖了其他人伦关系。说尽一个诗人的恋爱史,差不多就已说尽他的生命史,这在浪漫主义盛行的时代,尤其如此。中国社会侧重国家主义,文人往往大半生的光阴在仕宦羁旅,"老妻寄异县"是常事。他朝夕相处的往往不是妇女,而是同僚与文字友。更

---

① 朱光潜,《诗论》,北京出版社,2005年,第87页。

兼儒家所宣扬的"礼教",在男女之间筑了一道很严密的防线,男女恋情多半为社会所不容,这当然也是不可忽视的因素。第二,西方受中世纪骑士风气的影响,尊敬女子是社会称颂的事,女子的地位较高,教育也比较完善,在学问和情趣上往往可以与男子契合。在中国得之于朋友的乐趣,在西方一般都可以得之于妇人女子。中国受儒家思想的影响,不仅"男尊女卑"是中国人的传统观念,而且许多男子把女人看做一种牵挂或不得不有的一种累赘。女子的最大任务是传嗣,其次是当家,恩爱只是一种伦理上的义务,情投意合和志同道合是十分罕见的事。更何况中国人的人生理想侧重功名事业,"随着四婆裙"多半被社会视为耻事。第三,中西恋爱观也相差甚远。西方人重视恋爱,有"爱情至上"的口号。中国人向来重视婚姻而轻视恋爱,真正的恋爱往往见于"桑间浪上"。至于文人,仿佛只有潦倒无聊者才肯公然寄情于声色,而他们向来为社会所诟病。如果说,在西方诗人那里,恋爱本身即具有实现人生价值的正面意义;那么,在中国诗人身上,恋爱则多半含有消遣或虚度人生的贬意。正因为中西方在社会文化和人情风俗上有这些分别,所以中西方诗人表现爱情时大异其趣。

当然,任何概括都有例外。我们这里还可以补充的是:中国也有大胆表述恋爱的诗,如《诗经·国风》和"汉乐府"里一些出自民间的情诗,情感表达就相当直率和深挚。而西方的爱情诗中,最动人的篇章也有一些是惜别悼亡之作,如拜伦(George Gordon Byron,1788—1824)的《当我俩分别时》(When we two parted),是惜别的名篇;华兹华斯被人广泛传诵的六首写露西的诗,是露西去世后的产品,等等。细读这些诗,会发现它们一般都比描写幸福爱情和婚姻生活的诗,更为感人,更为深沉。这一点在中国也是一样,如李清照与赵明诚,陆游与唐婉,将他们表现爱情欢乐和惜别悼亡之作相比较,前者几乎都是平平之作,而后者则多堪称千古绝唱。之所以如此,大概正如日本文艺理论家厨川白村在其名著《苦闷的象征》里所说,文艺是内心深处苦闷的宣泄,其苦闷越深刻、越强烈,倾吐出的文艺就越感人。

中国文学与西方文学显示出了不同的文化内涵和截然异趣的风格特色,在各自成长的过程中还显现出不同的发展趋向。传统中国文学以抒情为中心,重在内心主观情感的表达。而西方文学更重视的是对客观现实的反应,引导读者认识自己的生存环境和生活中的美与丑。进入20世纪,中西文学在形式与风格上都发生了剧变,中国文人开始借鉴西方的思维方式和技艺手法,开始重视叙事艺术的创作,以反映客观现实。西方则兴起了反叛传统价值和艺术标准的现代主义运动,专注于人的主观精神的探索和自我表现。中西文学似乎擦肩而过地走向了对方的世界。

思考题

1. 简述《诗经》与《荷马史诗》在中西文学发展史上的地位。
2. 如何理解中西文学起源的"心物感应"与"模仿外物"。
3. 什么是中国文学对"空灵"的审美追求?

参考文献

[1] 李庆本,崔连瑞.中西文学比较.北京:五洲传播出版社,2008.
[2] 朱光潜.诗论.北京:北京出版社,2005.
[3] 何辉斌.冲突与意境——论中西文学的不同审美追求.文艺理论研究,2000,4.
[4] 张安国.两个文化传统　两种诗歌风格.固原师专学报,1989,4.
[5] 钱念孙.朱光潜对中西诗歌的比较.学术界,1996,5.

第九讲　写意与写实——中西艺术比较

主要内容

一、审美理想：善美与真美
二、艺术特征：写意与写实
三、艺术目标：传神与逼真
四、艺术风格：中和与激扬

开篇案例

　　北京某高校有一位女老师，一向喜爱中国古代山水画，2004年退休前，就在老年大学书画班学习了八年，学有所成，其作品频频获奖，还曾赴香港参加了世界华人美术展。

　　某日，她的一位长期从事机械工程教学的大学退休同事登门拜访，见到客厅墙上悬挂的主人自画的几幅山水画，不禁仔细欣赏起来。不一会，他若有所思地对主人说："你的画中为什么大山、树木、房屋都没有画阴影？""远山和近山为什么清晰度都差不多？""山上的亭子是不是画得太大了，好像不合比例？"他觉得国画没有严格的透视关系、比例、颜色、光影，自言自语地连说："不像，不像"。百思不得其解的他，觉得还是西方油画"科学"、"真像"、"美"。"中国画不够科学，美在哪？"

　　殊不知中国画的艺术传统就是不刻意追求形似，而是追求"传神"；西方油画的艺术传统倒是在刻意追求形似，追求"逼真"，中西艺术审美价值理想是大相径庭的。

在日常生活中,我们都会感觉到因东西方民族历史上的生存方式、生活方式、思维方式、文化性格不同,中西方的文学、诗词、戏曲、舞蹈、书法、音乐、雕塑、建筑、绘画等广义艺术形式,都各自成体系,别具风骨。中西艺术具有不同的审美理想、艺术特征、艺术目标、艺术风格、艺术技法。总体上说,中西古典艺术都是美的艺术、和谐的艺术。在艺术的创作中,都要处理主观与客观、表现与再现、抒情与写真的关系。中国古典艺术创作中较为强调主观、表现、抒情等偏于主体的方面;西方古典艺术创作较为强调客观、再现、写真等偏于客体的方面。中西古典艺术各具特色,相映成趣,互为补充。

一、审美理想:善美与真美

美,其实是一种人的心理感觉。美感是审美主体(自己)在对审美客体(对象)的观察中,通过以直觉为起点的知、情、意心理因素的综合性和谐活动,而产生的情理交融的精神性愉悦。因为审美主体与审美客体具有历史性、民族性,美感必然具有历史性、民族性。

"美"是对应事物的"真"、"善"和谐统一所产生的情感理想状态,这对于中西方民族来说是统一的。但中西民族的美感心理结构是不同的,有些事情西方人觉得很美,中国人则觉得不美,如穿着裸露的衣服;有些事情中国人认为很美,西方人会感到摸不着头脑,如松、竹、梅、兰、菊的写意水墨画。人的心理活动是认知、情感、意志的有机统一体,"真"是事物符合规律性的认知理想状态,"善"是事物符合目的性的意志理想状态,美与真、善是有机统一,不可分割的。但在不同民族的心理结构中,美、真、善的结构是不同的,中国人更多表现为美善统一,西方人更多表现出美真统一。总体上说,中国人的美是"善美",西方人的美是"真美"。

中国人的美感为什么更多与善相联系呢?因为中国人的世界观是"天人合一"、"民胞物与"、"万物与我为一",天地人浑然一体的,认识论上对自然作了主体化、伦理化的理解。农业文明、群体生存方式,需要人们与自然、社会和谐相处,人与自然、人与社会、身与心的关系没有产生根本对立。如前所述,中国文化的传统是人文传统,中国人的文化心理更多地追求人与自然同一、人与社会协调,人自身的情与理的交融,故以善为美,美善统一,审美在情。

西方人的美感为什么更多与真相联系呢?因为西方人的世界观是"天人二分"、"物我二分"的。从古希腊时期形成的工商文明,个体生存方式,把人与自然、人与社会的关系对立起来,形成了自然客体化(物理化)的科学传统,西方人的文化心理更多地追求征服自然、征服社会,崇力尚争。为了战胜对手,需要把对象客体化,力求把对手看真切了,故以真为美,美真统一,审美在形。

以下,我们具体讨论一下中国人和西方人的审美理想:

(一) 中国人的审美理想特色

——审美在情,美善统一,心物和谐

俗话说:"旁观者清",关于古代中国人的审美理想,以建筑艺术美为例,有一位叫安德鲁·博伊德的外国人说过,"中国的思想受到儒家和道家的双重影响,……房屋和城市由儒家的意念所形成:规则、对称、直线条、等级森严、条理分明、重视传统的一种人为的形制。花园和风景则由典型的道家观念所构成:不规则、非对称、曲线的起伏与曲折,表现了对自然本源一种神秘、深远和持续的感受"①

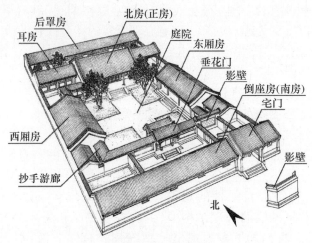

图 1 北京四合院

(马炳坚编《北京四合院建筑》,天津大学出版社)

图 1 是一座北京普通民居——四合院。整个大院坐北向南,用围墙把整个住宅围合成三个内部贯通的庭院。前院大门开在东南侧。前院进门有影壁,遮挡住外人向内院观望的视线,显示了中国民居的内向封闭性,是古代中国内向封闭性社会的缩影。前院是采光不好、冬冷夏热的倒座房,供来客和仆人居住。通过垂花门进入最大的庭院——中院,这才是主人的住处。位于中轴线上的采光最好、冬暖夏凉、台基最高、面积最大的正房(北房)是家长、长辈住的,东厢房、西厢房是晚辈的住房。后院是杂用房,面积最小。房子的空间布局是儒家封建礼制尊祖敬宗、尊卑有别、爱有差等、内外有别、伦理和谐精神的体现。

---

① 李允鉌,《华夏意匠》,香港广角镜出版社,1984 年,第 307 页。

图 2　北京紫禁城

（出自建筑文化艺术网——http://www.jzwhys.com/news/1615785.htph《北京故宫建筑》(1)）

图 2 是北京故宫紫禁城的全景。作为明清两代的皇城，紫禁城就是一部用"土木"写出来的儒家"政治伦理学"。首先映入眼帘的是紫禁城的大壮之美，巨大体量显示的尊贵、威慑力是中国皇权的象征，也是中国封建礼制的森严、秩序的标志。通过"建筑物的对称、均衡、韵律、尺度等形式美原则以及数字、色彩等具象化的象征手法演奏出的'礼乐和鸣'"①。建筑群落平面布局"尚中"，中轴线南北贯通，人们通过北京城中轴线的天安门、端门、午门、太和门，就进入皇帝上朝办公的太和殿、中和殿、保和殿；再往里走就是皇帝与后妃生活的后宫——乾清宫、交泰殿、坤宁宫了。故宫后门是神武门。中轴线上的门，只有皇帝才能行走正门，大臣和宫监只能走侧门。太和殿上皇帝的宝座运用了体现皇帝"九五至尊"的建筑模数，宝座不但位在紫禁城甚至北京城的中轴线上，也位于大殿台基（长宽 9∶5）的对角线交点之上。充分显现皇权的至尊地位。故宫建筑物左右对称，天安门后至午门前的两侧，分别为左祖庙、右社稷；午门至太和殿两侧，分别为左文华殿、右英武殿；乾清宫、坤宁宫两侧为东六宫、西六宫。由相同、相似的节奏感而形成的韵律美，给人以均衡、统一、安稳、持重、冷静、坦然的感觉。整个建筑群的屋顶都采用了皇家私用的金黄色的琉璃瓦，大柱涂上了大富大贵的朱红色，无不体现皇家的尊

---

① 刘月，《中西建筑美学比较论纲》，复旦大学出版社，2008 年，第 10 页。

贵。故宫这个物态的"政治伦理学"标本是要告诉人们,不平等是"天经地义"的,让人民做到"天人合一"、"克己复礼",永远匍匐在皇权的威严之下,自愿服从封建社会礼制等级制度的安排,自觉与封建社会保持协调和谐。

　　儒家对"美"的认识总是与礼、乐、仁、义等伦理道德精神联系在一起。《论语·学而》说:"礼之用,和为贵,先王之道,斯为美。"意思是说:礼的作用,以恰到好处为珍贵。前代圣王的规矩,这样算美。①《论语·泰伯》说:"子曰:'兴于《诗》,立于礼,成于乐。'"意思是说:"诗"能启发性情,启发心智;"礼"使人获得行为规范;"乐"使人得到人性的完成。②《礼记·乐记》说:"大乐与天地同和,大礼与天地同节。"典雅庄重的音乐是天地的和声,大礼是天地的秩序。因此要求人们"发乎情,止乎理",以理抑情,通过乐的形式实现礼教规范,以提升世人的文化品位,构建"温良恭俭让"的文明秩序。《论语·里仁》中说:"子曰,里仁为美,择不处仁,焉得知?"孔子认为,居处在仁爱的邻居中才是美。居处不选择仁,怎谈得上聪明智慧?③

　　儒家富有"比德"的文化传统,如对"比德于玉"就情有独钟。本为自然物的玉石被儒家所代表的中国古代文人人为地赋予了丰富的文化内涵。如孔子认为玉有"十一德"、管仲认为玉有"九德",荀子认为玉有"七德",许慎认为玉有五德。《礼记·聘礼》中记载,子贡问孔子:为什么君子贵玉而轻贱美石?是因为玉少而美石多的缘故吗?孔子说:并不是因为美石多了才轻贱美石,玉少了才贵重玉,是因为从前君子把德性和玉相配比,玉的温润和光泽,就是仁;玉的致密坚实和花纹有条理,就是智;玉浑角方正而不伤人,就是义;玉沉重欲坠,就是礼。敲击玉,声音清越悠长,终了则戛然而止,就是乐;玉的瑕疵遮掩不住其余美好的部分,美好的部分也遮掩不住玉上的瑕疵,就是忠;玉的色彩四溢,就是信;玉的气质如白虹,就是天;玉的精神体现在山川,就是地;玉制的圭璋用于礼仪,即不需凭借他物而单独送达主君,就是德;天下没有人不贵重玉的,就是道。《论语·雍也》中,孔子还说:"知者乐水,仁者乐山"④,即有知识的人都喜欢水的流性、机敏、变通、适应、柔情;仁义之士则喜欢山的阳刚、厚实、持重、坚定。《孟子·离娄下》说:"原泉混混,不舍昼夜,盈科而后进,放乎四海。"孟子比喻人应当像有源的泉水一样,昼夜不停地流淌,把低洼处注满又继续向前奔流直入大海,不管遇到什么坑坑洼洼、沟沟坎坎,总能越过,有志者事竟成。

---

① 李厚泽,《论语今读》,生活·读书·新联三联书店,2008年,第45页。
② 李厚泽,《论语今读》,生活·读书·新联三联书店,2008年,第248~249页。
③ 李厚泽,《论语今读》,生活·读书·新联三联书店,2008年,第117页。
④ 李厚泽,《论语今读》,生活·读书·新联三联书店,2008年,第194页。

如果说儒家是以"人为"来实现"天人合一"的人生境界和审美理想的,道家则是以"无为"来实现"天人合一"的人生境界与审美理想。

在中国传统文化中,道家文化是与儒家文化唱反调的。道家文化对儒家文化起着解构的作用。可能是人性需要"入世"与"出世"的统一,若人都按儒家的积极"入世"精神活着,则实在太累了,故需要一点"出世"的文化精神来补充。"道",本义是人走的道路,可引申为规律、原理、宇宙的本源。人应"道法自然",① 纯自然状态才是人类最理想的状态。老子:"大道废,有仁义;智慧出,有大伪;六亲不和有孝慈;国家昏乱,有忠臣。"② 老子主张"绝圣弃智,民利百倍;绝仁弃义,民复孝慈;绝巧弃利,盗贼无有"。③ 因为他们看到了儒家文化的种种弊端:掩盖在亲情默默的父子、夫妇、君臣关系中的人与人之间的不平等;掩盖在雅乐礼仪中的人的行为的不自由;掩盖在文质彬彬中的人的心灵的不真诚。道家主张顺应天道,以"无为"的超然态度来对待尘世的纷争,全生避害,挣脱肌肤之累、声色之乐、利禄之欲、死亡之惧、仁义之羁、礼乐之束缚。所以说,道家以"无为"来实现"天人合一"的人生境界与审美理想。道家审美理想是一种崇尚自然、返璞归真,如庄子的无视物我之别,"万物与我为一"、"身与物化"、"万物复情",人"与物为春"的"天和"境界④;是一种超越自然物质形式的,使人的精神从一切实用、利害和逻辑因果的束缚中超脱出来,心物浑然一体的和谐统一的体验,达到一种"虚"、"静"、"明"的自由审美境界。

例如,中国园林建筑就是以"道法自然"的"无为"哲学来反儒家礼制的。在苏州园林中,看不到纵贯或横贯全园的中轴线,园中一切亭榭楼阁、花草树木都是随山形、地貌、水流自然随意,悠然自得地分布着。园中没有相同、对称的建筑,没有相同、对称的草木,没有着意的装饰,只见一片朴素淡雅,自然本色,一步一景,变化无穷,众多差异却又和谐共处一园之中。通过景观体系的建构,运用对景、借景、聚景、隔景、分景、引景、纳景的方法,虚实结合,在有限的空间中表达出无限广大、蕴含万物的宇宙空间,收天地无尽之景于一园,把自己融化在大自然当中,体验心物之和谐。一切似是"无意",却是在追求一种自然之美——"天地之大美"——"虚实相生、动静相济、淡雅幽远、自然含蓄而又韵味无穷的意境之美"。⑤

(二) 西方人的审美理想特色

——审美在形,美真统一,形式和谐

---

① 《老子》第二十五章。
② 《老子》第十八章。
③ 《老子》第十九章。
④ 刘月,《中西建筑美学比较论纲》,复旦大学出版社,2008年,第18页。
⑤ 刘月,《中西建筑美学比较论纲》,复旦大学出版社,2008年,第19页。

与中国先民在农业社会中形成的自给自足、乐天听命、封闭保守、天人和谐、尚德向善、心物浑一、怡然自乐、审美在情,不关心外在世界、只关心自身内在的内向性心态不同,西方先民生活的商业性社会是外向性、开放性、竞争性天人对立的社会,故西方人形成的是外向型的心态。为了征服自然、征服市场、征服对手,人们最关心的是外在世界的构成、时间与空间、物质的形式、事物的比例、结构的安排等外在的东西——事物"外在之形",并在对事物"外在之形"的"真实"性关照中获得审美愉悦。

美在哪里? 中西先哲们都发现天地万物是由对立的东西互相作用而形成的,并都看到了万物矛盾对立中产生的"天地之大美"——美在阴与阳之交,一与多之和。中国人很早就形成了"阴阳"的概念,"一阴一阳之谓道"、"万物负阴而抱阳",但"天人合一"的中国人没有把万物的"阴阳"再细分下去,却走上了用"阴阳"来统合世界万象的系统论的认识道路。"天人二分"的西方人则走上了把宇宙万物无限细分的分析还原论的认识道路。如古希腊的毕达哥拉斯学派就总结出天地万物十个对立的始基:有限与无限、奇与偶、一与多、左与右、阴与阳、静与动、直与曲、明与暗、美与恶、正方与长方。他们认为:美正是这些相反的因素互相作用的结果。美在于和谐,和谐起源于差异的对立。①

毕达哥拉斯学派最早发现音调与琴弦的长度间存在着数的比例关系,进而认为数是万物的本源,事物由数才显得美,美是事物由一定数量关系构成的外在呈现的和谐状态,美感的产生是因为事物符合一定的数量比例关系而产生的和谐。数的比例构成美的和谐理论开启了西方美学和谐美的源头。毕达哥拉斯说:"音乐是对立因素的和谐统一,把杂多导至统一,把不协调导至协调。"数的比例构成事物的静态美。

赫拉克利特则从构成事物各部分的对立斗争中来探寻动态的和谐美。他认为:"美在于和谐,和谐在于对立的统一","自然也追求对立的东西,它是从对立的东西产生和谐,而不是从相同的东西产生和谐"。互相排斥的东西结合在一起,一切都是斗争所产生的,这是大自然的规律。② 由对立和斗争产生的和谐,成为西方美学的主旋律。

柏拉图从"理念论"出发,认为事物深层的美是事物之内在精神——"理念"的和谐,人要按照"理念"去营造事物,因为理念、理式是"神"造的宇宙普遍的、永恒的原理大法,如用直尺和圆规画出来的几何图形是一切图形最基本的形状,它们是神的意志——"理念"、"理式"的体现,所以,圆形、球形、正方型、正方体是一切几

---

① 曹顺庆,《中西比较诗学》,中国人民大学出版社,2010年,第51页。
② 曹顺庆,《中西比较诗学》,中国人民大学出版社,2010年,第52页。

何图形中最美的。"理念"、"理式"强调和谐、比例、对称,以之表现的事物就是美的事物,就是人神之和谐。

亚里士多德的和谐美理论认为:美是由诸部分组成整体的和谐。"一种东西要成为美的东西,无论它是一种有生命的东西,还是一个由部分构成的整体,其组成部分的排列要有某种秩序,而且还要有某种一定的大小。美是同大小和秩序有关的。""一个美的事物——一个活东西或一个由某些部分组成之物——不但它的各部分应有一定的安排,而且它的体积也该有一定的大小;因为美要靠体积与安排,一个非常小的活东西不能美,因为我们的观察处于不可感知的时间内,以致模糊不清;一个非常大的活东西,例如一个万里长的活东西,也不能美,因为不能一览而尽,看不出它的整一性。"[①]雅典帕特侬神庙外观适当的比例、合理的结构、宜人的尺度、匀称的造型给人们以庄重、高贵、典雅、静穆的整体和谐美的感受,使之成为西方古典艺术王冠上的宝石。

雄霸天下的古罗马人的审美理想,是在古希腊的注重整体形式和谐的审美理想基础上,又多了几分"崇高"、"尚大"的"壮美"追求。西方至今犹存的众多古罗马建筑遗迹,如神庙、凯旋门、城市广场、角斗场、大浴场……无不证明着古罗马人内心的与神相联系的"崇高"与建筑宏伟形式的和谐。中世纪的审美理想是追求在精神上与上帝融为一体,因为和谐美是上帝的烙印,人们可以透过物体的和谐美来直观上帝的和谐美,事物的外在形式美——比例、匀称、统一、和谐,仍是实现内在心灵与神和谐并皈依上帝的重要手段。中世纪的审美理想于是分为两个层次:表层的形式和谐、深层的人神和谐。[②] 文艺复兴运动的人文主义思潮把人从神的卵翼下逐步解放出来,形式和谐的整体美的审美理想脱去了神学的外衣,成为人的普遍理性追求。17世纪古典主义艺术推崇理性,反对个性,探求普遍、永恒的美的规律,把自古希腊以来追求数的比例关系的整体和谐美理想推向极致,在绝对化的过程中逐步走向僵化,也不可避免地走向衰落。

二、艺术特征——写意与写实

由于中西审美理想"美善统一"与"美真统一"不同,中国人主"善美"——"审美在情";西方人主"真美"——"审美在形",从而导致中西艺术有着不同的特征,中国艺术是写意性的"表现"艺术,西方艺术是写实性的"再现"艺术。

---

① 刘月,《中西建筑美学比较论纲》,复旦大学出版社,2008年,第27页、29页。
② 刘月,《中西建筑美学比较论纲》,复旦大学出版社,2008年,第33页。

(一) 中国:主写意性表现艺术

中国古典文学如诗词、散文、小说、戏曲,以及舞蹈、书法、音乐、雕塑、建筑、绘画等艺术形式,总体上说属于写意性表现艺术。所谓写意,是以主体抒发、主观表现为出发点的艺术表达方式。通过艺术抒发来彰显主体的心理和谐,实现社会理想人格的塑造和人与大自然的心灵沟通,实现人与社会、人与自然的和谐统一。

1. 中国的文学是主写意性的表现艺术

中国文学具有强烈的抒情性特色。中国文学的源头——《诗经》收入西周初期至春秋中叶约500年诗歌305首,包括风、雅、颂三大部分。《诗经》虽有少数几首关于西周、殷商先人建国的叙事史诗,但大部分为抒情言志之作,就是抒情文学。如上文中已提及的《诗经·秦风·蒹葭》把我们带入这样一种美妙且情景交融的艺术境界:在深秋的清晨,河滨芦苇的露水凝结为霜,触动了诗人思念"伊人"之情,由于河水的阻隔,对"伊人"可望而不可即,可求而不可得,随着时间推移,思念愈深,令人无限感伤、惆怅和绵缠。诗的写作运用了赋、比、兴的艺术手法——赋即铺陈其事;比即比喻;兴即触物兴词或借物起兴——使人触景生情,荡气回肠。这种艺术手法成为我国诗歌文化的民族传统。[①]

又如苏轼的《水调歌头》:"明月几时有?把酒问青天。不知天上宫阙,今夕是何年。我欲乘风归去,又恐琼楼玉宇,高处不胜寒。起舞弄清影,何似在人间?转朱阁,低绮户,照无眠。不应有恨,何时长向别时圆?人有悲欢离合,月有阴晴圆缺,此事古难全。但愿人长久,千里共婵娟。"在诗中,遭排斥的苏轼除了表达对"高处不胜寒"的官场倾轧的深恶痛绝外,主要表达的是"人有悲欢离合,月有阴晴圆缺,但愿人长久,千里共婵娟"。虽然直接说的是对弟弟苏辙的思念,但实际上是对广义的友人的思念,愿互相思念的人能够天长地久,即使相隔千里,也能通过月光来传递思念之情。中国的文学艺术就是用具体形象来抒发主体的志、情、意、神。杜甫的"国破山河在,城春草木深,感时花溅泪,恨别鸟惊心"道出了诗人对祖国、对人民的深切的爱。李商隐的"相见时难别亦难,东风无力百花残。春蚕到死丝方尽,蜡炬成灰泪始干"是一首千古传诵的爱情名篇。诗中写离别时的难堪情境,"东风无力""百花凋零",触景伤情,加重了离别的怅恨;诗中巧妙地运用比喻和双关,明写春蚕实写人,写出主人公对恋人思之切、爱之深。中国诗歌的写意性在世界文学史中具有举足轻重的地位。

[①] 王祥云,《中西方传统文化比较》,河南人民出版社,2006年,第80页。

在散文方面,有唐宋八大家的"文以明道"。韩愈、柳宗元、欧阳修、王安石、苏洵、苏轼、苏辙、曾巩,主张文道统一,气盛文美,言畅意美,内容与形式统一,完美和谐。王充在《论衡·超奇》中说:"文由胸中而出,心以文为表。观见其文,奇伟倜傥,可谓得论也。由此言之,繁文之人,人之杰也。有根株于下,有荣叶于上;有实核于内,有皮壳于外。文墨词说,士之荣叶、皮壳也。实诚在胸臆,文墨著竹帛,外内表里,自相副称。意奋而笔纵,故文见而实露也。"王充对中国文学的写意性的认识是十分深刻的。

中国古代文学为什么以抒情文学为主?其根本原因是中国农业社会,人们聚族而居,日出而作,日落而息,春种夏长,秋收冬藏,不违农时,盼风调雨顺,享天伦之乐,年年如此,月月如此,日子过得平淡。中国古人没有西方人海上之冒险,没有发财离奇的遭遇,没有更多好叙说的事情,自然地叙事文学就不发达,只有感物抒怀,盼求人与自然和声、人与社会和声的情志。

2. 中国的绘画是主写意性的表现艺术

绘画是中国传统艺术的主要形式之一,中国的文人画更是诗、书、画的综合艺术,使中国绘画的写意性达到更高的层次,艺术家作画总要在画里、画外表达某种情意。以郑板桥《题画竹》为例:"江馆清秋,晨起看竹,烟光日影露气,皆浮动于疏枝密叶之间。胸中勃勃遂有画意。其实胸中之竹,并不是眼中之竹也。因而磨墨、展纸、落笔,倏然变相,手中之竹,又不是胸中之竹也。总之,意在笔先者,定则也,趣在法外者,化机也。独画竹乎哉。"[①]中国的画画不是在写生,郑板桥画在纸面上的"手中之竹"并不是"眼中之竹",也不是"胸中之竹",而是"意在笔先",即"写意"之作。"意"就是"意思"、"意境",是作者想要表达出来的寓意。郑板桥在这里画竹时具体要表达什么意思,我们无法考证,但竹子在中国传统文化中有着极丰富的内涵。郑板桥曾在画竹时题诗:"咬定青山不放松,立根原在破岩中。千磨万击还坚劲,任尔东西南北风。"画中有话,画外有音。

徐渭在《墨葡萄图》题诗:"半生落魄已成翁,独立书斋啸晚风,笔底明珠无处卖,闲抛闲掷野藤中。"徐渭是个才华出众、报国无门、命运坎坷、半生落魄的知识分子。他用浓淡墨寥寥几笔简易勾画出的熟烂葡萄的枯枝败叶,把自己怀才不遇、残生不堪、愤愤不平的悲凉心境深刻形象地表达出来,此中的"诗情画意"展露无遗,具有强烈的艺术感染力。

3. 中国的书法是写意性表现艺术

意在笔先,相由心生,书法家所写的一切作品都是感情的体现。作为中国传统

---

① 徐行言,《中西文化比较》,北京大学出版社,2004年,第269页。

文化重要组成部分的中国书法,集中和精妙地体现了东方人的精神追求。大书法艺术家范曾先生说过:书法应能与天地的精神相往还,能接近天地之大美。① 宇宙万物的变化神奇博大,表现方式万类纷呈。书法可以通过最简洁的手段,在点画之中把这些现象透露出来的信息破译出来。宇宙万物有它的生、发、枯、荣、粗、细、长、短,它的行动的徐、急、快、慢,它的整个运动过程、生命状态,通过点画流来表达、揭示它所蕴藏的生命状态和运动状态之美。中国书法家经常用自然万象来陶冶自己的心灵。怀素晚上听嘉陵江水流动的声音,他草书大进,为什么?因为嘉陵江水滔滔不绝、延绵不断,和草书的自由痛快相联系。孙过庭说:用笔重若崩云,轻如蝉翼,导之则泉注,顿之则山安,纤纤乎如新月之出天涯。② 书法家写的字,能给人初月之出天涯的感觉,是多么地奇妙。从事画画和书法的人对宇宙自然,永远就有两个字:敬畏。书法写的是人的精、气、神。范曾还指出:毛泽东并没有练过什么字,可是他写的草书直追怀素,为什么?以他的气宇,拿起笔来,那是天地为之低昂。③

图3 徐渭《墨葡萄图》

4. 中国的戏剧是写意性表现艺术

戏剧是一门综合的艺术,中国戏剧较之诗歌、散文、小说、舞蹈及说唱艺术等门类成熟得较晚。戏剧萌芽于先秦,经汉代之百戏,唐代的歌舞小戏、参军戏,于宋代形成较完备的体制。随着商品经济发展,商业城市和市民阶层的出现,在勾栏瓦舍中发展成熟,形成中国最早的舞台表演艺术——宋杂剧和南戏。经过元杂剧、明"传奇"形式而繁荣起来的中国戏剧,产生了关汉卿、马致远、王实甫、汤显祖等伟大的剧作家,也产生了《窦娥冤》、《汉宫秋》、《牡丹亭》、《西厢记》等深受历代人民欢迎的反封建主义的伟大作品。中国戏

---

① http://art.china.cn/shipin/2009-02/23/content_2746591_3.htm
② http://art.china.cn/shipin/2009-02/23/content_2746591_3.htm
③ http://art.china.cn/shipin/2009-02/23/content_2746591_3.htm

剧的主要艺术表现手段不是实景布置、情节叙事与话题对白,而是聚焦于"戏文"与"唱腔",布景与动作则是写意性的,四个兵可以代表千军万马,台上转几圈就表示千里万里,一把桨可以摇出惊涛骇浪。开门关门、上马下马、举手投足都是程式化的。通过舞水袖、弄髯口、抖帽翅等动作,夸张地表现人物的情绪。中国人把"看戏"习惯说成"听戏",在悲悲切切、情意绵绵或慷慨激昂、喜悦大团圆的情海波澜中细细欣赏体味。关于中国戏剧的写意性,京剧大师梅兰芳说过:"把无限的空间都融化在演员的表演里面,又利用分场、连场、套场,使故事连贯,一气呵成。演员的表演也可以不受时间、空间的限制。因此,从传统的表演方法中,可以看出京剧的舞台设计,不是写实的设计风格,而是一种民族戏曲歌舞化的写意风格。"①

5. 中国的雕塑是写意性表现艺术

总体来说,中国古典的雕塑开始时是用来"藏"在宗庙里"象征"某种意义的,不是为了公开"看"的,没有想到过雕塑形象要逼"真"的要求,而只是一种大写意的艺术。中国青铜雕塑最早是夏、商、周时期用于宗庙祭奠的礼器。如西周的九鼎是权力的象征,一般人是看不到的,只有天子才可在宗庙祭拜祖先时接触和看见,就是诸侯们也不能"问鼎"是什么样的,"问鼎"是"阴谋篡位"大逆不道的事情。秦汉以后,陵墓取代宗庙而成为祖先祭祀仪式的场所。秦始皇陵的兵马俑造得与真人十分像,写实手法的艺术水平虽很高,但也缺乏真实人物般的性格形象刻画。反正都是埋在地下不给人看,只用于建造一个宏大的"真实"的来世,以便在一个复制的宇宙中供秦始皇在冥界继续统治与享受。秦始皇陵的写实性雕塑在中国雕塑艺术史上只是个特例。秦汉以后,象征与祖先沟通的礼器雕塑变为陵墓祭祀中的供器雕塑,"而为祖先的灵魂布置居所和生活场景则成为雕塑艺术的主要任务,为汉代走向中国古代雕刻艺术创作繁荣期提供了机遇"②。因为不直接为"看",不需要"写实",用图像符号去象征死者的来世,成为地下墓葬的基本语言。汉代的画像石、画像砖对死者来世生活的表达,充满着浪漫的想象,是人的世俗生活世界,也是神仙生活的世界。对此,李泽厚评论说:"人间生活的兴趣不但没有因向往神仙世界而零落凋谢,相反,是更为生意盎然,生机蓬勃,使天上充满着人间的乐趣,使这个神的世界也那么稚气天真。"③它不是神对人的征服,而是人对神的征服。霍去病墓雕刻是出现在地面的为了"看"的纪念性雕刻,但其自由抒发、浑然天成的风格没有在中国雕塑艺术史上得到延续。魏晋南北朝后,中国本土雕塑与佛教雕塑逐步融合,唐宋以后形成宗教雕塑与民间雕塑共存的局面,程式化的雕塑语言

---

① 梅兰芳,《谈谈京剧的艺术》,《梅兰芳文集》,中国戏剧出版社,1962年。
② 孔新苗,《中西美术比较》,山东美术出版社,2008年,第104页、105页。
③ 李泽厚,《美的历程》,文物出版社,1981年,第74页。

成为人们在精神生活和人伦关系中寄托美好愿望的符号功能的工具,和超功利的"美"的距离越来越远了。

(二) 西方:主写实性再现艺术

西方古典艺术,总体上是写实性再现艺术。所谓写实,就是以客体形式关系的客观再现为出发点的艺术表达方式。通过艺术再现客体的形式和谐,以获得真美统一的精神愉悦。"主客二分",把自然客体化的西方人,用艺术来实现对客观世界"形式和谐"的把握,在表层视觉的理想美形式中表征人对自然世界的理解以及在深层对具有宗教神圣内涵形象的再现。

1. 西方古典文学是主写实性再现艺术,西方古典文学具有强烈的叙事性的特色。西方文学的源头是"荷马史诗"和《圣经》,两部著作都是叙事性的长篇文学巨著。史诗反映了古希腊从公元前12世纪至公元前6世纪数百年之间的经济、政治、军事、社会生活实践的方方面面,是古希腊从氏族社会到奴隶社会过渡时期社会的全景展示。史诗是民族在特定时期的一部形象化的历史生活百科全书。

基督教的经典《圣经》是西方伟大的文学作品,是西方文化的宝库。《圣经》由"旧约全书"、"新约全书"两部分组成。"旧约全书"是以色列民族史迹、民间传说、远古神话、宗教戒律等文献的汇编,被看做犹太人和上帝订立的契约。基督教是从犹太教的一个支系发展起来的。基督教认为,上帝与犹太人订的契约还不完全,后来又与基督徒订立了新的契约,于是产生了"新约全书"。"新约全书"讲:为了拯救人类,耶稣以血肉之躯代人类赎了罪,受上帝派遣来人间向人们宣讲,称上帝之国即将来临,人们要除去卑鄙、贪欲、仇恨、虚伪、自私,不要追逐财富与权力,要通过忏悔净化灵魂,做到"爱上帝和爱人如己",死后便可以进入天国。总之,《圣经》记录了古代的宗教观念、多神信仰、犹太教的形成发展过程,也详细记录了犹太人早期、基督教早期的经济生活和社会生活的方方面面。同样是对这段历史一定程度的写实性艺术再现。

西方的戏剧表演艺术具有写实的特性。西方的戏剧题材多取材于现实生活,反映现实生活中的纠葛与斗争,再现生活的真实,以揭示社会的本质与趋势;剧情上的客观化,严格排斥剧作家的"场外"评论与"说三道四",剧情发展完全依靠剧中人物角色的表演,对剧情的时间、空间有严格的规定,保证故事的真实与可信;话剧的表演,主要依靠对话、动作,尤其是生活化的语言与动作;对演员的要求是深入生活,深入角色,准确把握角色的本质规定性,塑造真实生动的人物艺术形象。

最能代表西方小说成就的是19世纪现实主义文学作品。19世纪现实主义文学是欧洲资本主义制度确立和发展时期的产物,是以写实和批判为主要特点的叙事文学思潮。主要的代表作家和作品是司汤达的《红与黑》,巴尔扎克的《人间喜剧》。这些作品注重典型环境中典型人物的刻画,从人物所处的社会历史环境中刻画人物性格,全面真实揭示人物和事件的内在联系、本质特征与发展趋势,展现社会现实生活及其本质特征。《红与黑》中的于连出身寒微而天资聪颖,不甘心处于社会底层,为飞黄腾达而追随拿破仑从军,因拿破仑垮台而愿望落空;为求出头之日,穿上教士黑袍,征服贵族夫人和小姐,却被揭发而断送了前程;为报复贵族终以蓄意谋杀罪被判了死刑。面对死亡,他才深刻意识到上流社会决不会轻易让平民跻身自己的行列。《高老头》是《人间喜剧》的重要作品。通过高老头和没落贵族等几个人物在金钱腐蚀下堕落的悲剧,揭示了资产阶级击败封建贵族的历史趋势,也揭示了资本主义制度下人与人之间赤裸裸的金钱关系,是19世纪法国社会历史画卷的艺术再现。

2. 西方的古典雕塑和绘画是典型的写实性再现艺术。希腊神话中的英雄是神人同体、同形的。神有超越所有人类智慧和力量的超凡能力,又有凡人的鲜明个性、脾气、缺点、毛病。因此,古希腊的雕塑既有生动、直观的人的形象,又有理想美典型的人体比例规范,即通过人性与神性的结合,表达对希腊诸神的崇拜,表现出静穆、庄重、单纯、节制的艺术风格。所以,古希腊的雕塑是具有理想美形式的人的写实性艺术作品。公元前4世纪的亚历山大大帝开启的希腊化时期,雕塑艺术基本上继承了古希腊古典时期的艺术传统,但更强调人体的动感、力量感和人物个性,有更强烈的视觉感官效果。古罗马时期一度盛行将人物肖像雕塑与希腊模式雕塑对接,特别是祖先崇拜的贵族家族,将其祖先的人物肖像雕塑与希腊模式雕塑对接,供奉在家中作为社会地位的象征。基督教的兴起终结了以家族血缘为基础的祖先崇拜现象,也终结了把健美的人体比附神性的现象。在基督教信仰文化中,肉体是堕落的重要诱因,身体是灵魂的坟墓,早期基督教的戒律反对对形象的雕刻。随着基督教从西方社会意识的边缘走向中心,需要向社会大众宣传普及基督信仰文化,必须借助形象的方法,于是出现了解读宗教教义的教堂浮雕,但由于担心感性男女的优美躯体会削弱人们对故事的理解,宗教雕塑的形象大都简洁、明晰,却不大优美。12世纪以后,哥特教堂建筑把雕塑艺术、基督教的教义宣示与崇拜完美结合起来,雕塑艺术家努力把每个形象、每个神圣瞬间都能栩栩如生地展现在信众面前。① 如果说,雕塑艺术直观地再现了自然形象的体量、三维结构,而绘画要力求在一个平面上再现自然形象的空间三维结构与质感,则问题更加复杂。

---

① 孔新苗,《中西美术比较》,山东美术出版社,2008年,第100页、111页、112页、116页、118页。

因此,文艺复兴时期的达·芬奇认为:绘画远胜于雕塑。以他的"蒙娜丽莎"的创作为代表的西方绘画艺术,在以后数百年写实性的艺术探索道路上繁星灿烂,人才辈出,硕果累累,直至19世纪写意性绘画艺术印象派的出现。

三、艺术目标:传神与逼真

由于中西古典艺术的"写意","写实"特征不同,导致中西艺术不同的目标追求。中国古典艺术追求目标是:传神——写意性艺术必然追求神似,追求气韵生动,境生象外;西方古典艺术追求目标是:逼真——写实性艺术必然追求形似,追求形式逼真,类型典型。

(一)中国古典艺术追求目标——传神

中国写意艺术追求传神,对作品的"形",像不像似乎不大在意,对作品的神采却十分苛严。中国有南北朝张僧繇画龙点睛的典故,又有《世说新语》中说东晋大画家顾长康画人,人身早已画好,就是迟迟不画眼睛,他人不解其意,顾说:"四体研蚩本无关妙处,传神写照正在阿堵中",意思是身像不像都没有关系,能不能传神,把人画活了,全在眼睛如何画。中国书法艺术追求传神,"书之妙道,神采为上,形质次之"。中国的戏剧、雕塑、建筑艺术都追求传神,就是要通过艺术创作,写出"道"的精神,写出"天人合一"的意境。

什么是"道"的精神、"天人合一"的意境?

首先要弄清什么是"道"。老子说:"道可道,非常道,名可名,非常名","有物混成,先天地生。寂兮寥兮,独立不改,周行而不殆,可以为天下母。吾不知其名,强字之曰道","人法地,地法天,天法道,道法自然","道生一,一生二,二生三,三生万物。万物负阴而抱阳,冲气以为和"。(《道德经》)有生于无,道本无为,却无为无不为。"天地有大美而不言,四时有明法而不议,万物有成理而不说"。(《庄子·知北游》)天地的大美,四时的序列,万物的荣枯,都是道——自然的伟力所致。故人应顺应人生之势,不必强自己所不能,一切得失都是顺应,于是生之欢乐、死之悲哀都会在这大顺应过程之中消融——真正摆脱了人生倒悬之苦,达到天人合一的境界。

王振复先生说:"老庄之'道'就是一种有'大美'的虚,他比实更真实,并且是一切实有的本原。……无'虚'则不成意境。这种'虚'即意境之'意',便是审美主体超越于功利、伦理与政治羁绊的自由自在的内心。"[①]然而,道是"视之不见"、

[①] 王振复,《宫室之魂》,复旦大学出版社。

"听之不闻","博之不得"的,无法为感官所把握,对于它,只能在静观中自己去体悟。所以,传神就是写出"道"的精神,写出天人合一的意境,写出对天地之大美的体悟;写出人与自然、人与社会的心灵沟通、心物和谐,实现主体的社会理想人格的塑造,实现主体身心对自然之"道"的回归。

传神的艺术创作具体要做到三点要求:

1. 气韵生动

艺术作品"有气韵而无形似,则质胜于文,有形似而无气韵,则华而不实",文质彬彬,气韵为先。气韵生动,是传神的本质要求。气韵生动,既讲气——"文气",又讲韵——韵律。

传神,就要写出作品的"文气"。俗话说:文如其人,"因内而符外",文章是作者内在气质、禀赋的表现。曹丕说"文以气为主,气之清浊有体,不可力强而致"(《典论·论文》),说的是因"气"而生的艺术风格。什么是"文气"?曹顺庆的研究指出:"目前学术界对'文气'的解释,竟达十几种之多。古人用语,诸如志气、意气、气力、风气、生气、才气、辞气、气象、气格、气势、气体、气韵、气脉、骨气、声气,真是纷繁复杂,令人眼花缭乱。然而,在这纷繁复杂之中,是否蕴涵着某种内在本质的一致性……它主要是指作家内在的禀赋,是指作家从体格元气到精神、气质、情感与性格的总和。……这种内在的'气'发之于文,便成了纷繁复杂的诸多'文气'。"[1]

传神,就要写出万物之韵律。韵律即大自然的规律的阴阳"道"象——"一阴一阳之谓道"。中国艺术讲究韵律美,"起伏的山峦、荡漾的水面、漂浮的行云、缕缕的和风,都能给我们以韵律感"。[2] 阴阳互动、虚实相生、动静相济、一丘一壑、一起一伏、一明一暗、一黑一白、一正一反、一唱一和、一蹦一跳、一喜一怒、一哼一哈、一胖一瘦、一高一矮、一俊一丑、一俯一仰、亦庄亦谐、或重或轻、或浅或深、或藏或露、或急或徐、或直或曲、忽进忽退、忽前忽后、忽左忽右、忽东忽西,千姿百态,不断变幻,如此由相同或相似的节奏感而形成的韵律美,即为大自然万物神动之美。

中国书法具有神动之美。晋代大书法家王羲之的《兰亭序帖》表现了书法艺术的最高境界。其点划注重提按顿挫,精到而多变,同一点划,写法多样,似是无法而有法,寓刚强于优美。同一字形,绝不重复,生动多姿,20多个"之"字,没有两个相同。章法疏密有致,自然天成。全篇行笔如行云流水,不激不厉,从容不迫,挥洒自如,收放有度,潇洒俊逸,高雅清新,形质与神韵堪称一绝。图4是唐代大书法家

---

[1] 曹顺庆,《中西比较诗学》,中国人民大学出版社,2010年,第149页、150页。
[2] 刘月,《中西建筑美学比较论纲》,复旦大学出版社,2008年,第13页。

"草圣"张旭的狂草,人们赞道:伏如虎卧,起如龙跳,顿如山峙,控如泉流。①

图4　张旭的狂草

中国画是讲究神动之美的。南齐谢赫在《画品》中提出"六法"论:"六法者何? 一气韵生动是也,二古法用笔是也,三应物象形是也;四随类赋彩是也;五经营位置是也;六传模移写是也。(谢赫:《画品·序》)即评论画的品位高低,要讲气韵生动、骨法用笔、应物象形、随类赋彩、构图设计、临摹传移,首先讲气韵生动。其中,"气韵"、"骨法"、"经营"担负着主体精神表现的追求,"应物"、"随形"、"传移"执行着绘画造型的职责。②

中国画是用线墨来表现动态之美的,因为线是点运动的轨迹,线条比块、面在技术上更容易表现动感。线条描画即笔法。王羲之说过:"中国的书画笔法应"十藏九出,十曲九直,十起五伏,以劲取势,以虚取韵。"可谓变化无穷。无论是晋代的顾恺之的《洛神赋图》、唐代阎立本的《历代帝王图卷》、周昉的《簪花仕女图》,还是五代荆浩的《匡庐图轴》、宋代马麟的《静听松风图轴》、元代赵孟頫的《松荫会琴图》、明代唐寅的《王蜀宫妓图》、清代王原祁的《江乡春晓图轴》,无论是表现人物,还是摹临山水、树木、花草,不同"性格"的线条赋予了图画对象的生气与活力,栩栩如生,如临风吹拂飘然起舞的衣带,窈窕淑女摇曳的身姿,或是清朗俊逸的人物肖像,或是绝壁千仞的巍峨群山,或是苍劲挺拔的千年古树,或是波澜不惊的水面轻舟,或是飞流直下的白练瀑布,或是弯蜒曲折的清彻溪流……都极富艺术感染力。

线条是写意艺术重要的表达语言。俗话说,"怒画竹,喜画兰",线条与情感的表达有着密切关系。美学家吕凤子先生说:从一般规律讲,凡属表现愉快情绪的线

---

① http://www.google.com.hk/search? q =%D5%C5%D0%F1%CA%E9%B7%A8&client = aff - 360homepage&hl = zh - CN&ie = gb2312

② 孔新苗,《中西美术比较》,山东美术出版社,2008年,第39页。

条,总是一往流利、顿少,转折之处也不突然拐角。而凡属表现不愉快情感的线条,则多停顿,呈现一种艰涩状态,停顿过甚就会显示出一种忧郁感、焦灼感。因此,人之喜气悠长,故可以画叶子悠长的兰花;怒气短促,故利于画节、叶短促的竹子。图5 的"六祖撕经图",气韵生动,"墨韵"是中国艺术表达的重要语言。"色彩,在视觉艺术中是最感情化的元素,具有在瞬间唤起人的视觉注意与情感共鸣的效果"。① 中国有过"五色纯正"的儒家色彩观,也有过唐宋皇家贵族气魄的清绿山水宫廷画之鼎盛,但中国文化受道家"大音希声,大象无形"的影响更大些,以水墨山水画为代表的文人画讲究淡雅幽远,自然含蓄,韵味无穷。面对儒家的伦理道德、礼乐制度、繁文缛节,主张"无为无不为"的老子在色彩观上认为"五色令人目盲",主张返璞归真,"见素抱朴","知白守黑",删繁就简,归根曰静。深黑色就是玄色,玄色有"变化"之色的意思,"玄之又玄,众妙之门"。(《老子·第一章》)。于是素淡的黑白构成了具有"虚"、"柔"、"静"、"无"品质的色彩美的真境界。中国书法与中国画

图5 六祖撕经图

都以墨为表现手段,"墨分五色"实际表达了墨是"无限"色彩的载体。墨的浓淡与色彩表达具体的规范,它既丰富多变,又含糊难测,全看艺术家个人悟性之高低和笔墨功力文气底子之厚薄。唐代张彦远说:墨分五色,就是要做到"玄化亡言,神功独运。草木敷荣,不待丹碌之采;云雪飘飏,不待铅粉而白;山不待空青而翠,风不待五色而绰。是故运墨而五色具,谓之得意"。② 此时的墨色已不是对具体时空色彩视觉经验的再现,而是成为"万有,各种各样的有"的自然美色之质的灵的表现。

2. 游动时空

气韵生动,还表现在中国艺术的"散点透视"技法的应用上。西方的古典画和近代照相机的照相是用"定点透视"的方法,即观测点固定——光学成像聚焦点固定,故能画出外界景物瞬时的状态,即静态。而中国艺术采用的"散点透视"技法,即观察点不是固定在一个点上,而是自由地上下左右变化着,观察者的位置可以不断地升高、下降或向两端不定点地移动,即拿着照相机在多个位置照相,获得许多

---

① 孔新苗,《中西美术比较》,山东美术出版社,2008年,第142页。
② 孔新苗,《中西美术比较》,山东美术出版社,2008年,第154页、155页。

不同的透视变化景象,把这些不同的变化按照一定的目的、方法,有机地将它们组合在一个画面上,以产生一个综合的透视效果。中国画、中国艺术的这一独特透视方法,具有特殊艺术魅力,形成了独特的艺术风貌,所反映的内容更趋整体性。"散点透视"的技法建立在中国人的"天人合一"、"时空合一"的艺术时空观上。依照"天人合一"、"阴阳五行"的宇宙图式,时间与空间不是可以离开万物运动而各自独立的流,而是春夏秋冬的轮回和与之相应的自然物的生长收藏的变化,是展开着千姿百态的自然万物的东南西北中五个方位。人是时空的中心和主体。艺术作为主体的创作,时空应服从人之主观感受的配置——游动时空,时间率领空间走,便形成"散点透视"。

我国的"散点透视"技法早在汉代就普遍运用于墓室的墙壁彩绘中。《洛神赋图》是晋代顾恺之根据曹植《洛神赋》而创作,表现曹植由京师返回封地途中经洛水与洛神相遇并恋爱的故事。全图采用长卷分段描绘形式,以山峦、溪流、林木为背景,贯穿首尾,如同连环画一样,整个故事在一个画卷中娓娓道来。唐代的吴道子画嘉陵江山水一日而毕,想必是画在长卷上。五代时期,南唐重臣韩熙载才华横溢,为人耿介,受后主李煜之疑忌。韩熙载为自保,故意沉缅声色。李煜派顾闳中潜入韩宅探听究竟,顾闳中的《韩熙载夜宴图》,就是用连环画的形式把所见的韩熙载在夜里的活动——听琴、观舞、休息、吹奏、送别等五个夜宴场面记录下来,五个画面中的韩熙载情绪超然自适,压抑沉闷,画面构图不受时间空间限制。元代大画家黄公望的《富春山居图》咫尺千里,压缩时空,把富春江两岸的秀丽景色尽收一画之中,是不可多得的艺术精品。

在现存我国古代画作中,北宋张择端的《清明上河图》就是"散点透视"技法的典型代表。作者运用长卷的形式,把北宋东京汴梁整个城市繁盛的生活面貌,从郊区的农村风光到城内的闹市景象,自右至左顺序组织在一个画面之中,随着观察者视点的移动,步步换景,好像用照相机在多个地点拍照,一张一张接起来,这效果是焦点透视完全达不到的,是中国人特有的技法,成就了这伟大的作品。又如现代画家关山月的巨幅创作《江山如此多娇》,悬挂在神圣的北京人民大会堂。画面上北国风光白雪皑皑,江南景色春意盎然,万里长城,滔滔黄河,西部大雪霏霏,东部旭日初升,气象万千共存于一画之中。如此气势磅礴,是"散点透视"技法给人们在无限的空间和时间遨游的感受。中国画的"散点透视"正符合了人们游山水的欣赏习惯。中国画家作画喜欢以"画中人"身份做"画中游",在其游赏过程中不受地域时间局限。"散点透视"的技法不但在中国书画上应用,也广泛应用在中国园林、雕塑、戏剧、小说等艺术中。中国园林时空合一的手法,使园林融入时间的流程而具有空间的无限性,空间也因时间的牵引而具有无限的开放性。

3. 境生象外

传神的艺术创作要做到"境生象外"。西方的思维方式是理性的思维方式,用概念、定义、逻辑分析、推理判断等理性工具来认识思考外界万物;而中国传统思维方式是感性的思维方式,用感性的心"象"——物象、性象、意象、道象来认识思考世界万物。既然基本思维工具和表现对象都是心"象",一切都是模模糊糊的,万事万物无明确的边界,任何一个具实之"象"都不可能把万物之间的多种联系表达清楚穷尽。故中国古典艺术多追求"尽意",即"立象以尽意",既关注形象,更关注"象外之意",即追求"境生象外",并认为"得意在忘象,得象在忘言,故立象以尽意,而象可忘也。重画以尽情,而画可忘也"。艺术品对反映对象之画得或写得像与不像倒无关大体,关键是情要到位,意要到位。做到诗情画意,意与境谐,以意统形,但见气韵。

最初,顾恺之的"形神论"——"以形写神",其基本思想是用画面形象传达出对象的神采,以形作为把握、显现"神"的必要媒介与手段,主张绘画应通过对形象关键部位的构图经营,达到传神的艺术效果。

后来,中国的书法艺术影响了中国画的发展方向。中国的书论产生于汉朝,比中国的画论产生要早200年。南北朝时的宗炳提出"山水以形媚道",即天地有大美,山山水水中有"道"的神韵的观点。差不多同时代的诗、书、画并能的南朝艺术家王微则认为:山水画不是地图,不是用来为实用目的服务的,而是"本乎形者融灵,而动者变心也",即绘画要通过"动感"的形式创作以引发欣赏者之"变心",启迪其对"天地之大美"的"道"之神韵的体悟。办法就是把书法艺术的审美特征与绘画艺术联系起来。书势是表达书意的关键,书法的神韵是靠点、划在一定书体结构和章法行气运动中形成的节奏律动的创作经营和心理想象,以传达和领悟书法作品的美感内涵。如运用曲折线、急促笔、猝突划、沉力点等营造笔势与韵律美。10世纪,荆浩在总结前人经验的基础上,提出了山水画笔墨技法——皴法,以不同的运笔用墨去表现山体树石的不同结构,对应不同的质感。这样,绘画之形与客观对象之形将不再严格对应,而是更关注画面笔法形式自身的表意功能。中国画的表意性——"境生象外"的艺术特色大大向前迈进了一步。

最后,诗、书、画结合。唐代的王维是诗、书、画结合的艺术先驱。宋代大艺术家苏轼赞美道:"味摩诘之诗,诗中有画,观摩诘之画,画中有诗。"诗画一致,就是表现与再现、理想与现实、情感与理智等艺术创造相关要素的和谐统一。诗的托物见志比兴思维方式、画的自然形象符号化造型、书法的形迹的情感流露,三者结合的主客互融的审美升华,把"境生象外"的艺术特色推向新高峰,为一些现实失意、不甘沉沦的人们提供了一条审美的解脱途径。

(二) 西方古典艺术追求目标——逼真

写实艺术必然追求形似,逼真是写实艺术的必然追求。怎样实现艺术的逼真?西方古典艺术走上了以模仿论为基础的类型典型论的道路。

如前所述,柏拉图把毕达哥拉斯的"美是数的和谐"的思想上升为超越现实世界的宇宙最高法则。柏拉图认为:理念世界才是真正的实在;现实世界是对理念世界的模仿;再现客观事物形象的艺术"和真实隔了三层",因为再现艺术是对理念世界的模仿物(现实事物)的再模仿。言下之意是再现艺术的真实性程度不高,但没有指出如何实现艺术再现逼真的方法。

亚里士多德不同意柏拉图对艺术再现的贬斥。他认为:模仿有三种方式,一是照事物本来的样子去模仿;二是照人们所想所说的样子去模仿;三是照事物应当有的样子去模仿。而照事物"应有的样子"创作才是美的艺术。但这个"应有的样子"就是神的形式——典型形式,艺术家在模仿外在形象的时候,能够通过外在形象彰显其内在的本质,把零散的、分散的美的因素整合起来,因此,艺术模仿是对范本的改进,应当比现实世界更为真实,因为它反映了现实世界的内在本质与规律。"典型形式美的和谐"说为西方再现艺术实践发展开辟了道路。[①]

此后,类型典型成为西方艺术重要的表达语言。

达·芬奇指出:"美貌面庞的选择:……请四面观察,从许多美丽面容选择最优秀的部分(这儿是指被公认美丽的部分,不是自己偏爱的部分)。"丢勒说:"如果你希望构成一个优美的人体,你就必须采取某人的头,采取另外一些人的胸、臂、腿、手和脚。并且同样要在所有各种人中寻找,因为从许多美的事物中才能收集到一些好的东西,甚至像蜂蜜是从许多花中收集来的那样。"

古希腊,三维的雕塑艺术实现了亚里士多德的"典型形式美的和谐",但对于二维平面上实现三维物体的模仿的创作技术还没有出现。直至1427年,意大利佛罗伦萨的新圣母玛丽亚教堂里,著名画家马萨乔的壁画《三位一体》正式揭幕,人们看到好像教堂墙壁上掏了个洞,洞向深处延伸形成了一个长廊。长廊里耶稣降临。这可能是世界上第一个在二维平面上画出三维空间透视景物的画作。在这之前的1415年,意大利艺术家勃鲁奈斯契就做过一个实验,他拿一块涂了银的画板,对着佛罗伦萨教堂外街道,让街道景物在画板中反射出来,以教堂门为取景边框,照着街道影像画出街道轮廓,从而得到一幅在二维平面上获得的三维空间立体透视图,向逼真方向前进了一大步。这个办法就是镜象的办法。镜象办法包括了对

---

① 孔新苗,《中西美术比较》,山东美术出版社,2008年,第30页、31页。

焦点透视、解剖知识、光影造型等技术的综合应用,以实现绘画对"镜象"视觉真实感的追求。

光有镜象技术并不一定能获得"理想美","理想美"还要经过艺术家主观的努力创作。达·芬奇说:"那些作画时单凭实践和肉眼的判断,而不运用理性的画家,就像一面镜子,只会抄袭摆在面前的一切东西,却对他们一无所知。而好的画家应当独身静处,思索所见的一切,亲自斟酌,从中提取精华……做到这一点,他仿佛就是第二自然。"[①]达·芬奇的传世名作《蒙娜丽莎》,画中主人公神秘的微笑,永远让人琢磨不透,只要你长时间注视这幅画,她的笑容似乎在不断朝你变化,一会好像是自信的笑,一会好像是在嘲弄你,一会觉得她似乎笑中含有一丝的悲哀。达·芬奇在这幅画中,没有完全用镜象的方法,如果严格按镜象的瞬时状态画,时间定格,人就画僵化了。达·芬奇用两个方法把人画活了。一是把人的形体边缘模糊化,似是在活"动"当中,如何"动"则需要观察者自己去思考"补足";二是把人物背景两侧的地平线处理得高低不同,使人物面部随着两侧背景变化而变化,形成不完全对称的艺术效果,人物似乎"动"起来,活起来了。

总之,西方画为了得到逼真的效果,采取了镜象技术与"提取精华,类型典型"相结合的办法,得到外物较理想的象。

四、艺术风格——中和与激扬

中西艺术审美理想、艺术特征、追求目标不同,必然导致艺术风格不同。崇尚善美、追求传神的写意性中国古典艺术必然表现出中和婉约的风格;崇尚真美、追求逼真的写实性西方古典艺术必然表现出激扬奔放的风格。

(一)中国古典艺术风格——中和婉约

中国古典艺术之所以表现出中和婉约风格,是因为中国人的"天人合一"的阴阳五行宇宙观,是整体论,也即系统论。系统论不大注重单体,而重视事物内部和事物之间的结构关系,注重对事物的整体把握,以维护整体的协调与和谐。农业文明、群体生存的中国传统文化重视人与自然、人与社会、人之身心的协调与和谐,形成了中国人富有中庸之道的文化传统。《礼记·中庸》中说:"中也者,天下之大本也;和也者,天下之达道也。致中和,天地位焉,万物育焉。"做人做事都要适中,合情合理,以理抑情,无过无不及,切忌任何偏激。因此,中国古典艺术的中庸精神的要求就表现在"传神",即对"道"——"中庸之道"的表达,从而导致了以"中"为

---

① 达·芬奇,《芬奇论绘画》,戴勉编译,人民美术出版社,1979 年,第 40 页、41 页。

美,以"和"为贵,宁静淡泊的中和婉约艺术风格。

1. 以"中"为美

"中"者,适中也。中国书法就十分推崇刚柔相济、宽严适中的"中和"之美。因为书法笔墨"太严则伤意,太放则伤法"。元代书法家郝经主张:"直而不倨,曲而不屈;刚而不亢,柔而不恶;端庄而不滞,妥娜而不欹;易而不俗,难而不生;轻而不浮,重而不浊;拙而不恶,巧而不烦;挥洒而不狂,顿挫而不妄;夭矫而不怪,窅眇而不僻;质朴而不野;简约而不阙;增羡而不多;舒而不缓,疾而不速。"①总之,以"中"为美,不走极端,追求书法过程诸多矛盾关系的对立面的朴素的和谐统一。讲究适中,把握分寸,执两用中,不偏不倚,不走极端,无过无不及的文化精神,除了书法,在绘画、戏剧、音乐等其他艺术中都有反映。如中国以"大团圆"为结局的传统悲剧模式,是善恶有报、河东河西的先悲后喜的大中和;中国古典音乐一直推崇孔子倡导的"乐而不淫,哀而不伤"的风格。

2. 以"和"为贵

"和"者,多样化的统一。在中国古代的文学艺术中,抒情写意的诗歌、散文比较发达,而戏剧、史诗、小说不很发达。即使属于再现型艺术的小说、戏剧也充满着抒情意味,抒发善美之情,表达中庸的意境,即贯之以"文以载道"的传统。因此,中国的戏剧、小说,描写的都是类型化的群象,不过分突出个人,以保持群体关系的和谐协调。中国文学名著《三国演义》、《水浒传》、《红楼梦》等都是以不同的人物活动为线索,由一个一个相对独立的叙事单元连缀而成的章回小说。在这些小说中,找不到笔墨集中、贯穿全书全剧的一个或几个中心人物,有的只是群体的英雄,或某种特定的人物群体。《三国演义》中的蜀汉"五虎上将"——关羽、张飞、赵云、黄忠、马超;《水浒传》中的梁山一百零八将——宋江、吴用、卢俊义、林冲、鲁智深、武松、李逵……《红楼梦》中的金陵十二钗——林黛玉、薛宝钗、王熙凤、贾元春、贾探春、妙玉……一个个性格鲜明,有血有肉,栩栩如生。但谁也不是贯穿全书的"中心人物"。就是刘备、诸葛亮、曹操这些影响较大的人物,也不能成为中心人物,甚至在关羽、张飞等英雄面前也有时显得无可奈何,英雄气短。这种文化艺术的潜意识是任何个人的地位与作用只能是在群体中获得,离开了群体,个人价值无从实现。每一个人都可以有其独特个性,而个性多样化的统一就是和谐。和谐才能成就大业。

3. 宁静淡泊

受道家文化的影响,中国的艺术审美追求人与自然的和谐,追求心物统一,人

---

① 崔尔平,《历代书法论文选续编》,上海书画出版社,1993年,第110页。

的理想人格应当与自然之"道"相通。"圣人者,原天地之美而达万物之理。是故至人无为,大圣不作。"(《庄子·知北游》)而且"道"至大至广,在实践中无法触摸,只有通过"心斋"、"坐望",无为,静虚,才能体悟到"道"的精神。所以,"宁静"是道家的文化风格。

其次,道家文化是主张"淡泊"的,从前述知道,在老子看来,"大音希声,大象无形""五色令人目盲,五音令人耳聋","无声"、"无形"就是虚空。所谓"大音希声,大象无形",应是大音若无声,大象若无形。至美的乐音、至美的形象已经到了和自然融为一体的境界,反倒给人以无音、无形的感觉。可知"淡泊"是道家文化的基本精神。

图6 早春图

宁静淡泊的中国艺术,孕育出水墨中国画这朵奇葩,墨色浓淡成为万色之色,不见赤橙黄绿青蓝紫,却令人遐想到万紫千红的春天的到来。如宋代画家郭熙的《早春图》,画的是早春景色,就是一幅水墨山水画。如图6所示,没有花红柳绿,没有青山绿水,没有行人如织,没有虫鸣鸟叫,一片宁静淡泊,怎么看出来是早春的到来?然而,乾隆却在宁静淡泊的水墨画中的细微处描绘感受到早春的气息,并为之陶醉,题诗云:"树木发叶溪开冻,楼阁仙居最上层,不藉柳桃闲点缀,春山早见气如蒸"。即使是反映喧闹商业都市生活的北宋张择端的《清明上河图》,虽然也画写了店铺林立,百船待发,行人如织,熙熙攘攘,但整个图卷中没有抢人眼球的人、事、物发生。一切都是庸庸常常,平平淡淡,不觉喧嚣。加上卷首和卷尾的城外宁静乡村的描画,进一步冲淡了城内的热闹气氛。《清明上河图》表现了化"热闹喧嚣"为"宁静淡泊"的中国艺术魅力,展示了中国山水画艺术澡雪心灵的文化功能。

(二) 西方古典艺术风格——激扬奔放

西方古典艺术表现出激扬奔放的风格之原因,是西方人"天人二分"的二元对立宇宙观,方法论上的还原论,万物可以无限细分到原子、基本粒子。还原论重视个体、单体的存在与利益。商业文明、个体生存方式使西方传统文化重视人与自然、人与社会、人与人之间的对立斗争,西方的生存方式、思维方式造就了西方人的崇力尚争、激扬奔放的民族性格。

西方人崇力尚争、激扬奔放的民族性格,也必然以其特有的审美价值观影响西方的艺术风格。西方辩证法主张"斗争产生美","互相排斥的东西结合在一起,不同的音调造成最美的和谐,一切都是斗争所产生的",反映战天斗地、百折不挠的奋斗精神成为艺术作品的主要内容。

此外,西方艺术是人的"灵肉冲突"的生命体验的展示方式。它根于西方基督教"以苦为乐"自我否定的文化精神的形成。基督教义认为人一生下来就有原罪。因此,认知上帝,赎罪回归的痛苦,将伴随基督教徒一生,也是生命存在的基本方式。然而,生命有限的人无法完全认识无限存在的上帝,原罪人生须在灵与肉的痛苦冲突中不断自我否定而获得精神的超越。反映人的"灵肉冲突"也成为西方艺术的重要内容。

西方艺术的激扬奔放风格主要体现在它的悲剧情结,和英雄情结。

1. 悲剧情结

悲剧在西方艺术中有十分悠久的历史传统。古希腊有"悲剧之父"埃斯库罗斯,代表作有《被缚的普罗米修斯》;索福克勒斯,悲剧代表作有《俄狄浦斯王》;欧里庇得斯,悲剧代表作有《美狄亚》。文艺复兴时期英国伟大的文学戏剧家莎士比亚的剧作荡气回肠,他的戏剧题材十分丰富,有历史剧、喜剧、悲剧。他的四大悲剧代表作是《哈姆雷特》、《奥赛罗》、《李尔王》、《麦克白》。古典主义时代的法国剧作家让·拉辛一生共写了11部悲剧,代表作是《安德洛马克》。

《被缚的普罗米修斯》讲述的是普罗米修斯为人类盗取火种,而被主宰宇宙之神宙斯钉在高加索高山之颠,每日饱受被黑鹰啄去肝脏的折磨而不屈的故事。《俄狄浦斯王》讲述的是俄狄浦斯王在命运的折磨捉弄下杀父娶母,却从不向命运低头的故事。《美狄亚》讲述的是美狄亚为情人出生入死,后遭情人抛弃而复仇的故事。《哈姆雷特》讲述的是丹麦王子哈姆雷特被叔叔弑父娶母,篡夺王位,理想崇高、心地善良的他在复仇过程中真、善、美与假、恶、丑博弈的故事。《奥赛罗》讲述的是奥赛罗由于轻信无知,杀死忠于自己的情人,当知道事实真相后自杀的故事。

人与自然、人与社会、人与人的二元对立使西方人勇于面对异己力量,为了自己的美好生活去拼搏斗争,悲剧集中表现对人生意义的积极探索和自身价值实现中所显现的坚强性格和意志。但命运不可知,人类要超越生存困境,必须敢于怀疑、判断和否定现实,必须反抗斗争,必须付出代价,人可以被打倒,但决不可被征服,从而表现出人的崇高精神和悲剧之美。

2. 英雄情结

英雄情结在西方艺术中同样有着悠久的历史传统。英雄情结核心是反映主人公个性的张扬,反映主人公精神意志的坚定性和性格心理的独特性。

欧洲文学的源头之一的《荷马史诗》反映了希腊民族崛起的"英雄时代"的战争生活,为民族崛起的战争自然是民族英雄参加的战争。战争的胜败关系民族生死存亡的命运,因此人们崇尚勇猛善战、机智勇敢、不畏强敌、宁死不屈的英勇尚武精神。自然,对于那些在战场上贪生怕死、畏缩不前的行为,将受到人们的鄙视。史诗《伊利亚特》中的希腊联军的大将阿喀琉斯和特洛伊国王的儿子赫尔托尔,虽然是交战双方,但都是英雄。一方为了给自己战死的战友复仇,明知自己可能就要死在战场上,也勇敢地重新走向战场拼杀;另一方则为了军人的荣誉,不顾妻子的劝阻,义无返顾地重返战场,最后为国捐躯,虽死犹荣。

古希腊的英雄情结延续到文艺复兴时期及以后,更多地表现为新生阶级为了理想的个人奋斗。西班牙的塞万提斯笔下的唐·吉诃德,虽然是个疯疯颠颠的骑士,带着寻找自由、平等理想社会的梦想在游历中到处碰壁,却找回了被中世纪压抑的人的自由天性,尽管失败,却始终认真而严肃地追求自己的理想,体现了那个时代人类自我意识的觉醒。17、18世纪欧洲的启蒙时代,西方启蒙文学表现了新生的资产阶级的个人奋斗的创业精神。英国启蒙文学作家丹尼尔·笛福的《鲁滨逊漂流记》塑造了一位不愿过平庸生活而到海外闯荡,在多次远航中遇难漂流,在荒无人烟的小岛上,在无助的困境中用自己的双手开创了新生活的资产阶级人物的正面形象。

以上仅为中西传统艺术文化精神之比较,在近现代,中西文化交流不断,双方都在文化的交流中交融、交锋,并扬弃传统文化,不断传承和创新。

思考题

1. 中国与西方在审美心理结构上有何不同?
2. 中国古典艺术的写意性和西方古典艺术的写实性形成的原因。
3. 中国古典艺术追求"传神"的内涵。
4. 西方古典艺术的激扬奔放风格与其民族性格的关系。

参考文献

[1] 徐行言. 中西文化比较. 北京:北京大学出版社,2004.
[2] 孔新苗. 中西美术比较. 济南:山东美术出版社,2008.
[3] 曹顺庆. 中西比较诗学. 北京:中国人民大学出版社,2010.
[4] 刘月. 中西建筑美学比较论纲. 上海:复旦大学出版社,2008.

第十讲 人和与神和——中西建筑文化比较

主要内容

一、建筑形制：稳定与变革
二、建筑审美：人和与神和
三、建筑材料：土木与石头
四、建筑结构：群体与单体
五、建筑地位：匠技与科学

开篇案例

公元前2500年的某一天，被后人尊称为"历史学之父"的古希腊历史学家希罗多德来到了心仪已久的埃及。来不及洗掉满身旅尘，这位伟大的历史学家就找来一个当地向导，兴冲冲地向金字塔进发。很快，宏伟壮观的胡夫金字塔出现在他眼前。他十分激动，情不自禁地跑到金字塔下，虔诚地拜倒在这座神秘的人工建筑之下。

后来，在他那部伟大著作《历史》中，希罗多德对埃及金字塔作了详细描述，字里行间充满景仰之情。不过，希罗多德肯定不知道，在他观赏庄严巍峨的金字塔时，它们已经在那片距尼罗河不远的沙漠上静静地躺卧了另外一个2000年了。

4000多年过去了，人类经历了历史的风风雨雨，一路颠沛流离，懵懵懂懂地走进了19世纪。这期间，随着对神灵、自然和自身的逐步了解，人类获得了意欲征服自身局限的自信心，他们凭借逐步积累的知识，抱着各种目的，修建了各种各样的建筑物，或用于栖身，或用于礼拜上帝，或用于娱乐休闲……但是，所有这些建筑在高度上都没有超过金字塔!

1888年,为了纪念法国大革命100周年,法国政府决定举办一次国际博览会,同时展示人类自工业革命以来所取得的辉煌成就。为了体现钢铁的巨大力量,法国政府委托建筑师埃菲尔设计了一座铁塔,但仅仅是一座临时性建筑,待博览会结束后就要将其拆除。当时谁也没有想到,埃菲尔设计的这座铁塔会成为巴黎的标志性建筑。最重要的是,埃菲尔铁塔首次在高度上打破了埃及金字塔的空间高度记录。

建筑史上的新纪元开始了!

名言警句

建筑是文化的记录、是历史,是反映时代的步伐。研究建筑史的人,要能敏锐区别时代的艺术特点,能感到历史的步伐。

——梁思成

作为文化的建筑,是人类肥沃文化土壤里培植出的一只奇葩。无论是清丽可人的江南园林,还是北方古都华美壮阔的皇家宫阙,无论是古罗马高大威猛的斗兽场,还是欧洲城乡随处可见、塔尖高耸的教堂,都是一时一地精神文化的物质体现。举凡民族精神、宗教信仰、地理特征和风俗习惯都可在当时当地的建筑中找到实实在在的物证。

一、建筑形制——稳定与变革

(一) 中国建筑形制的稳定性

建筑的形制,就是建筑物的形状与模式。

我国历史悠久,2000多年的农业文明和封建社会,社会格局和伦理道德均少有变化,整个社会一直呈现出一种独特的超稳定结构。这种文化的"超稳定结构"在建筑形制方面也有所体现,那就是华夏建筑形制的"传承性强,少有变化"特征。

中国建筑可以追溯到原始社会时期。考古研究已经证明,史前时期我国就已经有两种风格迥异的居所了,即北方的"穴居"和南方的"巢居"。历经殷商,延至秦汉,我国古代传统建筑类型就已大致完成,后世各朝都只是在这些建筑形式上进行改进和完善罢了。

1. 中国古都和皇家宫殿

中国有七大著名古都：西安、南京、洛阳、北京、开封、杭州和安阳。

西安是隋唐两朝都城。582年，隋建都大兴城。唐灭隋后，也将都城建于大兴，但将其更名为长安，即现今西安。长安城北临渭水，东依灞水和浐水，城址地形南高北低，有数道水渠贯穿城区，四周高墙围护；长安城东西为9721米，南北为8651米，总体面积为84.10平方千米，是当时世界上最大最繁华的城市。唐朝的大明宫宫殿建筑群位于长安城外东北，始建于唐贞观八年（634年），平面呈不规则的南宽北窄的长方形，面积约为3.3平方千米。其时，国际交流、民族间的融合达到了史无前例、后无来者的辉煌程度；儒释道三教交融也达到了历史新水平。唐都城和宫殿建筑群大都追求宏伟刚健，以展示其大度自信的"大唐风范"。

南京，历史上也称建业、建康、金陵，明代始称南京，是著名的"六朝古都"。明朝修筑的南京古城周长37,140米，城墙以花岗岩做城基，墙体由巨大砖块砌成。墙体开设13道城门，门上由楼阁拱卫，部分城门还因军事所需，建有瓮城。南京古城保护较为成功，至今尚有部分城墙和城门留存。

北京，明清两朝都城，现有我国保存最为完好的古代城市格局和宫殿建筑群。明永乐十九年（1421年）迁都北京，但此前已对未来的都城大兴土木，宫苑城池已经完工。清朝定都北京后，把明代的北京城及宫殿几乎原封不动地保留下来，仅改动了建筑的名称和对一些细部进行了修改。整座北京古城总面积为60平方千米。建于明初的紫禁城（今北京故宫）是世界上现存最大的宫殿建筑群，占地72.96万平方米，现存建筑面积15.5万平方米。紫禁城布局以南北主轴线基本对称形制营建，将近千座单体建筑纵横组合在一起，以其无与伦比的严整布局和宏大规模昂首世界。

2. 中国的园林

我国园林建设的历史可以追溯到商周时期，历经各朝各代的发展建设，华夏园林成为华夏建筑种类里发展最为完善的类别。南北有异，东西有别，一般分为皇家园林和私家园林。

皇家园林是专供帝王皇族休闲娱乐、纵情享受的园林。建筑规模宏大，真山真水较多，园中建筑富丽堂皇，高大宏伟，尽显皇家气派。现存著名皇家园林有北京的颐和园、北海公园以及河北承德的避暑山庄。1865年被英法联军掠夺，于1900年最终毁于"八国联军"之手的圆明园是中国皇家园林建筑艺术的集大成者。

私家园林是专供皇家宗室、王公官吏、富商豪贾休闲游玩、怡情养性的园林。私家园林的特点是规模较小，往往采用假山假水以增其气韵，园中建筑玲珑剔透，建筑色彩淡雅素洁，小桥流水、回廊转阁、曲径通幽，处处为观者造出一种"柳暗花明又一村"之感。现存私家园林主要有北京的恭王府、苏州的拙政园、留园、网师园和上海的豫园等。

3. 中国的寺庙建筑

中国现存寺庙建筑包括佛教的佛寺、道教的道观、华夏文化的文庙、龙王庙、火神庙、财神庙以及藏族的喇嘛教寺庙等。这些寺庙建筑时期、规模、位置不同,入世的民众出于势利目的拜祭的文庙、财神庙等往往位于城市或市郊,而强调出世宗教建筑往往位于名山大川风景秀美之所。

寺庙是印度传来的佛教建筑,北魏时开始在中国兴盛,南北朝更是兴建寺庙成风。据《洛阳伽蓝记》载,单北魏首都洛阳内外就有一千多座寺庙。唐朝诗人杜牧在《江南春》中有云:"南朝四百八十寺,多少楼台烟雨中。"寺庙的布局大多是正面中路为山门,山门内左右分别为钟楼和鼓楼,正面是天王殿,殿内有四大金刚塑像,后面依次是大雄宝殿和藏经楼,僧房和斋堂则分列正中路左右两侧;大雄宝殿是佛寺中最重要、最庞大的建筑,"大雄"即指佛祖释迦牟尼。中国现存较为完好的佛教寺庙有:河南洛阳的白马寺(始建于汉朝)、山西北岳恒山的悬空寺(始建于北魏时期,后世多有修缮)、山西五台山佛教建筑群(其中南禅寺和佛光寺最为有名)。喇嘛教是中国佛教的一个分支。喇嘛教寺庙建筑的最大特点是佛殿阔达、经堂高耸,整体建筑多依山而建。现存喇嘛教寺庙最著名的有:西藏拉萨的布达拉宫、北京的雍和宫和承德避暑山庄的"外八庙"。

文庙又称孔庙。文庙的文化命脉承袭先秦儒学,历代皆有修建,但尤以明、清两朝为盛。修建文庙的目的专在祭孔、祷祝地方"文运昌盛"。各地现存文庙中尤以山东曲阜孔庙最为有名。

4. 中国的帝王陵寝

我国皇家陵寝的建造可以追溯到夏商。现存皇家陵寝中最著名的有:西安临潼的秦始皇陵、陕西渭水北岸的唐朝帝王陵墓群、河南巩县境内的北宋帝王陵墓群、宁夏银川的西夏王陵墓群、南京钟山脚下的明孝陵、北京昌平的明十三陵、河北遵化的清东陵、河北易县的清西陵等。

5. 中国的民居

中国现存古代民居大多指明清两朝沿革至今的平民居所。中国民居依地区和气候差异而显出形式多样、风格各异,其中最具民族特色的有:北京的四合院、西北地区窑式民居、浙江东阳民居、苏州民居、四川民居、南方的吊脚楼、福建客家土楼等。

古代世界建筑体系中,唯有华夏建筑首尾相连、一脉相承,从原始社会末期一直延续到明清两朝,其间没有发生大的突变或间断。但华夏建筑类型较为单一,而且这些建筑体系一旦成熟后就鲜有形制上的变化。"祖宗之法不可变,上古之法不可变"是中国建筑形式不变的主要文化心理因素。

(二) 西方建筑形制的变革性

本讲所谓西方建筑专指自古希腊罗马以来一直延续到 19 世纪之前的西方古典建筑。

1. 古希腊时期的建筑

古希腊文明时期有丰富的神话传说,为了崇敬、礼拜这些喜怒无常、法力无边的神灵,古希腊人为他们建造了气势恢弘的神殿,作为与他们进行沟通和交流、祈求他们庇护的场所。希腊神话最大的特点是"人神合一",即神有人性,人也有神性。神灵跟人类一样也有七情六欲、也受各种欲望的支配,也会妒忌、愤怒,自然也会犯错;区别在于神灵外形上是完美的,不受生老病死的支配,而且控制着世间一切,包括自然现象和人类的生命。希腊神话极具人文精神、人文关怀。这种人文情怀自然会在希腊人为他们的神灵建造的神殿上体现出来。

希腊神殿全部采用围廊式样。神殿建在高大的大理石基座上,殿身为长方形,整体由高大的大理石柱支撑,柱顶是横眉,前后横眉之上的三角眉用精美的神话题材雕塑装饰,神殿内部高大开阔,尽头有神灵的巨型雕像,供人们祈祷礼拜。古希腊留存于世的神殿遗迹甚多,其中最能体现古希腊建筑成就的无疑是建于雅典城内卫城山上的帕特农神殿(图1)。

图 1　雄伟的帕特农神殿(网络图片)

帕特农神殿建于公元前 447 年到公元前 432 年,是献给战争女神兼正义女神雅典娜的神殿。神殿独特的柱列、完美的立面比例和精美绝伦的雕塑,在欧洲甚至世界建筑史上都产生过巨大影响。

除神殿建筑外,古希腊建筑还有另外一种代表性建筑——用来上演伟大的古希腊悲喜剧的露天剧场。这些剧场往往建在远离城市的郊外山坡向阳一侧。剧场的设计和建造同样代表了古希腊建筑艺术的最高水准,其音响效果的科学性至今让人惊叹不已。有些剧场现在稍加修复还可使用。

2. 古罗马时期的建筑

罗马帝国的暴力崇拜在建筑上也有体现。为镇压与征服,罗马帝国修筑了世界上最早的"高速公路"网络,并在英语里留下了一句著名的谚语:"条条大路通罗马";为了取悦罗马市民,罗马统治者还在罗马城内修建了很多巨型的公共澡堂、购物中心、城市广场、体育竞技场和斗兽场;为了解决饮水问题,罗马人又修建了壮观的高架引水渠。此外,罗马城本身的建设与贵族宅邸以及帝王宫殿也都是世界建筑史上的精彩华章。

最能代表古罗马建筑成就的当属罗马圆形竞技场(大斗兽场)和万神殿。大斗兽场位于罗马广场的西南侧,平面为椭圆形。其椭圆形平面的纵轴长188米、横轴长156米,周长527米,高低错落的60排看台可同时容纳5万到8万名观众。建成后直到古罗马帝国衰亡的6世纪,无数的角斗士就在狂热的罗马观众的眼皮子底下或相互砍杀、或与猛兽搏斗,并最终都悲惨地死于这个伟大的"坟场"。虽然经历了2000余年的雨雪风霜、人祸天灾,大斗兽场已经荒废,但主体结构依然高高肃立在罗马市中心,默默地展示着其灿烂的"血腥史"。

古罗马帝国疆域辽阔,民族众多,信仰各异,很难统一,所以古罗马帝王建造一座神殿,把各个民族所有的神灵一股脑儿请进神殿,集中供奉。万神殿又名潘提翁神殿,始建于公元前27年,建成后曾遭两次焚毁。神殿采用圆顶、混凝土外壳结构,穹顶的跨度达43.4米。万神殿将罗马的卷拱技术同希腊的柱式结构完美地结合起来。这种结合后的新型建筑风格成为当时许多建筑争相模仿的对象,其影响一直延绵至今。

3. 拜占庭时期的建筑

拜占庭时期,中世纪的欧洲是一段宗教氛围十分厚重的时期。

拜占庭建筑的总体特征是在形制上确立了希腊十字架集中式布局,采用砖砌或砖石混砌的结构,尤其是砖砌的圆顶与拱顶达到了极高的技术水平。在装饰上采用大理石与马赛克贴面技术,形成碎块形工艺,柱头的装饰也相当华美。教堂形制的出现可以追溯到西罗马帝国时期,在帝国中晚期就有建造,但最终成为一种重要宗教建筑形制还是在中世纪时期。教堂建筑大都建造得高耸入云,视野恢弘广阔,布局均衡精巧,充分表现了宗教的气势与威严。最具代表性的教堂建筑主要有两种风格:罗马式和哥特式。

(1) 罗马式。罗马式风格的教堂源于11世纪。基本特征是墙体厚实、窗户窄小,教堂内外有装饰,建筑外部首次出现人类形象,内部则有壁画和拼花图案,群集的塔楼有突出的翼殿,正门上有一车轮式圆窗。罗马式建筑在欧洲延续了近400年之久。土耳其伊斯坦布尔圣索菲亚大教堂是整个拜占庭时期建筑领域的压轴之作。教堂占地呈长方形,长80.9米,宽70米,气势庄严但不凌厉。它既有罗马建筑的特色,又有东方艺术的韵味。这座大教堂历史悠久,几经沧桑,经多次重建和改建而成。大教堂的大圆顶离地55米高,在17世纪圣彼得大教堂完成前,一直是世界上最大的教堂。教堂主体呈长方形,顶上有40扇窗子,阳光射进厅内,显得明亮通透。教堂内壁全部用彩色大理石砖铺砌而成。教堂的特别之处还在于平面上采用了希腊式十字架的造型,在空间上则采用了巨型大厅的圆顶,而且在室内没有用柱子支撑。

(2) 哥特式。哥特式风格始于12世纪中叶,随后逐渐取代罗马式风格而成为教堂建筑主流。哥特式教堂建筑的风格特征是空灵、纤瘦、高耸、尖峭。直插云霄的尖顶是运用尖卷和尖拱技术的结晶,高耸的墙体则是斜撑技术和扶壁技术的功绩;建筑整体造成空灵意境和挺拔向上的姿态,内部阴暗诡异的空间似乎是在暗示人们:要潜心苦修,力争早日脱离这个充满罪恶的世界,进入上帝的天国。哥特式教堂也对欧洲后世的建筑产生了巨大影响。哥特式教堂建筑中最为著名的有法国的巴黎圣母院。

巴黎圣母院位于巴黎塞纳河城岛东端,始建于1163年,1345年全部建成,历时180年。它是一座典型的哥特式教堂,其正面有一对钟塔,主入口的上部设有巨大的玫瑰窗。在中庭的上方有一个高达百米的尖塔。所有的柱子都挺拔修长,与上部尖尖的拱卷连成一气。中庭又窄又高又长。从外面仰望教堂,那高峻的形体加上顶部耸立的钟塔和尖塔,使人感到一种向蓝天升腾的雄姿。进入教堂的内部,无数的垂直线条引人仰望,数十米高的拱顶在幽暗的光线下隐隐约约、闪闪烁烁,加上宗教的遐想,似乎在暗示信众:教堂上方就是天堂。

4. 文艺复兴时期的建筑

文艺复兴时期的在宗教和世俗建筑上重新采用古希腊罗马时期柱式构图要素。哥特式建筑是基督教神权统治的象征,而古希腊罗马建筑则是非基督教的,他们认为古希腊罗马时期的建筑风格,特别是经典的柱式构图体现着理性与和谐,与人体美有相通之处,这种看法与文艺复兴时期人文主义观点不谋而合。所以文艺复兴的建筑显得刚劲有力、庄严肃穆,以轴线构图为主要特征,建筑物更具个性。

罗马教廷的圣彼得大教堂是意大利文艺复兴时期建筑的最高成就。教堂位于罗马市中心的一座小山上,建成后一直是罗马教廷的中心。大教堂始建于1506年,历时100多年方告完工。建筑期间,很多著名的艺术大师都曾经担任总设计师,如拉斐尔、帕鲁奇、米开朗基罗等。作为一项伟大的建筑工程,其成功之处主要有如下三点:第一,出色的穹顶结构。教堂穹顶直径达41.9米,穹顶内部顶点高达123.4米,几乎是罗马万神殿的3倍。第二,造型雄伟、壮观。外部总高度达137.8米,是罗马城的制高点。第三,整体环境优美。教堂整体由主教堂、主教堂前两个一大一小的弧形柱廊广场组成,内有方尖碑、喷水池。整个广场建筑群仿佛是一个建筑艺术的殿堂。

凡尔赛宫是南北向580米的主体建筑。建筑立面上下分三段,底层为石墙基底,中段采用柱式,光影变化,构图形式稳定。在东边是宫前的三条呈放射状的宽阔大道,中间的大道通向巴黎市区的爱丽舍田园大道。凡尔赛宫的花园位于宫殿两侧,宫殿建筑轴线向西延长形成一个长达3千米的共同中轴线,使花园本身与宫殿主体建筑群落形成一个有机统一体。花园为几何形,笔直宽阔;沿轴线设水池,间有喷泉、雕塑点缀,且不管大道还是小径皆有对景;其间花草铺地,并排列出精美图案,花草树木均经过认真修剪。整个花园形成一道独特漂亮的人文景观,也是西方著名的古典园林建筑代表。

5. 17世纪至18世纪时期的建筑

17世纪的欧洲正处于封建制度解体和资本主义兴起的阶段。随着海上贸易的日益盛行,工商业飞速发展,社会积累了大量财富,这些巨额财富使艺术的进一步发展成为可能,并引发了欧洲新一轮的建筑高潮。这一时期的建筑重点在中小教堂、花园别墅、府邸广场等。建造时不惜使用贵重的材料来炫耀财富,建筑形象及风格追求新颖、奇特,极尽装饰之美。这种对以后建筑产生极大影响的建筑风格,被称为"巴洛克"式建筑,意思是虚伪、矫揉造作的风格。巴洛克建筑艺术风格打破了对以前古典建筑理论的盲目崇拜,也突破了文艺复兴晚期古典主义者制定的种种清规戒律,反映出当时向往自由的世俗思想;另一方面,巴洛克艺术风格的教堂富丽堂皇,而且能营造出相当强烈的神秘气氛,符合天主教炫耀财富和追求神秘感的精神诉求,因此巴洛克艺术从罗马发端后,很快就传遍欧洲、美洲。

洛可可式建筑风格于18世纪20年代产生于法国并流行于欧洲,是在巴洛克建筑的基础上发展起来的,主要表现在室内装饰上。其基本特点是纤弱娇媚、华丽精巧、甜腻温柔、纷繁琐细。它以欧洲封建贵族文化的衰败为背景,表现了没落贵族阶层颓丧、浮华的审美理想和思想情绪。他们受不了古典主义的严肃理性和巴洛克的喧嚣放肆,改而追求华美和闲适。洛可可风格最初出现于建筑的室内装饰,以后扩展到绘画、雕刻、工艺品和文学领域。

17世纪到18世纪时期的法国建筑师法古希腊罗马时代建筑风格,追求建筑物形体的单纯、独立和完整,代表性建筑有波尔多剧院和巴黎的万神殿。

波尔多大剧院建于1773年—1780年间。剧场外形像一座庄严的希腊神殿;

门廊上竖立着12根科林斯式石柱,结构宏伟匀称;门廊阳台上,并排竖立着12尊神态各异的希腊神话女神雕像;剧院内部装饰可谓金碧辉煌,有宫廷式包厢和四层楼座包厢。波尔多剧院标志着马蹄形多层包厢式建筑的成熟。

巴黎万神殿平面呈希腊十字形,长100米,宽84米,高83米;其设计充分体现了古希腊罗马时代建筑的理性精神。神殿柱子纤细、墙体轻薄,加之上部巨大的采光窗和精美的柱头,室内空间显得非常轻快优雅。建筑正面仿照罗马万神殿,本堂与侧廊之间用华丽的柯林斯柱廊分割;正面台阶上耸立着22根高达19米的柱子,构成一个整体感极强的巨大柱廊;柱廊上立三角形山墙(即山花);檐壁上刻有著名题词:"献给伟大的人们,祖国感谢你们"。

圣保罗大教堂是英国第一大教堂和世界第三大圆顶教堂(仅次于罗马的圣彼得大教堂和佛罗伦萨大教堂)。教堂平面为拉丁十字形,纵轴156.9米,横轴69.3米;十字交叉的上方矗有两层圆形柱廊构成的高鼓座,其上是巨大的穹顶,直径达34米、离地面111米;整个建筑格局对称、气势雄伟。

6. 19世纪时期的建筑

19世纪,人类开始步入理性时代。钢铁作为一种重要的建筑材料开始得到广泛运用,巴黎埃菲尔铁塔的出现,标志着欧洲古典建筑时代的终结和一个全新建筑时代的来临,建筑在空间高度上的限制最终被科学材料彻底打破。但就在这一承前启后的历史时期,欧洲建筑在整体上体现出来的仍然是古典建筑风格。最为流行的建筑思想是古典复兴和浪漫主义。

(1)古典复兴。古典复兴又称为新古典主义建筑。这种建筑思潮效法古罗马时代的广场、凯旋门、记功柱等纪念性建筑样式,建筑形体单纯、独立、完整,细部处理朴实,形式符合逻辑,装饰性构件较少。采用古典复兴建筑风格的主要是国会、法院、银行、交易所、博物馆和剧院等公共建筑和一些纪念性建筑。其中最具代表性的有俄罗斯的克里姆林宫、海军部大厦及其尖塔、圣彼得堡广场建筑群、冬宫;德国柏林的勃兰登堡门;法国巴黎凯旋门以及英国伦敦的大英博物馆等。

(2)浪漫主义。浪漫主义建筑思潮起源于18世纪的英国,延续至19世纪下半叶,影响遍及欧美各国。浪漫主义建筑艺术强调个性,提倡自然主义,主张用中世纪的艺术风格与学院派的古典主义建筑艺术相抗衡,追求超凡脱俗的趣味和异国情调。浪漫主义建筑形制主要限于教堂、大学、市政厅等中世纪就有的建筑类型。由于浪漫主义建筑追求中世纪哥特式建筑风格,故又称哥特复兴式建筑。英国、德国流行较早较广。最著名的代表性作品有英国的议会大厦、伦敦圣吉尔斯教堂、曼彻斯特市政厅等。位于伦敦泰晤士河畔的英国议会大厦是浪漫主义建筑的扛鼎之作。国会大厦平面沿泰晤士河南北向展开,入口位于西侧,整体造型十分和谐,尤其是其沿泰晤士河的立面,平稳中有变化、协调中有对立,形成统一而又丰富多变的独特风格,充分体现了浪漫主义建筑风格的情感追求。整个大厦呈宫廷建筑格调,既富丽堂皇又庄严肃穆。大厦高塔上的大笨钟(Big Ben)每逢整点敲响一次;而其西南侧的维多利亚高塔更是高达103米,是典型的哥特式建筑。

法国巴黎的埃菲尔铁塔是欧洲古典建筑的最后终结者。埃菲尔铁塔是世界上第一个最为成功的全钢材建筑,高达300米(现增设广播和电视天线后,总高度已达到320米),在人类建筑史上首次超过埃及的金字塔,也是工业革命巨大成就的象征。铁塔塔身钢架镂空结构建在一个巨大的钢筋混凝土基座上,由18,038个金属构件组装而成,总重量达7000吨,施工时共钻孔700万个,使用铆钉250万个。由于铁塔上的所有部件预先都有严格编号,所以施工时完全按设计进行。塔身第三层设有观景平台,有电梯上下通行。埃菲尔铁塔是一个承前启后的标志性建筑,既是欧洲古典建筑的终结,又是现当代建筑的始作俑者。钢铁作为一种坚固且经久耐用的建筑材料使欧美世界的建筑风格和式样都发生了革命性的变革。埃菲尔铁塔现已成为巴黎的标志性建筑。

欧洲历史上不仅民族众多,而且相互之间流动性强,各民族间影响甚大,充满了此起彼伏的重大历史事件和思想文化变革。反映在建筑文化上必然体现为:建筑实物类型富于变化、建筑风格个性化鲜明、建筑流派纷呈。

二、建筑审美——人和与神和

建筑审美价值观是建筑文化的灵魂。中西建筑文化间的不同,从根本上说就是中西建筑审美观的不同。在古典文化中,中西都以"和谐为美",但中国人的"和谐"是指人与人的和谐,西方的"和谐"是指人与神的和谐。

从本书前面"中西艺术比较"一讲中,我们知道"美"是对应事物的"真"、"善"和谐统一所产生的情感理想状态,但中西民族的美感心理结构是不同的,中国人更多表现为美善统一,西方人更多表现出美真统一。总体上说,中国人的美是"善美"——人和之美;西方人的美是"真美"——神和之美。

(一) 中国人建筑的人和之美

中国人的"善美"审美心理,深刻影响了中国人的建筑审美观。什么是中国人的"善"美?善美就是"天人合一"、"物我为一"之美。

对于儒家来说,"大礼与天地同节","礼之用,和为贵,先王之道,斯为美",伦理道德、封建礼法就是"天意"。因此,遵守伦理道德和封建礼法,情理统一,以理抑情,以礼节情,善待社会、善待他人,与社会相协调,与人相协调,实现人与人的和谐,就是做到"天人合一",就能产生心理愉悦的美感。因此,符合伦理道德、封建礼法的建筑,就是美的建筑。所以,如前说述,中国的皇城、宫殿,中国的民居,都是根据封建礼制来建设的。要讲究建筑的形制、建筑的体量及布局秩序,色彩装饰都要体现封建等级社会上下尊卑及其保守封闭特征。

对于道家来说,"天人合一",就是遵循"道"的精神。"道本无为",盖房子、修园林,对自然的山形水势不要人为去改变,房子的大小、形制、布局、色彩、装饰不要讲儒家的封建礼法的规矩,人要住得舒服就行,要返璞归真,道法自然,尊重山水草木的自然形态,把自己融入大自然当中,以实现"天地与我共生,万物与我齐一"的心物统一、天人合一的境界。

中国传统建筑与自然环境之间的"和谐"关系是通过"风水"学说来进行的。"风水"是中国传统文化特有的一种古代建筑文化现象,从两汉到明清,长期流行于大江南北。"风水"以华夏文化特有的阴阳、五行、八卦、气等古代自然观为理论依据,运用罗盘计算,参与大量禁忌、厌禳、命卦和星象等内容,选择建筑位置与方位,并参与建筑布局的进行。"风水"既有符合客观规律的经验性知识,又有大量不足信的伪科学内容。通过观察"风水",精心选址建造起来的中国传统建筑,因地制宜,力求处理好建筑与周围自然环境的关系,以符合"天人合一"的哲学观。由此,绝大部分传统中国建筑与周围的自然环境都保持了和谐交融的美好景致,自然山水与建筑似乎合为一体,建筑本身成为自然景观的一个组成部分。

总之,不论是儒家,还是道家,其建筑美感都是产生于人与人的和谐,人与自然的和谐,所以都充分体现了"人和之美"。

(二) 西方建筑的神和之美

西方人的"真美"审美心理,深刻影响了西方人的建筑审美观。什么是西方人的"真美"? 真美就是"天人二分"、"物我二分"之美。

从"中西艺术比较"一讲中知道,西方人讲的"真美",是产生于商业经济和个体生存方式主体意识的觉醒,把大自然、社会、他人,甚至自身都作为外在客体看待,于是客体的真实与否,则使他们主观上产生了美的心理感受。但什么才是"真"的? 西方人认为任何呈现在我们面前的现实的事物都是虚幻的,不完善的,只有符合现实事物背后的抽象本质——毕达哥拉斯的"数"、柏拉图的"理念"和"理式"、亚里士多德的"形式"时,事物才是"真"的,但是,这些超验的抽象的"数"、"理念"、"形式"只有神才能给我们,是神的意志。我们可以透过美丽的东西认识到神的存在。

所以在西方建筑外观中,比较讲究比例、对称、协调、韵律和抽象的圆形、球型、直角形、三角形、长方形、正方形,双曲线……的造型,以及这些形式之间的和谐,透过这种形式和谐,体现人与神的和谐。

三、建筑材料——土木与石头

中西古典建筑直观的差异:中国古典建筑是土木建筑,崇尚砖木结构;西方古典建筑则是以石头为基本材料。不同的材料决定了不同的建筑技术和建筑造型,也反映了不同的建筑文化内涵。

(一) 中国古典建筑的木结构

梁思成指出:从中国传统沿用的"土木之功"这一词句作为一切建造工程的概括名称可以看出,土和木是中国建筑自古以来所采用的主要材料。这是由于中国文化的发祥地黄河流域,在古代有茂密的森林,有取之不尽的木材,而黄土的本质又适宜于用多种方法(包括经过挖掘的天然土质、晒坯、版筑以及后来烧制的砖、瓦等)建造房屋。这两种材料之掺合运用对中国建筑材料、技术、形式传统之形成有重要影响。

华夏建筑可以说是把木头作为建筑材料的功能发挥到了极致,房舍中常见的三种木结构方式,即穿斗式、抬梁式和井干式的巧妙运用,可谓是独具匠心,浑然天成。另外,作为中国木架结构特有的结构部件"斗拱"也是华夏一绝,其作用是在柱子上伸出悬臂梁承托出檐部分的重量。从外观来看,华夏传统建筑每座都由上、中、下三个部分组成:上为屋顶,中间是柱子、门窗和墙面,下面是石质基座。中国传统木结构建筑的重量都由构架承受,墙体并不承重。"墙倒屋不倒"这句谚语就生动地说明了这种木构架的特点。另外,华夏建筑特有的木架结构建筑还有一个不容忽视的优点:抗震性能优越;但也有一个致命弱点:易毁难存。现存很多木架结构建筑在历史上都曾毁于火灾或其他人为灾难,经后世修复(有些是多次修复,例如武昌黄鹤楼已重修过一二十次)后方得以存留至今。中国历史上也不乏石材建筑的例子,但大多是用于建造陵墓、牌坊、华表等纪念性建筑,一直没有成为华夏建筑材料的主角。

中国以木结构为主的建筑特色,不仅是材料供应丰缺有无问题,恐怕还有更深层的文化原因。《左传·襄公二十七年》中记载:"天生五材,民并用之,废一不可"。"五材"有金、木、水、火、土,就是没有"石";"石"在"五行"中没有位置,可能是由于"中华原始初民由原始植物采集发展而来的原始植物种植的生产方式,这一原始生产方式的关于大地与植物的生命意识"——即人与自然植物之间的生命相通性、生活关联性文化积淀的结果。[①] 中国是个宗教文化意识淡薄的国家,又相

---

① 孔新苗,《中西美术比较》,山东美术出版社,2008年,第61页。

信阴阳五行圆道循环的变易世界观,房子跟衣服一样,总希望"新桃换旧符",没有永恒不变意识。且农业文明生产力并不高,实用简洁低成本是世俗社会的要求,人们对建筑的要求比较现实功利,无论是皇家宫殿,还是百姓民居,建筑的生命往往以人的生命周期为尺度,就是改朝换代,往往也要易新都,建新宫。这样,代表永恒的建筑材料"石头"就不会被看重了。

(二)西方古典建筑的石结构

西方古典建筑大多采用石头作为主要的建筑材料。这种现象除受自然因素的制约外,欧洲古代人对巨石的自然崇拜也是一个重要因素。现存建筑遗址证明,欧洲远古时期曾经出现过一个巨石建筑时代,最具代表性的就是英国索尔兹伯里以北的巨石建筑遗址。这种对石头的尊崇心理在欧洲后世建筑史上一以贯之、绵延不绝,不管是古希腊罗马时代建造的高大庄严的神殿、露天剧场和斗兽场,还是中世纪宗教时期建造的庄严肃穆的教堂,及至文艺复兴以后建造的气势恢宏的皇家宫殿,各种石头一直是西方建筑使用的主要材料。西方古典建筑的一个显著特征是狂热的宗教情怀。建筑是为了体现对于神灵或上帝的敬畏和敬仰,是对世俗生活的一种背离,同时也是来生幸福与救赎的一种期许。中世纪教堂建筑为了取悦神灵或上帝,大都建造得高大雄伟、挺拔入云,以体现急于与神灵或上帝沟通的强烈欲望。建筑师们充分利用石头的天然色泽、纹理作为建筑物本身的装饰手段,使得欧洲古典建筑大多显得稳重质朴,而且这种石质建材有助于建筑物本身的长久保存。这也是欧洲历史上很多古老建筑能至今保存完好的主要原因。

古罗马建筑主要也是用石头作为建材。古罗马建筑师发明的石头卷拱技术是罗马人一项辉煌的建筑成就,同时,混凝土的发明与运用则使得罗马人有能力建造出经久耐用的宏伟建筑物。罗马人还继承了古希腊人发明的柱式结构并将其发展成为卷柱组合形制,象征罗马帝国君王功勋的凯旋门就是这种建筑式样的最佳范例。

四、建筑结构——群体与单体

建筑艺术在一定意义上说是空间的艺术,但由于建筑材料的不同,也由于中西文化的差异——艺术时空观不同,所以,中国古典建筑空间结构是群体动态性的,而西方古典建筑空间结构则是单体静态性的。

(一)中国建筑空间结构的群体动态性

中国传统建筑空间结构是呈群体性的,古代中国社会宗教意识淡薄,民族性格安分守己，天地人各安其位，和谐统一，所以没有产生要求人工建筑高入云霄、欲与上苍对话的"非分"要求。主要原因是中国建筑的土木材料制约了建筑体不可能向高度无限发展，也就不可能在一个高大单体建筑里实现多种需要的功能，只能在平面上展开，实行群体建筑的多样组合。所以，华夏传统建筑在空间布局上往往是呈封闭性的群体建筑，建筑物在地面铺开，静卧于大地。无论是民间住宅还是皇家宫阙，几乎都是这种类似"四合院"的格局。华夏传统建筑所展示的是一种整合美或集体美。如北京的明清皇城、山东曲阜孔庙、明十三陵，都是以重重院落勾连而成的建筑群，庭院深深、大小纵横、高低错落、色彩冷暖。如宫殿庙宇使用黄色琉璃瓦顶、朱红色屋身，檐下阴影用蓝绿色略加点金，再衬以白色石基，各部分轮廓分明，建筑整体显得富丽堂皇。当然，色彩的使用在古代受到等级制度的严格限制，普通住宅多用青灰色的砖墙瓦顶，或用粉红瓦檐，木柱、梁枋门窗等多用黑色、褐色或木料本色。皇家建筑中的龙凤形象、其他各类建筑上随处可见的以"吉祥如意"为主题的"福、禄、寿、喜"以及诗画装饰，都充分体现了华夏传统建筑重色彩装饰的民族特征。同时，各种建筑物分主次依序排列于一个相当明显的中轴线四周，构成一个密不可分的整体结构，充分体现了中国传统社会结构形态的内向型特征、宗法制度和礼教制度，也体现出中国传统建筑以人为中心的根本态度。

中国传统建筑空间结构是动态性的。中国的艺术时空观是天人合一，时空合一，游动时空，由人运动的时间领着空间走，即"时、空、人"三者浑然一体而不觉，相当于前述中国古典艺术使用"散点透视"方法把动态的多个空间按时序在一个结构中曲折展现出来。所以，中国古典建筑空间结构是动态性的。中国园林建筑的空间布局更是一种自由的动态空间布局。以山形水势为导引，高低曲折，虚实断续，或大或小，建筑亭、台、楼、阁、廊、榭、桥，通过栽种花草树木，利用造景、借景、隔景、屏景等多种手段，使整个园林成为有机的整体；园内一步一景，处处异景，置身其中，仿佛人在画中游，常有"曲径通幽"、"山穷水尽疑无路，柳暗花明又一村"的审美艺术感觉。华夏传统建筑整体上是呈平面展开，注重平面空间而非高度空间的占有，体现了华夏传统文明浓郁的世俗情结以及人与自然之间血肉相连的亲合力，所以中国传统建筑艺术是动态性的空间艺术。

（二）西方建筑空间结构的单体静态性

传统西方建筑空间结构是单体性的，古代西方社会是宗教意识浓厚的社会，人们普遍渴望升天与神或上帝对话，求得神的保护或上帝的恩眷，因此对高层建筑情有独钟。欧洲人还认为教堂是神和上帝的寓所，有永恒性，故往往要用几十年、甚至几百年漫长的时间来建筑一座辉煌灿烂、宏大无比、凌空而起的大教堂。西方古典建筑往往采用"体量"整体向上提升扩展和垂直叠加的方式构建，建筑物极力向上攀升,形成巍然耸立、宏伟壮观的势态。这种高度的提升与其内部神秘氛围一道表现出巨大的宗教情怀。此外,西方古典建筑在空间布局上大多属于单体建筑,每个单体建筑就是一个独立的建筑单元,具有自身独特的功能与目的,尤其是各个历史时期的教堂建筑更是如此,而鲜有群体建筑(文艺复兴以后的宫殿建筑例外)。可以说,西方古典建筑体现的是一种独特的个性美。

西方传统建筑空间结构是静态性的。西方艺术时空观是天人二分,物我二分,时空二分,"时、空、人"三者分立,空间不随人与时间的运动而变化,空间是瞬时的结构空间,相当于前述西方古典艺术中用"定点透视"方法实现的瞬时空间结构的展现,所以,西方古典建筑的空间结构是静态性的。静态的空间结构,好像时间凝固于一瞬。观者可以找到一个观察点,把整个建筑景观一览无余。哥特式教堂由于"交叉肋拱、高扶壁、飞扶壁、尖拱等结构,使整座建筑获得了高耸挺拔、轻盈灵巧的外观造型"[①],如巴黎圣母院的中厅宽度只有12米,但中厅拱的高度在100米以上。其形体空间的封闭遮蔽了时间的流程,此时教堂的空间似乎凝固了,人们只能静态地观测纵向的立面,不断抬头向高空仰望去,在纵横两方向尺度的悬殊比较中,不由得产生一种几欲飞升的动感。

五、建筑地位——技匠与科学

"天人合一"的中国文化形成了强烈的人文传统,人与自然关系"人文化",中国全部传统文化的核心价值都是围绕着人的社会存在而建立的,并不刻意于宗教神灵的寄托,也不追求纯自然的知识体系,只专注于人与社会关系的和谐和道德人格的完成。因此在中国科学技术是没有地位的,再好的技术顶多是"巧夺天工"——按"天"安排的秩序做而已,谈不上人的创造性,把技术工作只看做"雕虫小技"。孟子就瞧不起技术工作,他说过:"有机械者必有机事,有机事者必有机心。机心存于胸中,则纯白不备;纯白不备,则神生不定;神生不定者,道之所不载也。吾非不知,羞而不为也。"意思是说:学了技术,人心就不再纯洁了。

然而,科学——理性精神一直是西方传统文化精神的核心。这种科学——理性精神承认客观自然世界的可知性,在各学科领域中对形式逻辑的推论和证明法则普遍遵从,偏好概念、范畴和抽象理论,对真理抱持虔诚信念,日常行为方式中对理性原则极度推崇。因此在西方社会,理性精神与科学技术备受敬仰。这种情况跟建筑学在中国传统文化里备受冷落的尴尬局面迥然相异,所以,西方文化语境下的建筑很早就已经发展成为一门独特且成熟的学科——建筑学,建筑师也很早就

---

① 刘月,《中西建筑美学比较论纲》,复旦大学出版社,2008年,第66页。

成为一种无限荣耀的职业。

西方远在古希腊罗马时代就已经把建筑作为一门独立的学科和艺术门类加以研究了。其时的建筑大师已经享有很高的社会地位,人们往往会把某一著名建筑物与其建筑设计师相提并论。古罗马时期,建筑学家维特鲁威就写成了系统分析论述建筑的著作《建筑十书》,形成了流传久远的建筑学理论。书中提出的"坚固、实用、美观"三原则影响深远至今。文艺复兴时期还出现了以意大利建筑理论家阿尔贝蒂等为代表的建筑理论研究高潮,后世的很多古典美学家如康德、谢林和黑格尔等都对建筑理论颇有研究,建筑美学很早就在西方得到重视。但在古代中国,建筑却从没享受到如此高规格的礼遇。虽然早在周代的历史文献就有关于建筑的专门叙述,但建筑从来没有进入过艺术的殿堂,虽然建筑实践中也十分讲求美学诉求,但一直没被完全看成一门独立的学科或艺术,历代叙及建筑的专门论著就更少了,现存的仅有《考工纪》、《营造法式》等寥寥数本。而且,建筑活动也被视为下作的匠人活计。由此,古代中国鲜有伟大建筑设计师传世留名。

思考题

1. 中国的建筑审美价值观和西方建筑审美价值观有何异同?
2. 中国古典建筑以土木为材料的文化内涵是什么?
3. 西方教堂建筑是如何营造宗教氛围的?

参考文献

[1]　梁思成.中国建筑史.天津:百花文艺出版社,2005.
[2]　李军,朱筱新.中西文化比较.北京:中国人民大学出版社,2010.
[3]　王振复.中华建筑的文化历程.上海:上海人民出版社,2006.
[4]　焦铭起,彭非.欧洲古典时代的建筑与文化.武汉:华中科技大学出版社,2009.
[5]　汉宝德.中国建筑文化讲座.上海:三联书店,2008.
[6]　刘月著,中西建筑美学比较论纲.上海:复旦大学出版社,2008.
[7]　沈福煦.中国建筑文化简史.北京:中华书局,上海:上海古籍出版社,2010.
[8]　[德]苏珊娜·帕尔奇.建筑的历史.吕娜,寿雯超等译.北京:学林出版社,2009.
[9]　赵利娟.欧洲最浪漫的古堡.北京:外文出版社,2010.
[10]　许丽雯.你不可不知道的欧洲艺术.北京:中国旅游出版社,2005.
[11]　刘月.中西建筑美学比较论纲.上海:复旦大学出版社,2008.

第十一讲 世俗与宗教——中西社会习俗文化比较

主要内容

一、觐礼：下跪与曲膝
二、婚礼：红色与白色
三、葬礼：厚葬与薄葬
四、节日：人节与鬼节

开篇案例

民国时期，政府一位高官携夫人去机场迎接来自西方的高级顾问。双方见面后，洋顾问出于西方礼仪，礼貌地说："您的夫人真漂亮！"该高官甚感尴尬又不免客套一番："哪里，哪里！"在中国，这本是一句很普通的客套话、谦虚话，可是蹩脚的翻译却把"哪里，哪里"译成："Where? Where?"洋顾问听了莫名其妙，心想：我只是礼貌地称赞一下他的夫人，他居然问我他的夫人哪里漂亮？于是他只好说："从头到脚都漂亮！"这是由于中西文化差异闹出的风俗礼仪上的笑话。

社会习俗文化包括社会生活礼仪与节庆、生活方式等，是各国社会经济、政治生活及历史文化传统的反映，深刻揭示着民族文化的基本精神和价值观念。由于社会习俗范畴宽泛，本讲只略取觐礼、婚礼、葬礼、节日几个侧面，以窥全豹。鉴于中国是宗教意识淡薄的国家，社会习俗文化是世俗化的，而西方国家基督教影响甚深，故社会习俗文化的宗教色彩深刻。

一、觐礼：下跪与曲膝

1793 年，英国外交大臣马戛尔尼奉英国国王之命前来与大清帝国建立正式的外交关系,主要想解决中国沿海地区的对英通商问题。为了"不辱使命",马戛尔尼带着英国国王的厚礼,历时数月,于同年农历六月经天津抵达北京。纵然之前已经得到了英国使者来访的消息,仍令大清帝国颇感意外。此时,83岁的乾隆皇帝虽在热河避暑,仍然立刻下令大张旗鼓地为远道而来的异邦使者接风洗尘,甚至破天荒地专门为他们的到来编了朝贡戏《四海升平》。朝贡戏原本是为庆贺属国朝贡而上演的戏,通常不涉及具体事件,而是表达天下太平、万国朝拜的盛况,程式死板且内容贫乏。但因为有不远万里的异邦慕我天朝威仪而前来朝拜,于是乾隆特命人改编了这出戏,特别加入了马戛尔尼来华途中的种种讯息,以表达对远道而来的贵宾的重视。

马戛尔尼等人一行从天津大沽上岸之后,先被安排稍作喘息,然后再前往热河觐见乾隆。面对这异邦来客,大清官员的接待可谓尽善尽美,一方面向异邦使节展现我巍巍中华的繁荣昌盛,特别是参观颐和园时,马戛尔尼等人的赞誉让帝国官员颇为自得;另一方面也要彰显中华文明的礼乐教化之功,故而在觐见皇帝之前,大清官员就朝仪问题先行与马戛尔尼多次商议,"两大人曰:敝国礼节习之殊易,因自就地板上做跪拜之状,坚请余照式习之。余曰:敝国礼节既万不能改,此项华礼亦毋庸学习。"①对于中方官员的劝说,马戛尔尼坚持自己的礼节,"敝使系西方独立国帝王所派之钦使,与贵国附庸国君主所遣贡使不同,贵国必欲以中国礼节相强,敝使抵死不敢奉教。"②为了让马戛尔尼等人按照中国礼仪觐见,大清官员软硬兼施,可谓费尽心机。然马戛尔尼拒不领受,并在觐见之日依然按照英国觐见国王的礼仪朝拜乾隆,也即曲一膝而行英式的外交礼节。不仅他是如此,随行的其他英使也是如此行礼,并向乾隆皇帝说明他的外交代表身份。乾隆对千里之外的"番邦朝圣"也是照顾有加。在他们觐见之时,遂赠 送绿色的玉如意作为见面礼。此珍贵玉器,只有王室贵族、功勋卓著者才可获得。由此看来,乾隆当时并未就朝仪问题产生任何不快,甚至还高兴地送给他们玉如意做见面礼。后世说因朝仪问题导致两国外交失败而引发了鸦片战争,但从马戛尔尼的记述来看并非如此。英使访华,乾隆编戏,说明双方都极为重视这次外交活动。然而大清官员与英使的"朝仪之争"反映出来的不是蛮夷之国的朝贡关系,而是国际社会的平等外交关系,实质是中西文化的冲突。是等级社会文化与契约社会文化的冲突。

在中国是皇权至上的社会。中国是农业文明,自给自足的小农经济,农民互相之间几乎没有经济、技术的任何往来,中国成为小生产者的汪洋大海,或一盘散沙。马克思曾喻农民是"一筐土豆"。马克思的意思是农民阶层结构松散,形不成力量

---

① 马戛尔尼,《乾隆英使觐见记》,刘半农译,重庆出版社,2008年,第31页。
② 马戛尔尼,《乾隆英使觐见记》,刘半农译,重庆出版社,2008年,第59页。

实体。在中国,农民不能靠自身的力量解决水害水利问题,也不能靠自己的力量抵御外族的入侵掠夺,所以农民需要皇帝的保护,需要"太阳"作为救星。中国高度集中的权力,使皇帝认为,普天之下,莫非王土,率土之滨,莫非王臣"。中国人长期有中国是世界的中心,华夷有别,万方来朝的虚荣心理。而西欧则相反,西罗马帝国灭亡后,中世纪的日尔曼人实行封建领主分封采邑制,宗主或领主、封臣层层分封,每个封建领主都有相对独立的采邑,他们与宗主之间的权力关系既有依附,也有契约的成分。对国王来说,"我的附庸之附庸不是我的附庸",所以,在西方,王权有限,加上基督教的普世性,教皇才是权力的中心,"教皇是太阳,国王是月亮"。英国贵族在13世纪掀起的"大宪章运动",对英国国王的权力作了有效限制。在英国,国王与贵族大臣的关系有一定契约性不像中国的皇帝与贵族大臣的关系是君临一切的"君为臣纲"的不平等的关系。于是出现了双方觐见礼的文化冲突。

二、婚礼:红色与白色

在人类所有的社会行为中,婚姻是一项非常重要的活动。作为社会习俗的婚礼,是最重要的礼仪。然而由于民族文化的不同,婚礼的具体形式与文化内涵也就不同。总体上说,中国古典式的婚礼是"红色"的婚礼;西方古典式的婚礼是"白色"的婚礼。

(一) 中国婚礼的红色寓意

中国古典婚礼给人印象最深的就是男女双方全家族的盛大庆典,以及到处贴的红双"喜",一对新人着红衣、红裤(红裙),新娘披着红盖头,桌上点着红蜡烛,床上摆着大红枣。新娘出门坐着红轿子,到新郎家前要点上红鞭炮,跨过红火盆——意味着新人进门,男方家族将人丁兴旺,日子过得红红火火。在婚姻个人不能自主,"父母之命,媒妁之言"的封建时代,凡此种种,再清晰不过说明中国的婚礼红红火火,主要不是对新婚夫妇个人的祝贺,而是对家族兴旺的集体联欢,对封建集体义务的重申。婚礼中虽然也有"拜天地"的安排,但这里的"天"只是伦理化的"天",是重申对天经地义的封建礼法的遵守承诺,完全是世俗性的行为。

男婚女嫁乃天经地义,"促使一个男人迈向婚姻之路的,有社会的、经济的、现实的和情感的原因"[①]。这个结论对于女人也同样适用。因为无论古代社会还是现代社会,婚姻都是人生的必经之事,而不同的婚配方式则展现出人类不同的文明发展脉络。人类学家摩尔根指出,人类婚姻模式发展经历了五个基本的阶段,即血婚制家族(由嫡亲的和旁系的兄弟姐妹集体相互婚配而建立的),伙婚制家族(若

---

① B.K.马林诺夫斯基,《原始的性爱》(上),王启龙等译,中国社会出版社,1990版,第90页。

干嫡亲的和旁系的姐妹集体地同彼此的丈夫婚配而建立的),偶婚制(由一对配偶结婚而建立的,但不专限与固定的配偶同居,婚姻关系只有在双方愿意的期间才维持有效),父权制婚姻(由一个男子与若干妻子结婚而建立)以及专偶制婚姻(由一对配偶结婚而建立的,专限与固定的配偶同居)。① 但这五种婚姻模式的发展程度并非整齐划一,因为社会发展的程度不同,其展现出来的婚姻形态也就完全不同。

婚姻中的习俗不仅是一种仪式,更具有法律和社会学上的意义,自从进入文明社会之后出现了各种各样的习俗或制度来保证婚姻和家庭的稳定发展。"迨人类知识日有进展,两性关系之结合渐生规范,遂因'婚俗'而异其制,所谓'婚姻乃经过某种仪式之男女结合,为社会所许可者,此种制度必以社会之许可为其特征,到处皆然'云云是也。再后,礼从'祭'生,而以义起,兼具不成文法之性质,于是以往及各地之种种婚俗,一皆折衷于礼,而依'婚礼'中之六礼程序,使男女两性为所谓婚姻之结合。罗马法学家摩德斯体奴斯有言曰'婚姻为男女以终生的共同生活为目的之结合关系'云云,颇可用以解释中国往昔'婚礼'支配下之婚姻制度。"② 在古代社会,缺乏必要的习俗会导致不名誉和各种法律问题,例如,"私奔"向来遭人诟病。在西方社会中,缺乏必要礼俗的婚姻不受法律保护,其子女在法律上也没有继承权。因此,无论达官显贵还是贩夫走卒都要"接受"礼俗的约束。试图挑战习俗的人也将为此而付出代价。

首先,"父母之命,媒妁之言"是中国重要的婚俗文化之一。

现代人用自由婚姻的观念来批评古代社会中"父母之命,媒妁之言"的包办婚姻,例如,新文化运动以来鲁迅先生曾专门写了《娜拉走后怎样?》,倡导女性独立自主地追求爱情,这也是因为近代以来中国社会发生了天翻地覆的变化,社会习俗也随之而改变。但包办婚姻作为一项被长期接受的古代社会习俗,其合理的因素也是毋庸置疑的,特别是在流动性相对较小的农耕社会中。

中国古代结婚按照风俗要履行必要的程序。尽管历朝各代各有损益,但订亲和迎亲这两种程序仍然在不同程度上被古代社会中的人们所遵守,甚至在现代社会也有体现,即使祝英台与梁山伯两情相悦,也不敢贸然私定终身。

其次,"明媒正娶,大办婚事"是中国又一重要风俗。

中国婚礼为何要大费周折地告知亲朋好友,大张旗鼓的操办,其社会意义就在于向社会"公示",以此来获得"本地认同",从而产生"本地身份"。众所周知,古代女子出嫁,都是从此脱离自己生活的社区而进入到丈夫所在的社区。对女方而言,她对自己从小生活的社区原本非常熟悉,与人交往也极为自然,出入社区也都

---

① 路易斯·亨利·摩尔根.《古代社会》(上),杨东莼等译,商务印书馆,1981版,第382页。
② 陈顾远,《中国法制史概要》,台湾三民书局股份有限公司,民国六十六年(第五版),第279页。

毫无障碍,所以女子出嫁时娘家一般不需要特别"公示"。但结婚之后女方要加入丈夫所在社区,进入了一个完全陌生的世界,特别是在古代流动性非常小的农耕社会中,她的到来就变成了突然"闯入"的陌生人。对她来说生活在这个社区极为不便,甚至是尴尬的,因为她没有获得"本地身份"。为了解决这个问题,"本地认同"就显得必不可少,"明媒正娶"的社会意义才得以彰显。"明媒正娶"的本质同样仍然是为家族共同体的集体荣光增加一道红色的光彩。

(二) 西方婚礼的白色意蕴

西方婚礼给人们最深刻的印象是庄严的教堂和白色的婚纱。白色的婚纱在西方象征纯洁、忠诚、美丽。在西方人看来,婚姻是神圣的,西方的婚礼多在教堂举行,由神甫主导婚礼进行,庄严的婚礼誓词是婚姻当事人对对方终生的承诺,也是对上帝庄重的保证。婚礼沉浸在一片宗教的圣洁气氛当中。

西方社会婚姻制度也是某种社会习俗的产物,尤其受到基督教的深刻影响。主张"男女平等"的女权主义不过是个非常晚近的概念,在此之前的西方女性经常扮演着男性附属的角色,比起中国妇女更有甚之。"婚姻对于男人和女人,一向都是完全不同的两回事。男女两性是彼此必需的,但这种必需从未在他们之间产生过相互性的地位。如我们所见,女人从未形成过一个等级,平等地与男性等级进行交换、订立契约。男人在社会上是一个独立完整的人。他首先被看做生产者,他的生存之正当性被他为群体做的工作所证实。我们已看到束缚女人的生殖和家务的角色是没有保障她获得同等尊严的原因。"①

当我们把视角投向基督教的说法,因为女人违背了对上帝的誓约,生殖是上帝对女人的惩罚,"又对女人说,我必多多加增你怀胎的苦楚,你生产儿女必多受苦楚。你必恋慕你丈夫,你丈夫必管辖你"②。其实上帝对夏娃做不公之事在先,夏娃的背叛在后,所以上帝对她的惩罚也有失公允。在《创世纪》中,耶和华把亚当和夏娃安置在伊甸园中,并且告诉他们可以自由生活。但他也告诉园中各种树上的果子都可以随意吃,"唯有园当中那棵树上的果子,神曾说,你们不可吃,也不可摸,免得你们死"③。这算是耶和华对他们的警戒。他们违背了上帝告诫,吃了,但并没有死。反而因为他们吃了树上的果子,他们有了善恶的分辨力,有了羞耻感,这让上帝极为愤怒,于是将他们逐出伊甸园,也迁怒于他们的后代,惩罚人类受苦。事实上,这个事件的发生并不能归罪于蛇的引诱,而起因很大程度就在于上

---

① 西蒙娜·德·波伏娃,《第二性》Ⅱ,陶铁柱译,中国书籍出版社,2004 年,第 488 页。
② 《旧约·创世纪》3:16。
③ 《旧约·创世纪》3:3。

帝本身,即他为何要在伊甸园中种上这样一棵树?倘若没有这棵树,那么他们现在或许还在伊甸园生活。退一步说,如果树已经有了,它的果实只是开启智慧,并无其他不利后果,但是上帝为何却要告诫他们说吃了树上的果实必死?由此看来,耶和华这样说的结果也造就了他对人类犯下的第一桩罪,即他成了第一个说谎者。现在看来,这个诫命里隐含着一个基督教中最为致命的悖论:信仰与认识。正是这个悖论决定论耶和华对人类第一次说谎。因为那树上的果实吃了之后,就可以开启人类的智慧。而一旦人类的智慧被开启,那将是一番什么样的景象,耶和华对这个是没有任何把握的,而他又希望人类能够服从他,所以他撒谎说吃了果子必死。如果他对人类有信心,也就是说无论受到怎样的引诱,人类都不会上当,会服从他的诫命。显然他对人类也不是非常信任,他真正担心的问题在于,一旦人类吃了之后,就有了智慧,那么人类就学会了思考,人类不再混混沌沌,就会像上帝一样思考。对于上帝来说,只有他才可以具有这样的能力,人类是不能有的,而且他也不想让人类拥有这样的能力。或许有一天人类会思考,我们为何要信仰耶和华?如果人类没有办法说服自己,或许就不再信仰他了,这对耶和华来说,是一件比死还要难受的事。他一手造出来的人,结果却不信他了。耶和华非常担心这个结果出现,所以他从亚当进入伊甸园的那一刻起,就对人类保持了警戒。故而我们也可以看出,耶和华想要人类永远做他忠实的信徒,不得有二心。而那果子却能够使人类有二心,因为他们有了智慧就会独立思考了。最终他所担心的事真实地发生了,他也就毫不客气地把他们逐出了伊甸园,然而他并不想彻底失去这两个信徒,所以他只是惩罚了他们,他对他们还抱有希望,希望他们能够再次成为虔诚的信徒。但因为他对人类先说了谎,也就是说他先背弃了人类,所以在以后的日子里他一直在为他的过错弥补。他害怕人类再次对他说谎,害怕人类会永远背弃他,于是他不断地降恩于人类,企图要重新获得人类对他的信奉。但是他对人类的恩惠并没有都产生美好的结果,反而引起了人类更多的罪恶。比如说该隐杀死亚伯实际上就是因为嫉妒(Envy),以及饕餮(Gluttony)、贪婪(Greed)、愤怒(Wrath)、懒惰(Sloth)、骄傲(Pride)、淫欲(Rust)这七宗罪也被认为是耶和华所导致的。

尽管上帝将人逐出伊甸园作为一种惩罚,然而他并没有拆散他们,而是令他们今生今世要相互扶持,"夫妻关系建立在配偶之互相爱恋与互相奉献的基础之上,其目的在于完成这种爱,在于延续生命。当然,这不仅仅是从生物学的角度而言。婚姻结合以家庭形式体现出来"①。而且夫妻任何一方都不能玷污这婚姻的神圣性,"上帝将亚当和夏娃带到一起,从而设立了婚姻,那时婚姻是神圣的。基督徒

---

① 阿贝尔拉等,《亲吻神学——中世纪修道院情书选》,李承言译,生活·读书·新知三联书店1998年,第5页。

这种对婚姻和性的看法赋予了婚姻以荣耀和尊严"①。基于上帝的诫命,一旦世俗夫妻违背了诫命,都将遭到神的审判,因为圣经上说,"婚姻,人人都当尊重,床也不可污秽,因为苟合行淫的人,神必要审判"②。故西方人结婚都是在教堂中举行的,男女双方要在神的面前宣誓永不抛弃彼此,无论对方陷入怎样的困境和苦难当中。夫妻之间相互忠诚无可厚非地成为婚姻伦理的基本原则之一,现在也是中国婚姻法的基本原则之一。另外基督教对性的排他性也有严格的规定,通奸及其他性行为要受到伦理上的否定,"基督教伦理不仅谴责奸淫、通奸以及公开描绘性活动的做法,而且适时地为文明社会的人如何看待人类性行为带来了显著而健康的改变"③。由此可知,现代西方婚姻习俗的形成,基督教扮演着非常重要的角色,对于家庭和谐也有着重要意义。然而,这种发展并不是一蹴而就的,至少在女性地位方面,曾经历一番艰苦奋斗才获得。④ 今天的女权主义还是个非常稚嫩的概念。白色的婚礼毕竟使西方婚姻获得圣洁的认证。

三、葬礼:厚葬与薄葬

某大学几位教师到德国西南的巴登州访问卡尔斯鲁厄大学。星期日,该校的恩格尔教授热情地领着几位中国教师沿着莱茵河畔到附近的海德堡等地参观。一路上恩格尔教授谈笑风生。在参观当地一所大教堂时,他把大家带到教堂后部的半地下室中看当地国王的墓葬:历代多位国王的石棺上下摞在一起,一个石棺高度、宽度不到半米,长度不过两米。回来的路上,恩格尔教授若有所思地对中国教师说:我多次到过中国,看过西安的秦始皇陵、北京的明十三陵、南京的明孝陵。中国皇帝的坟墓都是一座山,而我们这里的国王死后的坟只占不到两立方米。中西葬礼厚薄存在明显的文化差异发人深思。

(一) 中国的厚葬风俗

中国古代素有厚葬的传统。中国各地博物馆现存的历史文物中,从历代墓葬中出土的殉葬品占有相当比例。秦始皇陵出土的兵马俑、长沙马王堆汉墓出土的

---

① 阿尔文·施密特,《基督教对文明的影响》,汪晓丹等译,北京大学出版社,2004年,第75页。
② 《圣经·希伯来书》13:4。
③ 阿尔文·施密特,《基督教对文明的影响》,汪晓丹等译,北京大学出版社,2004年,第75页。
④ 传统欧洲中世纪曾经存在一种婚姻陋习——初夜权(Jus Primae Noctis),即在新婚的当天晚上,与新娘行夫妻之礼的不是新郎,而是当地的领主或主教。经过此晚,失去处子之身的新娘才能正式地与新郎结合。也正是因为如此,才导致了当时一项新的继承制度产生——幼子继承权。换句话说,只有家庭中最小的儿子才有资格继承父亲的财产,与中国古代的"嫡长子继承制"截然不同。人类学家指出在太平洋南岛的某些部落社会也曾存在类似的初夜权制度。然而历史学家则断然否认欧洲的历史上曾经存在过这样的风俗,认为这不过是神话学家的虚构。

木乃伊、西安汉阳陵出土的俑群、河北中山王陵出土的金缕玉衣、北京定陵出土的帝后金凤冠……殉葬品之多、之繁、之奢华,令人叹为观止。这些无不显示着中华厚葬之风。不但皇家贵族是这样,中国民间也是如此。虽然民间不会像皇族那样奢华,但给祖先的陪葬品也不敢怠慢,有的陪葬金银,有的陪葬各种生活用品,供死后在另一个世界享用。

直至改革开放30余年后的今天,尽管科学发达、社会昌明,仍然有些地方、有些人还在大办丧事,修坟造墓,还焚烧纸人、纸马、纸电视、纸汽车、纸房子。这是传统文化中的厚葬糟粕挥之不去的影响,也是即将逝去的一种历史文化的回光返照。

中华厚葬之风是怎样来的?

丧祭礼仪,本来目的是寄托生者对死者的哀思,古今中外莫能其外。但是,在儒家思想主导下的中国古代社会,"哀"是为了尽"孝"道。所谓"孝"道,实际上是一种基于血缘和亲属关系的私人德行,实质并非真正对"人"的敬重,而是对外在规范——"礼制"的无条件服从。"孝"最终是要不悖于"礼",所谓"生,事之以礼;死,葬之以礼,祭之以礼"。

丧葬礼仪关乎整个社会伦理规范和政治秩序的稳定。儒家崇尚封建礼法,讲究血缘亲情,遵循"尊尊"和"亲亲"的原则,以"孝"道来凝聚族人,以巩固封建宗法社会的秩序。而对死人的孝就体现在丧葬的厚薄和质量上;体现在葬礼的繁文缛节上;体现在对长者的"无违",对父之教的"无违",归根结底是对封建礼法的"无违"。

厚葬的"理论"(实践理性)的根据是《论语》说的要"慎终追远",《中庸》说的要"事死如生,事亡如存"。意思是说,父母死,居丧要尽礼节,祭祀要虔诚。对待死者要像对待生者一样,对死者生前的事情,要像其人还活着时一样对待。目的是为了"慎终追远,民德归厚矣",即大家都这样做,就能保持民风的淳朴、厚实。儒家的"孝"道,实质是维持农业社会安定的手段。

如何理解中华厚葬风俗文化的世俗性?

理解中华厚葬风俗文化的世俗性,关键在于中国葬礼的"事死如生"风俗——把死人当生人供奉。关于葬礼上的祭奠,"奠"是一个象形字,上面是"酋"即"酒",下面像放东西的基物。本义是设酒食以祭,特指初死时的备供品敬礼。中国古代到今,在祭礼上用整头宰杀过的牛、羊、猪、鸡、鱼等加上应时的水果、蔬菜做祭品。从常识知道,死者是不会起来享用这些供品的,只是古代中国人的文化心理认为:人死后还有灵魂存在,死者只是灵魂脱离了人身,他们的灵魂是实体性的(西方认为"灵魂"是精神性),还会像原来的人一样过渡到另一世界生活,还会祝福人间。所以人应"不死其亲",不应把死去的亲人当作"亡人",应当'视死如生"。他们按世俗办法祭奠供奉死人,对死人的祭奠供奉,归根结底是让死者的灵魂保佑自己的世俗生活。所以中国丧礼具有世俗性。

(二) 西方的薄葬风俗

在西方的电影电视中,许多人都看到过西方的葬礼,最深刻的印象是十字架和黑色的丧服,或衣袖上的黑纱。墓地都十分简单,一个两米左右的长土坑。下葬时人们只是向棺木撒下朵朵鲜花,不见有其他的殉葬品。参加葬礼的是死者的亲属与生前好友,但不大会是家族的集会。葬礼上没有中国式"事死如生"的供品。西方的丧祭礼仪大抵很简单,其形式基本上属宗教式的。葬礼与葬礼弥撒一般由神父或死者亲属议定,包括祈祷词和经文,然后是圣餐,最后为告别仪式。葬礼过程主要为死者祈祷,祝灵魂早升天堂,解脱生前痛苦。整个葬礼庄严肃穆,简单薄葬。

西方的薄葬风俗是怎样来的?

西方丧葬礼俗主要受基督教文化的影响。基督教将每一个人的灵魂直接与上帝发生关系,不允许偶像崇拜,崇尚灵魂升华而轻视肉体,因为肉体是肮脏的、有罪的。因此西方的丧葬风俗是重精神性的超升,对肉身简丧薄葬。因为在上帝面前"灵魂平等",上至王公贵族,下至平民百姓,丧葬基本从简。基督教认为人死后灵魂需要安静,因此丧礼非常肃穆。无论是刚去世时还是在教堂举行丧礼时,或在送葬路上或下葬时,亲友都不能大声嚎哭,只能默默流泪或嘤嘤啜泣,意为不要打扰死者灵魂安静。

四、节日:人节与鬼节

民族民间节日是重要的社会风俗文化。由于中西民族先民的自然条件、生存方式不同,在漫长的历史过程中,也形成了不同的物质生活方式和精神生活方式。中国社会是宗教意识很淡薄的社会,梁漱溟先生说过:中国人的人生是"无宗教的人生"。所以中国的传统节日多是世俗性的,是人节。当然,随着改革开放,许多青年人也喜欢上了洋节。西方社会的基督教文化影响甚深,宗教氛围较浓,故西方古典节日宗教性强,是鬼节。但随着社会的现代化进程,西方的宗教性节日也日趋世俗化。

(一) 中国节日的世俗性——人节

2005年,韩国的"江陵端午节申遗报告"引发了中韩民间大规模的文字"战争","端午节之争"迅速被上升到中华文化生死存亡的高度。事实上,在这份申遗报告中,韩国明确指出"端午节作为一种文化纪念活动源于中国",只是他们的端午节与中国的有了很大的不同,有大量自己的民族特色。不可否认,韩国近些年来为获得一个独立的文化身份可谓殚精竭虑。先是把首都汉城改为首尔(因为"汉城"有着非常明显的古代中国统治印记),又论证出几个中国名人具有韩国血统,又是端午节之争。韩国所有的努力却忽略了一个关键问题,一种生活方式经历了千年的积淀而形成一种路径依赖,不可能在旦夕之间就被废弃,也正应了前文所说的"习俗的力量"。尽管当前中国对传统节日所承载的文化意义还没有特别重视,然而民间社会保留下来的相应的习俗传统依然成为乡土社会的主宰力量。

端午节作为传统节日中的一种,相传是为了纪念爱国诗人屈原而形成的,节日当天要赛龙舟、吃粽子等。然而一些学者们否定了这种说法。因为广西左江春秋到东汉时代的岩画,已有划龙舟活动的画面;湖南出土的春秋时代的铜钺上也有龙舟图,这说明端午节在屈原之前就已经形成。另外屈原在《涉江》篇中说:"忠不必用兮,贤不必以,伍子逢殃兮,比干菹醢,与前世而皆然兮,吾又何怨乎今之人!"这说明屈原之死不仅是政治原因,更是对社会的绝望。屈原的时代还没有"民族国家"意义上的国家概念,所以屈原的"爱国主义"与我们今天的"爱国主义"概念有所不同。①

无论现代如何理解端午节的文化含义,我们却不得不承认,它与清明、重阳、中秋、冬至、春节、元宵等都奠基于中国古代的农耕社会。春夏秋冬四季更替,日出而作日落而息,这种生活方式一成不变。当各种节日点缀其间时,既能调剂生活,又能教化育人。以欢庆娱乐为核心的春节、元宵、端午、七夕等节日让人对生活有了激情;而寒食、清明、中秋、冬至等节日多了文化教化的功能。传统节日不仅承载着丰富的文化内涵,更是一种典型的生活方式,农耕社会的各种节日庆祝大多与农业活动的节气有关。而农业活动又离不开家庭成员之间的集体协作,所以传统习俗要么与时令有关,要么与家族祖先崇拜有关。如在春节的庆祝活动中,"天地君亲师"的牌位就体现出几种非常重要的社会关系,随之庆祝这些关系也得到了加强。中国的农历为这些节日提供了"天——地——人"合一的运行节律的时令节点;儒家伦理又丰富了这些节日的意义和实施方式。这些节日都是世俗性人的节日。

这些节日原来纯粹是民间社会的非正式活动,也逐渐为政府所接受,并且最终成为法定假日。"除了这种常规性的像星期天一样的假期以外,政府规定中还有节庆的假日。在唐代和宋代,还有分别放假1天、3天、5天或7天的大小节庆。这个单子上列在最上方的是春节和冬至日,每次都放7天假。在唐代,我统计出一年中共有53个这样的假日,包括皇帝诞辰的3天和释迦、老子诞辰各1天。宋代有

---

① 朱又可,《不是迷信,而是不信——中国传统节日的尴尬》,南方周末,2010年6月14日。

54个这样的假日,但只有18天被定为'休务',其他天大概至少还要有部分时间要和平时一样办事。"①

当代中国的"城市化"进程让这些传统节日慢慢被遗弃了,特别是现代的年轻人喜欢过西方的各种节日。这种现象背后是强势文化对弱势文化的殖民。如前所述,韩国之所以要如此大张旗鼓地申遗,正是对自己文化身份的重新主张。在当代世界舞台上,中国如何保持自己独特的文化身份?民间社会要求复兴传统文化的呼声此消彼长。当今将春节以外的清明节、端午节、中秋节纳入国家法定节假日里。部分传统节日"法律化"的现实结果是劳动者享有在这些节日里的休息权,我们不可低估这项法律改革的意义。如前所述,传统节日衰落的根本原因可能不在于农耕生活方式的衰落,而是这种生活方式所蕴涵的文化意义的衰落。传统节日经过几千年传承下来,不仅仅是因为它的一些娱乐活动,更是一个文化现象,是一个民族情感、民族精神和民族信仰的体现,值得我们珍惜和传承。

(二) 西方节日的宗教性——鬼节

基督教自罗马帝国时代成为国教以来,对西方社会的影响是方方面面的,正如儒家思想对中国传统社会的影响一样。中国的传统节日都具有丰富的文化意义,同样基督教流传下来的节日也同样如此,"基督教不只是一套观念体系,它是一种生活方式。这种生活部分地通过其丰富的年度结构模式表现出来,其中基督教信仰的不同侧面在一年的不同时间被突出出来而引起人们的关注"②。以礼拜日为例。礼拜日也称为安息日,按照《圣经》上的说法,上帝工作了六天,第七日休息,所以得名安息日。现代社会中,礼拜日却有着突出的政治含义。众所周知,西方社会是个典型的陌生人社会(私人社会)。作为社会的最小单位——家庭,也都是非常独立的。未经主人许可,任何人包括警察都无权进入,所以西方才有谚语"茅屋虽破,风可进,雨可进,国王不可进"。如果真是这样,人人皆"自扫门前雪",以致"鸡犬之声相闻,老死不相往来",那么公民社会又如何建立起来,公共事务又如何开展?其实基督教扮演了一个重要的角色。因为每个礼拜日都要去教堂做礼拜,大家也就必须见面。在这样一个纯粹的公共场合,讨论的话题也当然就局限在公共领域了,公共事务同时得以开展。回头来看,我们说西方人公私分明,并不是他们道德高尚,而是由特定的社会习惯决定的。宗教可以引导我们的生活,却不能左

---

① 杨联陞,《中国制度史》,彭刚等译,江苏人民出版社,1999版,第20页、21页。
② 麦格拉斯,《基督教概论》,马树林等译,北京大学出版社,2003年,第387页。在基督教的年历中有降临节、圣诞节、主显节、大斋节、复活节、升天节、五旬节和三一节。在这些节日中被世俗化的节日有圣诞节和复活节,现在已经成为多数西方国家的法定假日。

右政治,美国联邦政府的法律明确规定,任何公立学校禁止公开教授宗教课,防止公民形成某种宗教偏见。尽管如此,联邦政府也明文规定"圣诞节,复活节和感恩节"为法定假日(Public Holiday)。① 当然感恩节是美国独有的世俗化的宗教节日,"尽管感恩节明确无误地显示了它与《圣经》和基督教渊源,但它现在已演变成一个颇为世俗的假日。对于感恩节人们耳熟能详,但是向谁感恩却是罕有人言。美国产生这一盛大节日的实质性原因是上帝。人们过感恩节主要是探亲访友,当然,还要吃一顿丰盛的火鸡宴席。"②然而基督教节日的世俗化不止感恩节,其他的节日也同样如此,特别是元旦的世俗化可谓有过之而无不及,连中国都规定元旦为法定假日,"因基督教而产生的所有节日中,元旦已经变得最最世俗化……然而,元旦则与基督教毫无关系。元旦——耶稣出生后的第八天,是为了纪念给耶稣所行的割礼(这是根据《利未记》12章3节的规定),从公元6世纪中叶起,教会将这一天在礼仪上称之为'割礼节',但这一意识已一去不复返了"③。基督教中的复活节(Easter)原本是说耶稣被钉死在十字架上三日后复活,向信徒展示他作为复活的救主,将成为宇宙的掌管者;另外也让基督徒坚定了信念,不再惧怕死亡。然而现代社会中的复活节几乎丧失了宗教含义,"由于越来越世俗化,复活节的第二天作为宗教活动的日子已被渐渐淡忘。不过,复活节礼拜仍然是一个引人注意的主要节日,在西方尤其如此。在欧洲仍有许多国家,遵从以往基督教的传统,将复活节礼拜仍作为一个商业界假日"④。再加上现代科学对基督教信仰的无形挑战,它所塑造的生活方式也越来越缺乏宗教的意蕴,正如有学者指出,"'假日'是一个宗教词汇,意味'神圣的日子'(Holy Days),这个基督教术语起源于中世纪。在过去,圣诞节、复活节、受难节、五旬节等被基督徒奉为圣日,因为上帝借他的儿子耶稣基督在这几个日子里行了大事。具有讽刺意义的是,如今在说英语国家,'假日'的使用越来越缺少宗教的含义。因此,当人们在圣诞节和新年期间说'假日快乐'时,他们往往只是表达一种问候,一个毫无宗教色彩的问候,一个与耶稣基督的诞生毫不相干的问候"⑤。

无论中西方的社会习俗经历了多大的变化,它们都是某些文化的载体。或许现代的生活方式与习俗的形成时期完全不同,然而经过千百年累积下来的行为模

---

① 在美国的公假名单中,除了与政治有关的"独立日"、"总统日"等外,有三个与宗教有关的假日,即圣诞节、复活节和感恩节。同样在英国的公假名单中,除了圣诞节、复活节之外,还多出一个受难节(Good Friday),因为耶稣被钉死在十字架上,根据传说,那天是4月7日星期五。于是信徒在周五举行哀悼仪式,
② 阿尔文·施密特,《基督教对文明的影响》,汪晓丹等译,北京大学出版社,2004年,第368页。
③ 阿尔文·施密特,《基督教对文明的影响》,汪晓丹等译,北京大学出版社,2004年,第366页。
④ 阿尔文·施密特,《基督教对文明的影响》,汪晓丹等译,北京大学出版社,2004年,第367页。
⑤ 阿尔文·施密特,《基督教对文明的影响》,汪晓丹等译,北京大学出版社,2004年,第361页。

式却难以改变,这就是"习俗的力量"。需要指出的是,中华文明与西方文明曾经走过的路完全不同,那么旅途中的风景也自然不同,最后的心得体会当然不同。我们无意于"褒中贬西",更不想"抑中扬西",只是想说,"对于文化行为的意义,当我们清楚地理解了它们,知道它们是地区性的、人为的、大可改变的时候,也并非没得可说了。它也还能被整合。一种文化就像是一个人,是思想和行为的一个或多或少贯一的模式。每一种文化中都会形成一种并不必然是其他社会形态都有的独特的意图。"①

思考题

1. 婚姻习俗的形成与社会变迁有着怎样的关联?
2. 试析传统节日的现代命运。
3. 基督教在西方社会习俗的形成中有何贡献?

参考文献

[1] 福柯. 规训与惩罚. 刘北成等译. 上海:生活·读书·新知三联书店,1999.
[2] 西美尔. 时尚的哲学. 费勇等译. 北京:北京文化艺术出版社,2001.
[3] 汤普森. 共有的习惯. 沈汉等译. 上海:上海人民出版社,2002.
[4] 马林诺夫斯基. 原始社会的犯罪与习俗. 江原译. 昆明:云南人民出版社,2002.
[5] 布鲁斯. 社会学的意识. 蒋虹译. 南京:译林出版社,2010.
[6] 路威. 文明与野蛮. 吕叔湘译. 上海:生活·读书·新知三联书店,2005.
[7] 米德. 代沟. 曾胡译. 北京:光明日报出版社,1988.

---

① 露丝·本尼迪克特,《文化模式》,王炜等译,生活·读书·新知三联书店,1988 版,第 48 页。

第十二讲 中西服装文化比较——宽衣与紧服

主要内容

一、服装形制：保守稳定与开放创新
二、审美情趣：重意轻形与重形轻意
三、艺术风格：强调神韵与突出人体
四、造型装饰：和谐简约与失衡铺陈

开篇案例

1948年5月，国民党在南京举行"行宪国大"，"选举"蒋介石为中华民国总统。5月20日，蒋介石举行总统就职宣誓仪式。西服具有民主平等的文化含义，西方国家总统就职一般穿西服，而从不穿西服、习惯一身戎装的蒋介石突然穿上长袍马褂，把一同参加宣誓的副总统李宗仁搞得十分尴尬，因为李副总统作为桂系军阀，此时仍然是一身戎装打扮，与"民选"总统的"民主"氛围不协调。蒋介石认为自己作为"中国人的总统"，应当穿中国人的衣服。到台湾后，蒋介石与严家淦举行总统、副总统就职宣誓，蒋与严又再次穿上长袍马褂。可见服装文化具有民族性，也具有政治性的意蕴。

服装是一种文化，中西服装文化由于产生的地理环境、气候条件不同，在发展的过程中历史积淀的内容不同，因而中西服装文化的内涵有很大的差别。不同民族的文化特色决定了不同的服装特色，形成了全球风格各异的服装传统文化。以中国为代表的东方服装文化和西方服装文化截然不同：西方从社交、美观的角度出发；而中国往往从身份、地位的角度出发，虽然不是绝对的，但这些特点在文化整体性中起着特殊的观照作用,是各个民族文化心态的反射。文化传统的相对性由此可见一斑。

一、服装形制——保守稳定与开放创新

(一) 中国服饰形制——保守稳定

中国服装历史悠久,但文化封闭而僵化,由于2000余年的农业文明,封建社会形态发展停滞,礼的约束与严格的等级制度,中国传统服饰几乎千年一统。我们的祖先创造了底蕴深厚的宽衣服装文化,但基本形制没有多少变化,缺乏创新变革。

中国服装文化是一种单源性的文化,中国素有"衣冠之国"的称号,服装文化历史源远流长。大致在传说时代的黄帝、尧舜时期我国已经采用上衣下裳服装形制。从商代出土的玉雕人像中,我们已可清楚地看到这种上衣下裳的形式,上衣长度至膝盖,衣襟右掩相叠,称为右衽,形成交领,腰间用一根带子系缚固定。下身着围裳。中国古代将右衽的服装以及束发的装扮视为文明的象征,并将其作为古代华夏民族区别于周边其他民族的一种特征,而披发左衽则为异族服装的特点。孔子曾感叹:"微管仲,吾其被发左衽矣。"(《论语·宪问》)从原始社会、夏商周、秦汉、魏晋南北朝、隋唐、宋辽金元、明清,直到现代,衣冠体制和服装典章都以极其鲜明的特色为世界瞩目。在中国几千年来的历史进程中,在相对稳定、自闭保守的状态下,儒和道的学说信仰互动互补地融合,形成了特有的美学与哲学观念,使服装产生了特殊的文化功能。几千年来中国传统文化"在一个不变的宇宙观,不变的政治制度,不变的伦理信条,不变的人生理想中,毫无间断地延续下来"。在这个大环境下,中国服装文化的继承性、连续性要远远大于变异性、创新性。纵观3000年来的中国服装史,从商的上衣下裳到周的上衣下裳连在一起的深衣的出现,经历了一次服装制式的变化。战国时期,赵武灵王将胡服引入赵国,进行了一次重大的服制改革,以适合山地骑兵作战的胡服,替代宽衣袍带的汉服。但这种改革并没有在整个中原地区得到推广。从秦汉开始,几千年来男袍衫,女襦裙为主体的基本形制一直是中国各个朝代的服装的主要形式。只有当少数民族入主中原时,才为中华服装注入一些新的内容形式,如南北朝时期的裤褶、两裆衫,元代蒙古族的顾姑冠、辫线袄,清代满族的马褂,但这仅仅是历史长河中的一个个浪花与点缀,波澜过后重又融入传统中去。

(二) 西方服饰形制——开放创新

西方服饰历史悠久,多源开放,它经历了奴隶社会、封建社会、资本主义社会多种社会形态,因此西方服饰不断更新。

西方服装文化是一种多源性的文化。西方古代文化发源于地中海沿岸,古希腊文明曾受到同处地中海周边地区的古埃及文明、两河流域文明、西北小亚细亚文明的影响。远在公元前3500年左右,苏美尔人就开始使用羊毛纤维,采用羊毛织物包缠在人体上。形成服装。由于地处温热带,古埃及人着装很少,下层阶级一般处于裸体状态,或用布块简单地缠在下身,形成胯裙或围裙。上层人士也穿围裙,但布料精细,并且带有整齐的放射状的衣褶(象征太阳的光芒)。公元前1750－公元前1450年位于地中海东部爱琴海上的克里特岛上的米诺斯文明进入了全盛时期。荷叶边状多层下摆重叠的喇叭裙,露胸的紧身短上衣,服装典雅、造型精致。公元前1200年左右,来自巴尔干半岛西北伊利里亚的多利安人侵入希腊半岛,代之而起的是一种与往日米诺斯服装完全不同的风格,以披挂包缠形服装为主,简朴、和谐。古希腊的服装无论从款式还是面料上,都受到来自地中海区域各文明的影响,披挂包缠形服装是古埃及人、苏美尔人常用的形制,它们甚至被视为文明的象征,而裁剪缝制的服装则被视为野蛮标志,以至有一个时期罗马法律规定:穿裁剪缝制服装者要被判处死刑。当时服装本身并无一定的结构制式,仅仅是一块方形的衣料,根据穿着者的身高及所要形成的款式,在织机上织成。然后以人体为模架,衣料不经裁剪,以不同的方式披挂、围缠在身上,形成不同的款式风格。这种披挂、包缠形的服装,以简洁、明晰为特色,不经任何裁剪和缝制,因此,在描述希腊早期职业的语汇中,无"裁缝"(dressmaker,tailor)一词。古希腊罗马可以称为"宽衣"时代。

拜占庭成为东罗马帝国的首都后,东方的影响逐渐加强,同时,自从公元312年米兰赦令颁布后,基督教的影响日益扩大,服装不再裸露。古希腊的服装形制,基督教的蔽体思想,东方华丽精美的织物构成了拜占庭服装的特征。中世纪初期,欧洲受基督教思想的影响,肉体被认为是罪恶的,与古希腊崇拜、赞美、欣赏健美人体的观念完全相反。中世纪浑厚的罗马式教堂,增加了人的沉重的负罪感。与此相呼应,男女都穿遮蔽严实、宽松略肥的吐尼卡,人体的线条不再显现,行云流水般的美丽的衣褶也消失得无影无踪,形式与内容本质达到了新的统一。但由于气候的原因,查理曼帝国时代的日尔曼人都穿紧身的衣服,是立体裁剪服装的先驱。他们都以身着黑色骑士服为高贵、强悍的象征。

文艺复兴时期的到来,使文化与艺术达到了空前的繁荣,封建神学的禁锢被打碎,人们把追求天国来世幸福的热情,转移到现世的人间来。服装的形式也达到了前所未有的多样化,服装色彩丰富、鲜艳,其宗旨在于突出人体着装的美。服装的审美重心在于突出男女的性的特征,华丽的装饰使造型夸张到了极点。服装的形式与追求个性解放、恢复古希腊自由的精神相一致。

中世纪后的西方服装文化是一个不断创新、进取的文化,标新立异被认为是一种时髦,因而一种风格不断被一种更新的风格所取代,服装的形式的变化层出不穷。近代欧洲的政治中心不断转移,服装文化重心也随之变化。16世纪下半叶,西班牙称雄欧洲,西班牙服装主导整个欧洲的时尚。17世纪上半叶,荷兰作为世界历史上第一个资产阶级共和国,称霸欧洲。以自然舒适为特点的荷兰服装很快地取代了原先极度夸张的造型与僵硬的模式,成为欧洲的时尚。17世纪下半叶法国成为欧洲的政治文化中心,自此,法国确立了在欧洲的不可动摇的服装文化中心地位。在服装上结构造作、装饰华丽的巴洛克服装取代荷兰风格的服装流行欧洲。18世纪上半叶,体现纤巧细腻女性风格的洛可可艺术风格的服装,取代了雄壮伟岸的巴洛克风格服装。18世纪的下半叶,新古典主义风格的服装主宰法国的服装潮流,古希腊风格的简洁服装,再现于欧洲。19世纪,继浪漫主义风格后,新艺术风格影响了欧洲的服装时尚。服装受艺术风格的影响,不断变化发展。从欧洲中世纪的罗马式艺术、哥特式艺术到近现代的巴洛克艺术、洛可可艺术、浪漫主义艺术,等等。服装的形式的表现与艺术风格紧密地联系在一起。

纵观西方服装文化发展的历程,服装文化的历史重心一直在不断转移,形式变化跌宕起伏,古希腊、古罗马、拜占庭、欧洲中世纪、文艺复兴时期及近代欧洲等时代特征明显。服装变化周期越来越短,从古希腊至欧洲中世纪间的数百年的一个变化周期,到文艺复兴时期后的50年一个轮换,再至19世纪的25年一个变化周期。进入20世纪后更替周期缩短至10年,交替更迭愈加频繁。

二、审美情趣:重意轻形与重形轻意

(一) 中国服装的审美理想——协调社会、重意轻形

儒家美学从社会整体的审美角度来要求人们着装造型的外在形式美和内在品质的气韵美一致,强调理想人格和道德修养的提升,把表里如一、内外兼顾的个性美融入整齐统一、秩序分明的社会风尚之中。

在漫长的中国封建社会中,服装作为一种物化形态的文化,浸入了封建政治、伦理等内容,成为封建等级制度的标志。服装外观的不同是"上"与"下"的不同,是"贵"与"贱"的不同。严格的等级制度一方面满足了王公贵族虚伪的心理需求;另一方面则把自己与对立的阶级截然分开,封建文化的本质便从这一点上反映出来。在中国,皇族及九品官员都有严格的服装规定,这是"礼"的内容。在"礼"的束缚下,服装的严肃性是绝对的,形成了封建专制文化中最为僵化的成分,同时也促成了整个中华民族普遍的对待服装的保守心态,以至浸透到全民族最基本的文化积淀层面中去,一直影响到中国的现代。

中国服装文化在其滥觞期就与中国古代的巫觋文化有密切的联系,《易·系

辞》称"黄帝垂衣裳而天下治,盖取之于乾坤"。黄帝颁布了上衣下裳的服装形制,上衣象征天,服色用玄色,为天未明时之色。下裳象征地,服色用黄色,地为黄色。将服装形制与天地联系在一起,从而达到了天下大治的目的。在古代巫觋文化中,服装的功能与作用是如此强大。

唐虞尧舜之时,更有以冠履衣服为刑罚的所谓象刑。"……上刑,赭衣不纯(衣服之缘饰谓纯);中刑,杂履;下刑,墨蒙。""唐、虞象刑,而民不敢犯。"(《尚书大全》)象刑取得了很大的威慑效果,应是服装与古代巫觋文化中巫法与巫力结合的结果。

在中国,服装文化的成熟期则与西周礼乐文化的形成密切相连。中国服装文化在表现礼乐文化以等级性为内容、以形式性为特征的制度体系中起着重要的作用。其特点主要有:

1. 周礼中规定了一整套冠服制度,也称为冕服制度。强调以宗法制度为基础的等级概念,在重大礼节场合,包括祭祀与朝会,服装等级差别严格,上能兼下,而下不能僭上。

2. 强调服装文化的政教功能,服装在借形象以表达义理方面达到了极点,从伦理道德的角度来对待服装的结构形制,服装的图案纹饰(章纹),服装的佩饰,以起到正风俗、治天下、安定社会的政治教育功能。

究其原因大致可归结为以下几点:

第一,中国古代纺织技术发达。在服装文化步入成熟的西周与春秋、战国时期,已经发展到一定的高度,古代纺织品所使用的纤维原料丰富,织成的面料所产生的风格大不相同,丝、麻(大麻、苎麻)、葛、毛织物间,本身就存在着贵贱之分,加之中国古代纺织加工技术的发达(提花、染色、练漂),即使对于同一种纤维,加工方法与深度不同,所产生的效果与风格也可截然不同。这些绚丽多彩、品种丰富的纺织品在客观上为服装的外观变化提供了条件,也为服装文化体现以等级性为内容,形式性为特征的礼乐文化精神,提供了不可或缺的物质基础。

第二,中国的祭祀文化发达。在殷商时期,对天神、上帝的崇拜,几乎支配着一切思想和重大行为,难怪"殷王一年三百六十五天中几乎无日不举行祭祀",周因于殷礼,在祭祀方面殷、周有相承相因的关联,由祭祀礼仪而衍生出一整套规范的体系——礼。服装在人的仪容上,作用显著,尤其在礼文化中,它可以彰明等级制的界分,增益等级制的色彩,强化等级制的功能。同时,礼文化也为服装文化注入了丰富的内容。

第三,周的礼乐文化是一套具有明显政治功能的制度和文化体系。它除了规范人的道德行为,使之合乎于礼外,它还将物象看做是人的某种伦理品格的表现和象征,其实质是将物象拟人化和伦理化。在礼文化中,服装与佩饰也不例外,具有

"比德"作用,强调了某种政教功能。儒家以"德"、"礼"来规范服装,力求社会的伦理规范和个性的心理欲求交融统一在服装上加以体现。

中式服装的美学观点,反映了中华民族的审美心理和文化特征。中国人受儒道互补的美学思想影响,重视情理结合,以理节情,追求闲适、平淡、中庸,追求超出形体的精神意蕴。中式女装严密包裹人体,使人难窥其详,增加了神秘感。中式男装严整修长,洋溢着中和之美。皇帝的礼服,宽博繁复,辉煌壮观,《资治通鉴》有"天子以四海为家,干壮不死无以重威"之说。皇帝的礼服不仅是权力的象征,也是中国人审美观的表现。

(二) 西方服装的审美理想——形即本质,重形轻意

对于形的理念与定位,中国与西方的理解完全不同。在中国传统文化中,注重的是形的内涵,即形所隐喻的意义,立象以尽意,它是为礼的文物昭德属性服务的,具有浓厚的社会政治伦理的倾向。形的审美在于它所表达的意。而希腊人则不同,他们认为形式就是本质,以科学理性的态度来对待形式本身,认为形必须遵循一定的规律、法则才能达到美的效果,他们注重形的本身结构,把形分解成数学的组合,研究形的各个部分的数量大小及比例关系,以及何种数量比例才能使形达到完美与和谐。古希腊的毕达哥拉斯学派认为美就是数的和谐,著名的黄金分割法就是他们发现的。

这种和谐与平衡的审美基调也体现在古希腊的一切艺术之中,希腊人认为形式即本质,如在雕塑艺术中,艺术家"按照美的比例创造雕塑时,既给了石头一个外形,又给了一个本质",雕塑形式各别不同,所表现的个体本质也各异。在服装艺术上也是如此,同样是一块织物,在人体上披挂包缠的形式不同,即形成了不同类别的服装,分别产生了基同(chiton)、克莱梅斯(chlamys)、希马欣(himation)等多种服式。古希腊人这种注重对服装形的安排的理念,是西方服装文化发展的一个重要的基础,它对西方服装的演变与发展影响深远。

三、艺术风格:强调神韵与突出人体

(一) 中国服饰艺术风格——强调神韵

中国的宽衣文化表达出儒家与道家的神韵。宽衣体现儒家的入世思想和质朴方正、严谨守礼的人格风尚;又体现了道家的出世思想和洁心静气、超然淡泊的情感意境。

中国服饰的形式被打上了深深的儒家"烙印"。儒家要求人们着装造型的外在形式美和内在品质的气韵美相一致,体现了强化理想人格和提升道德修养的服

装造型观念,把表里如一、内外兼顾的个性美融入整齐统一、秩序分明的社会风尚之中。所以中国的传统服饰始终以繁冗、宽博为主要特征。但从整体上看,因疆土广大,各地的风俗不同,衣着习惯也各异,中国的古代服饰基本上是多民族服饰特征相融合的产物。由于中庸思想的影响,中华民族形成了稳健持重、热爱自然与和平等特有的性格,以及知足常乐、因循守旧的思想意识。在这样一种行为规范和思维方式的影响下,中国人着装特别讲求和谐,所谓"文质彬彬",以"谦谦君子"的风范来维护良好的人际关系。例如,源于满族妇女服饰的旗袍是中国女性着装文化的典型标志,它不仅在整体造型的风格中符合中国艺术和谐的特点,同时又将具有东方特质的装饰手法融入其中,其独特魅力在于它所包容的文化内涵。

道家思想对中国服饰艺术风格也产生了深刻的影响。"天人合一"的思想把天地万物看做是一个有机的、生动的、协调的整体。"天地与我并生,而万物与我为一",天、地、人为一个整体。老子主张"师法自然","人法地,地法天,天法道,道法自然"。人是自然之子,是天地之气化育而成,人必须以天、地为师,以自然为师,法天地自然规律而行事。《周易》中也肯定了人与自然的统一性和交融性,即人的一切活动从道德修养到功利实践,都必须遵循自然的启示,受自然规律的制约,人与自然二者互相影响渗透,人与自然遵循统一的法则,天地自然也具有人的社会属性,同时又包含了与人事有关的伦理道德,表现在审美情感上就是偏感性的。因此,不论道、儒都主张精神与肉体兼并,美与善合璧,中国古代服装正是体现人和物之间的审美和谐和自然表现形式的外化。道家认为纯自然状态是人类最理想的状态,服装也应顺应自然,趋向自然,展现自然的人格精神。

在中国传统的社会及家庭教育中,服装行为规范被看做是修身的一个重要内容,并长期影响着中国人的着装生活。人们在着装上注重伦理内容,用服装掩盖人体,竭力超越人体的局限,以达到儒家的道德要求。服装美注重表现人的精神、气质、神韵之美,并不强调形体。即使形体很美,服装也不必去展示其美,而是以各种工艺手段赋予人的形体以外的精神意蕴。中国服饰文化属于一元文化的范畴,具有整一性与大同观念,使得着装者注重群体意识,不强调个性效应,因而具有趋向内在、内向、内涵、内倾的特点。中国在服装造型上重视二维空间效果,不强调服装与人体各部位保持一致,更不注重用服装表现人体的曲线,在服装结构上采取平面裁剪的方法,人体与衣料之间的空隙较大,显得宽松,具有一种"自然穿着的构成"。这种构成不重款式,而重面料本身的外观效果(如服装表面的色彩与图案),重加工工艺,重服饰组合方式的整体效应。在服装造型的形式法则上,中国服饰体现和谐、对称、统一的表现手法,服装倾向于端庄、平衡,服装纹饰两两相对,由于不用"省道线"而无挺拔的皱褶,只有自然下垂。服装衣料追求飘逸、宁静,服装色彩清新淡雅,对比柔和,服饰图案精致、细腻,宛如秀美的工笔画。服装审美中包含了强烈的"善"的内容。中国服装用具体的东西表现抽象的美,内涵指向仍然是伦理的精神意义。

服装的气韵就如同人的气质,它是服装的灵魂,是服装的内在美。以经过民国时期改造过的旗袍为代表的中国女装,造型上体现出的精神气质、气韵之美隐含着中国女性的价值观和人生观,体现了中国女性贤善宽容、自然朴质、淡泊明志的人格境界和道德修养,表现出贤淑婉约、含蓄内敛、柔中寓刚、宁静致远的风韵气质和个性色彩,在道家看来,女装造型上的简约、质朴、减少繁琐的装饰,并不影响服装的美感,反而在尽量与自然贴近相融的过程中,渐渐达到无我境地。

人与衣、人与自然、衣与自然三者之间的关系是和谐的,互不冲突是中国传统服饰的追求。衣不可束缚或加害身体,人亦不可破坏自然规律。在服装上追求自然地遮盖人体,不以自我张扬炫耀为目的,不大肆表现个体。服装的宽松离体使身心自由,无拘无束,穿着时油然而生一种休闲惬意、轻松自在的舒适感,体现了融己于自然的脱俗的境界。女装造型上的平面的直线与曲线的裁剪方法使衣服适体又不完全合体,不裸露张扬也不尽力束缚,在遮体的隐约之中含蓄地显现了流畅婉约、温情流动的人体曲线美,造型意识是节奏化的,让视点随着自己的心愿移动,使生命之体在宽衣的贴体与离体之间流露气韵,服装空间造型借"虚与实"、"明与暗"的节奏表达出来,不追求明确的立体几何形态,不追求夸张人体外廓的效果。中式的宽衣服装在摆放或悬挂时像画卷和布料一样平整,一目了然,尽收眼底,展现了二维平面的大方气度和坦荡胸怀。当穿在身上时,起伏连绵的衣褶和曲直缠绕的襟裾,营造了有远有近、有虚有实的活泼生动的三维立体效果。在造型上忽视了与人体三维关系相一致的精确数字,用这种没有明确凹凸的平面裁剪方法,求得了一个自成纹理、和谐统一的空间造型。这种平面剪裁的服装造型,更趋向于整体感,从心理学的角度上看,能给人一种视域空间上的扩大感觉。在柯尼洛夫等编著的《高等心理学》一书中提到:在一般的相等的条件下,立体的物体显得比与它相对的扁的以及平面的物体要小。因此,中式女装造型更显视域空间大,更显大气、大方的气韵。

中国文化漠视"性"的存在,宽衣博带,遮掩人体,表现的是一种庄重、含蓄之美。服装不表现人体曲线,不具备感官刺激要素。与此形成鲜明对照的是西方文化崇尚人体美,重视展示人体的性差异,不忌讳表现性感。西方服装古典模式主要表现女性的第二性征,如露颈、露肩、露背、半胸,以紧缩腰围和垫臀来表现女性胴体曲线。现代模式是以简约的形式表现人体的自然身形,以短露和紧身为现代时髦。

人们越来越发觉,服装是属于自然的,要回到自然中去,用现代的材质和技术达到返璞归真的目的,而中华民族的传统审美观念,早已具备了这种特点。服装设计师马可曾说:设计师要力求去掉中国的形,留住中国的魂。气韵就来自服装的灵魂。今天的女装造型设计上所要表现的时代气韵就是让民族精神融于世界精神,让古代精神融于未来精神,把东西方不同的哲学与美学观念下所表现的不同的神气与韵味互补地强化和体现。这正是当今的设计师所要探索和追求的。

(二) 西方服饰艺术风格——突出人体

希腊人对服装的理解也与他们对人体本身的理解有关,他们欣赏、崇拜裸体,尤其是健壮的裸体。古希腊人认为,公民需要强健的体魄……崇拜血统好,发育好,比例匀称,身手矫捷,擅长各种运动的裸体……连青年女子运动时,差不多也是裸体。在竞技场上也是如此,四年一次的以敬神为目的的全民运动大会都是展览与炫耀裸体的场合。正是由于古希腊文化的这种独特的背景,早期西方服装文化的即注重形式与人体的协调的概念。古希腊人采用理性和艺术的观点来对待服装。服装的形是衣料与人体共同创造的,服装上衣褶的大小与数量,和人体是一种动态的平衡,只有两者和谐地统一、共同作用才能产生美的效果。这种美在某种意义上也是数量与比例的和谐,是一种技巧的美、理性的美。因而西方服装文化在形成时期即将服装视作一门特殊的人体艺术,注重形式,注重人对形式的组织与安排,重视形式与人体的协调,这是用理性与科学的态度来对待服装的体现。这些特点对以后西方服装文化的发展进程产生了极大的影响。

西方习惯于理性观察世界和探讨规律,以一种理性的或科学性的态度对待服饰。服饰在西方常被看做是人体艺术的一个组成部分,在服装造型上强调三维空间效果,故有"软雕塑"之称。在结构处理上,以立体裁剪为本,注重试缝、修订和补正,以求最大程度地合体,使身体与纤维衣料之间的空隙极小,追求用服饰突出人体的曲线美,讲究服饰的外轮廓线,使服装成为科学性与艺术性的综合反映。服装艺术的创造中,一方面使服装顺应人体曲线的走向形成不同的外轮廓;另一方面用服装塑造形体,根据需要去强调、夸张人体的不同部位,如胸部、肩部或臀部等。西方服装的造型观念带给服饰形态以变异性、丰富性、复杂性与创新性,许多着装样式根据时代的脉搏而变化。在服装款式造型的法则上,以服装抽象的形式美追求外在造型的视觉舒适性,设计师对纯粹的形状、色彩、质感等形式因素有特殊的创造灵感,常采取自由、拟动、与习惯的冲突、与和谐的对立等表现手法。西方人把自己看成是世界万物的主宰,以自我为中心,竭尽全力地开掘人的力量,释放人的潜能,在服装上大力表现个性,强调夸张了的人体之美,不同程度地违背了自然规律。

西方竭力表现人体的立体裁剪的服装,无论挂在衣橱里还是穿在身上,或者行走起来,都没有太明显的变化,始终保持着相对静止的立体几何空间效果,反映了西方人对空间的探求心理,有着明显的"自我扩张"的心理动机,渴望占据更多的空间,于是增大服装造型的体积,将服装视为扩大自我肉体的一种工具。这种夸张的服装造型使人与自然整体之间,人与人的个体之间保持着一定的距离,反映了个人本位的西方人的宇宙观,也反映了人与自然万物、心灵与环境、主观与客观的对立性。

四、造型装饰：和谐简约与失衡铺陈

中式服装、西式服装经数千年的历史积淀,形成了各具特色的风貌和体系,在造型、式样、外形、结构、局部特征、装饰、色彩、图案、工艺等方面均不相同,有其鲜明的民族性和地域性。

（一）中国服饰造型装饰——和谐简约

中国传统文化是和谐文化,强调均衡、对称、统一的服装造型方法,以规矩、平稳为最美。中国传统文化又是一种隐喻文化,艺术偏重抒情性,追求服装构成要素的精神寓意和文化品位。

服装的造型有人也称它为服装的式样或款式,实际上造型和式样两者之间既有联系又有区别。一般讲造型是指服装的外形轮廓,是从大处着眼,如目前流行宽松式的 H 型或紧身式的 X 型等等；式样还指服装内部的衣缝分割和组合,是一种细部修饰,应该讲,式样是从属于造型的。

中式服装的款式特点是由中国特有的文化和东方人身体结构特点决定的。中国人属于黄色人种,人体的胸、腰、臀曲线不明显,再加上中国人讲究自尊、含蓄、中庸的性格,反映到服装上,以宽衣肥袖、连身平袖直腰身的平面裁剪方法为主。传统的中式服装多以中轴对称为特征,男子以上下连属的袍为贵,女子着短襦、长裙。造型历来都是要求把人体严严实实地包裹起来,紧扣的衣领,宽空的衣身,长长的衣袖和裤、裙,似乎像一只口袋,把人体装在里面,显得封闭、保守、呆板。中国传统服装的主体形式是前开型的大襟和对襟式样。前开衣最早起源于中国,形成于黄帝时代,即上衣下裳制和衣裳连属制,两种形制在中国几千年的历史中交叉使用,兼容并蓄。女子穿上衣下裳式样的较多,男子多穿上下连属的袍衫。并形成如下特点：

1. 外形

中国传统服装强调纵向感觉,自衣领部位开始自然下垂,不夸张肩部,常用下垂的线条、过手的长袖、筒形的袍裙、纵向的装饰等手法,使着装人体显得修长,特别是使四肢有拔长感。亚洲许多国家的服装都有类似特点。清代服装相对来说是比较肥大的,袖口、下摆都有向外扩张之势。然而,清代妇女那高高的旗髻和几寸

高的花盆底鞋,加上垂至脚面的旗袍,使旗人比历代妇女都显得修长。服装外形的修长感是对东方人较为矮小的身材之弥补,在感官上产生视错觉,在比例上达到完美、和谐。自然修长的服式使男性显得清秀,使女性显得窈窕。同时,平顺的服装外形与中国人脸部较柔和的轮廓线条相称。

2. 结构

中式服装采用中国传统的平面直线裁剪方法,无论袍、衫、襦、褂,通常只有袖底缝和侧摆相连的一条结构线,无起肩和袖窿部分,整件衣服可以平铺于地,结构简单舒展。从服装的局部特点看,中式服装的斜交领、对开V领、直立领、衣服下摆两侧开衩、清代箭袍式的前后左右开四衩,以及衣服的对襟、大襟、一字襟、琵琶襟等,都是有东方特色的局部细节,常被设计师用作表现中国服装趣味的处理手法,其中中式立领和衣服下摆两侧开衩更为典型。

3. 装饰

由于中式服装是平面直线裁剪,表现二维效果,所以装饰也以二维效果为主,强调平面装饰。装饰手段是中国传统的镶、嵌、滚、盘、绣几大工艺。这些工艺的巧妙运用,使中式服装虽造型简练,但纹样色彩斑斓,美不胜收。运用平面刺绣方法装饰服装表面空间,是中式服装设计的惯用手法,沿用至今。尤其是精妙绝伦的刺绣工艺与丝绸面料配合,使服装充满东方风韵,令人赞叹不已。除刺绣外,镶、滚工艺在中式服装上运用也很多。例如,清末市井流行在衣缘处镶、滚装饰,女子衣缘越来越阔,从三镶三滚、五镶五滚,发展到"十八镶滚"。中式服装的结构与廓型相对稳定,更重视平面的章法铺陈,人们对服装的审美情趣,多集中在色彩的搭配、图案的设计、刺绣的针法、镶边、滚边的装饰效果上,服装衣襟、领、袖、扣、边褶的变化都极为讲究。补子是中式服装独有的装饰手段。中式图案如梅花、兰花、菊花、松树等代表了中国古代文人的精神理想,所以多见于文人士大夫的服装。谐音图案和寓意图案、吉祥文字图案是明代之后的常用图案,一直延续下来,被人们广泛接受。中式服装的装饰物很多,其中玉是备受推崇的饰物,配以内涵丰富、寓意深刻的"中国结",装饰在腰部。

4. 材料

中式服装多采用丝绸或棉布、葛布、麻布等天然纤维,使用绗缝、手针、补缀等东方缝制技法,从而表现出东方形象。中国最早使用的纺织品是葛布、苎麻布和大麻布。葛布是葛藤的茎皮纤维加工制成的。苎麻是我国特有的植物,欧洲人称之为"中国草",大麻被称之为"汉麻"。中国享誉世界的服装面料是丝绸。中国曾经是闻名于世的"丝绸王国",利用丝绸裁制服装,柔软滑爽、通气性好,夏季穿着凉快舒适,冬季穿着轻盈保暖。按照不同的穿着用途,丝绸有着多种多样的品种,既有薄如蝉翼般的纱类织物和纺类织物;也有厚实硬挺的缎类织物和锦类织物。有平似镜面的纺类织物和绸类织物,也有布面高低起伏的趋类织物和棱类织物;有布面排孔的纱罗组织,也有表面毛茸的起绒织物。同时丝绸衣料色彩鲜艳,纹样图案精致细腻。选用丝绸衣料裁制服装,富有民族特色,并可缀以镶、嵌、滚、绣等各项工艺装饰,穿着以后给人以雍容高贵、窈窕妩媚的感觉。养蚕、缫丝、织绸是我国先民对世界纺织服装发展作出的杰出贡献。中国人使用棉布则较晚,据历史研究证明棉花是从印度引进的,到元明之时,棉布才成为人们普遍穿着的衣料。

5. 色彩

在上古时代,黑色被中国的先人认为是支配万物的天帝色彩。夏、商、周时天子的服装为黑色。后来随着封建集权专制的发展,人们把对天神(黑色)的崇拜转向为对大地(黄色)的崇拜。所以形成"黄为贵"的传统观念。黄色成为帝王的专用色,隐喻着统治者至高无上的地位。受阴阳五行影响,传统服装色彩有青、红、黑、白、黄五色之说。它们被称为正色,正色在大多数朝代为上等社会专用,表示高贵。在民间,正色也是人们衣着配色所喜爱和追求的颜色。特别是红色,自古就因孔子定为正色而被广泛使用。与红色形成补色调有黑色、绿色、蓝色、白色等。从配色方法看,高艳度、强对比是中国传统的配色方法。强烈的对比色在金、银、黑、白等中性色的缓冲配合下,使服装洋溢着富丽堂皇、浑朴大方的气息。中国民间对蓝色有传统的喜爱,如蓝印花布、靛蓝蜡染布等。蓝色与黄种人的肤色相配,容易协调,可产生柔和的色对比效果。

6. 图案

中式服装的图案纹样丰富多采,有飞禽走兽、四季花卉、山峦亭阁、几何纹样等,抽象、具象、夸张、写实等风格俱全,图案纹样不仅精美,而且具有丰富的内涵。中式服装喜好运用图案表示吉祥的祝愿。从古至今,从高贵的绸缎到民间的印花布,吉祥纹样运用极为广泛。如龙凤呈祥、龙飞凤舞、九龙戏珠、螭龙闹灵芝等纹图,不仅隐喻着图腾崇拜,而且抒发着"龙的传人"的情感。像鹤鹿同春、喜鹊登梅、凤穿牡丹、团鹤仙寿、福禄寿喜、连年有余、吉祥八宝等图案,反映了人民对美满生活的希望。另外,官服的图案重视标识作用,明清文官为飞禽图案,武官为走兽图案。皇帝的龙袍象征真龙天子,龙袍上的十二章纹图案各有寓意:"日、月、星"取其照临;"山"取其稳重;"华虫"取其文丽;"火"取其光明;"藻"取其洁净;"粉米"取其滋养;"宗彝"取其忠孝;"黼"取其决断;"黻"取其明辨。

7. 制作

中式服装是一种平面型的服装,结构简洁,以直线为主,在造型上较少变化,中式服装的裁制都是平放在案板上进行的,衣片的衣缝均以直线为主,所以衣缝线条均是用粉线团弹出来的。在衣片中间也不作任何收省或分割组合,衣片是整片的,很少有附件或配件,即使有少量的衣袋等附件,也是采用盖贴的形式贴缝上去的。

衣片缝合时也只是两块衣片上下对叠后,沿边缝合即可,根本不需要有试样或修正的过程,所以讲这是一种静态式的制作过程。造型方正、整齐的成衣,穿在身上成为一种人体的偶象或礼仪习俗的象征。这种静态制作服装的形成,完全和中式服装平面型结构有关,也和中国人喜静不喜动的民族性格有关。

(二) 西方服饰造型装饰——失衡铺陈

西方服饰文化善于表现矛盾、冲突,在服装构成上强调刺激、极端的形式,以突出个性为荣。西方服饰文化是一种明喻文化,重视造型、线条、图案、色彩本身的客观化美感,以视觉舒适为第一。西式服装的造型开放、显露。

西式服装的款式特点也是由西方讲求实用、追求"理性之美"的审美思想和西方人身体结构的特点决定的。西方人属白色人种,人体的胸、腰、臀曲线明显。西方的服装强调科学性,服装结构要合乎人体运动规律,有省道、袖笼、褶裥等的半立体设计。西方的服装张扬个性、崇尚人体美。反映到款式上,各种适合人体的收腰、隆胸等设计比比皆是,服装的廓型属体形型。男子着上衣下裤的套装,女子着上下连属的裙装。

西式服装在样式上有一个演变过程,古希腊的服装是披裹式,古罗马到中世纪,服装的式样以披裹式的非成型类衣和前开式的半成型类衣为主。公元 4 世纪,日尔曼民族南下,日尔曼民族的四肢分离的体形型服装逐渐渗入到欧洲服装的基本样式中,从 13 世纪开始至今,体形型服装逐渐占据了主体地位,其基本形制是男子上衣下裤,女子为上下连属的裙装。

西方服饰造型装饰有如下特点:

1. 外形

西方古典服装的外形强调横向感觉,常采用横向扩张的肩部轮廓、各种硬领、轮状领、膨胀的袖型、庞大的裙撑、重叠的花边和花朵以及浆过的纱料和各部位的衬垫,使服装线条产生夸张和向外放射的效果。西方服装的外形特点与西方人热情奔放的气质、起伏明显的脸部轮廓以及高大挺拔的体型相适应。

2. 结构

有人说中式服装像平面的绘画,西式服装像立体的雕塑,这种感觉大体是对的。中式服装表现两维效果,忽视侧面结构设计。西式服装强调三维效果,适合人体结构特点并适应人体运动规律,既合体又实用,因此,受到世界各国人们的普遍青睐。从局部结构看,西洋服装的袒领和轮状褶领(像扇面一样环绕脖颈)运用较为广泛,轮状褶领连续的褶裥是用布料上浆后熨烫成形的,有时需用细金属丝做支撑。服装造型喜用填充物衬垫或支撑,如垫肩、垫胸、垫袖、垫臀、裙撑等。由于西式服装不是连袖而是装袖,所以肩饰造型多样。袖子款式变化很多,如半腿袖、主教袖等。

3. 装饰

西式服装是立体构成设计,表现三维效果,所以装饰与整体结构造型相对应,强调立体感和空间感,装饰手段是借助各种立体物如穗饰花结、荷叶边、金银丝带、褶裥、切口等点缀服装表面。最初,花朵、花边等只是少量装饰服装表面,丰富表面效果。到了洛可可时期,某些礼服竟是用立体花堆砌而成。西式服装采用立体装饰有其精彩之处:一是立体装饰与立体结构造型相呼应,天然谐调;二是装饰效果符合审美心理,因为凡是平铺直叙、一览无余的表面,容易引起人的单调感觉,而层次丰富、虚实搭配、重叠穿插的表面空间有耐人寻味的效果,易于激起观赏美感。西式服装纹饰上常见的是以规则骨式构成的石榴纹、菱花纹,其布局对称,造型饱满,色彩艳丽。西方服装注重颈、胸、袖口的装饰,传统的花边和刺绣图案很丰富,多以写实图案为主。西式女装的装饰物有珍珠、钻石等珠宝,帽子、手套是不可或缺的配件,西式男装的装饰物帽子、步行手杖是较常见的配件。

4. 材料

西方服装应用较多的是亚麻布、羊毛织物、棉布、天鹅绒。西方国家在远古时期大都是以狩猎为主并以游牧为主,所以在原始社会时期,他们就懂得用兽毛皮来制作衣物,以保护自己和装饰。古希腊、古罗马的服装面料主要是半毛织物和亚麻布。中世纪以后,西方国家的毛纺和毛织工艺得到迅速发展,已有了许多名贵的面料,除东方丝绸、锦缎之外,还有天鹅绒、高级毛料、北欧的珍贵裘皮等。当时的英国、意大利等国的毛纺工艺更为精湛,毛呢衣料的穿着日趋普遍。在当时,西方国家的男子服饰大都是用毛呢衣料裁制的,所以他们毛呢织物的品种也很繁多,常用的如细薄柔软的"凡立丁",粗厚保暖的"麦尔登",织纹精致的"海立蒙",以及色彩艳丽的"火姆司本",等等。我国目前穿着的各类毛织衣料如花呢、马裤呢、华达呢、大衣呢等也大都是从西方引进的品种。毛呢衣料的特点之一是坚实、挺括,可塑性强,所以用毛料裁制成的服装,通过热塑变型和热塑定型处理,可使服装外形有高低起伏的变化,穿着后适身合体,给人以端庄、整齐、风度翩翩、充满朝气和活力的感觉。

5. 色彩

西方服装较多采用天蓝色、白色、黑色、绿色、棕色、米黄色等对比较强的颜色。尤其是棕色、米黄色很适合白色人种的发色与肤色,一直是西方的传统服装用色。在罗马时代最流行的色彩是白色和紫色,白色代表纯洁、正直,紫色象征高贵。中世纪时哥特式教堂中彩色玻璃窗被装饰得辉煌灿烂,引导人们追求天堂的色彩,因此服装上充满宗教气氛的色彩被人们向往。欧洲文艺复兴以来,随着服装奢华程度的升级,明亮的色彩受到人们的欢迎。法国人特别喜欢丁香色和蔷薇色,也很迷恋含蓄的天蓝和圣洁的白色。西班牙人崇尚高雅的玫瑰红和灰色调。在英国,黑色被认为是神秘、高贵的色彩。迷人的黑色衬着白人女性白皙的肤色,非常炫目。欧洲文艺复兴以来,织锦缎和天鹅绒中还织进了闪闪发光的金银丝线。

6. 图案

西式服装上的图案随着历史的变迁而不断变化。古代多流行花草纹样,意大利文艺复兴时期流行华丽的花卉图案,法国路易十五时期,受洛可可装饰风格的影响,流行S形或涡旋形的藤草和轻淡柔和的庭园花草纹样。近代,有影响的流行图案花样有野兽派的杜飞花样,以星系、宇宙为主题的迪斯科花样,利用几何错视原理设计的欧普图案,用计算机设计的电子图案等。

7. 制作

西式服装是一种立体型的服装,非常讲究衣片组合和立体塑型。立体塑型工艺就是传统服装缝制工艺所称的归、拔、推。归,就是使织物收拢(即缩短);拔,就是使织物拉宽(即伸长);实施归、拔工艺时,归、拔部位必须喷水,一手握住熨斗,一手拉住衣片的边缘,用力将熨斗向被拔宽的方向推去。现今先进的归拔工艺,已不用熨斗操作,而用专门的蒸汽热塑定型机,定型衣片放在中间,机器开动后,通过蒸汽的热能作用,使衣片一次成型,变型和定型同时解决。在西式服装中,归、拔、推工艺最多应用于上衣胸的推门、背部上端的归拢以及裤子臀部的拔裆和裤脚部位的拔脚等。西式服装的裁制非常讲究动态效果。早在13世纪初就确定了服装的立体裁剪法,衣片的衣缝以曲线、弧线为主,并有收省、折皱做波浪等各类工艺。裁制西式服装的匠师或艺人在裁制服装时,都要把服装试缝后,套在人体模型上试样,观看动态效果。一些高档服装,还要求穿着者来试样,作一次或多次修改,直至符合穿着者的体型要求和动态要求为止。西式服装的裁制是动态的,服装造型追求有体积感、律动感,所以在成衣后的要求是,穿着适身合体,衣缝线条自然、流畅,造型饱满、圆顺,给人的印象是精神振奋、潇洒、舒展、飘逸,充满青春活力和动态之美。

思考题

1. 与西方服饰相比,中国古典服饰形制为什么呈现保守稳定性?
2. 中国服饰突出神韵,西方服饰突出人体的文化背景是什么?

参考文献

[1] 张灏.东西方服饰文化在历史发展中的分与合.天津工业大学学报,2001(1).

[2] [法]弗朗索瓦.玛丽·格罗.回眸時尚——西方服装简史.北京:中国纺织出版社,2009.
[3] 曾慧洁.国外历代服饰图典.南京:江苏美术出版社,2002.
[4] 李当岐.西洋服装史.北京:高等教育出版社,2006.
[5] 袁杰英.中国历代服饰史.北京:高等教育出版社,2006.
[6] 华梅.服饰与中国文化.北京:人民出版社,2001.
[7] 华梅.华梅谈服饰文化.天津:天津人民美术出版社,2001.
[8] 冯泽民,刘海清.中西服装发展史.北京:中国纺织出版社,2008.
[9] 刘瑜.中西服装史.上海:上海人民美术出版社,2007.
[10] 陈东生,甘应进.新编中外服装史.北京:中国轻工业出版社,2002.
[11] 张竞琼.中外服装史对览.北京:中国纺织大学出版社,2000.
[12] 华梅.中国服装史.天津:天津人民美术出版社,2007.
[13] 江冰.中华服饰文化.广州:广东人民出版社,2009.
[14] 华梅.服饰文化全览.天津:天津古籍出版社,2008.
[15] 中国服装网.www.efu.com.cn.
[16] 屠恒贤.中西服装文化比较研究.上海师范大学,2004(2).
[17] http://baike.china.alibaba.com/exp/detail-w646017-e51439-pl.htm.

第十三讲 美味与营养——中西饮食文化比较

主要内容

一、饮食追求——美味与营养
二、饮食结构——五谷与肉类
三、饮食方式——和食与分餐
四、饮食餐具——筷子与刀叉
五、餐桌礼仪——敬老与尊女
六、烹饪方法——艺术与科学

开篇案例

　　国内某高校代表团出访西欧，首站在法国巴黎，受到了法国教育部门的热情款待，晚上在凯旋门附近的一家幽雅安静的饭店接风洗尘。可是步入宴会餐厅，没有看到大圆桌、大长桌，都是一式小圆桌，最多两人共桌进餐。主人与宾客各找位置，服务生为各人自点菜式，每张餐桌都点上一支红蜡烛。上菜后各人吃各人自点的菜，彼此互不多语，更没有推杯换盏，冷冷清清但主客都彬彬有礼，在默默中度过了一段浪漫而又难忘的时光，与在国内迎接宾客的喜庆热闹体验完全不同。

　　孔子曾说："饮食男女，人之大欲存焉。"告子也说："食色，性也。"凡是人的生活，离不开两件大事：饮食、男女。饮食关系生存，两性关系繁衍。饮食文化和两性文化是普天下人类的一个共同并且永恒的主题。但是，在不同的地域，对这两个方面关注的轻重程度不同。西方人的人生态度偏向于男女关系，将大量的时间及精力花费在这一方面，但是对于含蓄的中国人来说，男女之间的性是神秘且隐蔽的，人们羞于谈论这个话题，中华文化将更多的激情宣泄于饮食文化中。林语堂先生曾说："西方人的饮食观念不同于中国，英美人仅把'吃'当做对一个生物的机器注入燃料，保证其正常的运行，只要他们吃了以后能保持身体健康、结实，足以抵御病菌、疾病的攻击，其它皆不足道。"由此可见，"吃"在他们心目中只是起到了一种维持生命的作用。中西饮食文化不同，归根结底中国是感性饮食文化，西方是理性饮食文化。

一、饮食追求——美味与营养

（一）中国饮食对美味的追求

俗话说"民以食为天"，中国人很重视"吃"。中华民族是十分务实、感性的民族，由于农业文明低下的生产力水平，人们总是吃不饱，所以才会有一种独特的把吃看得重于一切的饮食文化，这大概是出于一种生存需要吧。如果一种文化把吃看成首要的事，那么就会出现两种现象：一方面会把这种吃的功能发挥到极致，不仅维持生存，也利用它维持健康，这就是"药补不如食补"，讲究食疗、食补、食养，重视以饮食来养生强身的文化基础。另一方面，对吃的过分重视，会使人推崇对美味的过分追求。

"民以食为天，食以味为先。"中国饮食文化中食物的味道是最重要的。我们把追求美味奉为进食的首要目的，烹调术以追求美味为第一要求。中国人花费了无数的心思去研究食物的做法，发明了许许多多的烹调技术。对于完全一样的原料，中餐可以有很多的处理方法；从南到北，对于同一道菜，吃到的味道是不同的，唯一不变的是美味。另外，中餐对于原料材质的要求，也不像西餐那么高，五花八门、因材而异的烹制技术总是能掩盖材质本身的缺陷，将原料最美味的一面呈现出来，即使一道简单的蔬菜也能够做得十分鲜美，做出多般滋味。在中国，对饮食的感性追求显然压倒了对理性的追求，对于美味的关注高于对营养的关注，这种饮食观与中国传统的哲学思想是吻合的。中国哲学的显著特点是宏观、直观、模糊及不可捉摸。中国菜的制作方法是在一道菜中调和各种原料的味道，最终是要调和出一种美好的滋味。这里讲究的就是分寸，就是整体的配合。它包含了中国哲学丰富的辩证法思想，一切以菜的味道的美好、协调为度，度以内的千变万化决定了中国菜的丰富多彩和富于变化。几千年来积累下来的中华饮食文化，博大精深，是中华民族的艺术瑰宝。中国人到海外谋生，很多都以开餐馆为业，成了安身立命之根。遗憾的是，当我们把追求美味作为第一要求时，却忽略了食物最根本的营养价值，很多传统食品经过热油炸和长时间的文火炖煮后，菜肴的营养成分受到破坏，许多营养成分都损失在加工过程中了。

中国菜不仅要求"色、香、味"俱全，还常常配有一个诗情画意的名字，比如"孔雀迎宾"、"瓜灯之韵"、"半月沉江"、"桃园三结义"、"长生粥"、"凤凰胎"、"龙虎斗"、"全家福"、"东坡肉"，等等，举不胜举。中国菜的"色、香、味、名"都能激活你的每个细胞，勾起你无法抗拒的食欲，"名"让你一听就有想吃的欲望；"色"让你先睹为快、未尝便一饱眼福；"香"让你无法忍受美食的诱惑，垂涎三尺不能解渴；"味"则让你从种种诱惑中彻底解放出来，一饱口福，回味无穷，美不胜收。简单一道菜，就能同时让你得到视觉、嗅觉、味觉和听觉全方位的满足。如果说"名"、"色"、"香"还只限于形式，只能称做"包装"的话，那么，"味"便是其内容和实质。

（二）西方饮食对营养的追求

西方人对于饮食重科学，讲营养，近代西方饮食以营养为最高准则。即使在西方首屈一指的饮食大国——法国，其饮食文化虽然在很多方面与我们近似，但一接触到营养问题，双方便拉开了距离。

西方饮食文化中理性观念是带有普遍性的。不论食物的色、香、味、形如何，而营养一定要得到保证，讲究一天要摄取多少热量、维生素、蛋白质等。即便口味千篇一律，也一定要吃下去——因为有营养。这一饮食观念同西方整个哲学体系是相适应的。形而上学是西方哲学的主要特点。西方哲学所研究的对象为事物之理，追求事物的本质。这一哲学给西方文化带来生机，使之在自然科学上、心理学上、方法论上实现了突飞猛进的发展。但这种哲学主张也对一些方面大大地起了阻碍作用，如饮食文化。在宴席上，可以讲究餐具，讲究用料，讲究服务，讲究原料的形、色方面的搭配，但不管怎么豪华高档，从洛杉矶到纽约，牛排都只有一种味道，无艺术可言。作为菜肴，鸡就是鸡，牛排就是牛排，纵然有搭配，那也是在盘中进行的，一盘"法式羊排"，一边放土豆泥，旁倚羊排，另一边配煮青豆，加几片番茄便成。色彩上对比鲜明，但在滋味上各种原料互不相干，各是各的味。

西方的饮食观念倾向于科学化、理性化，他们最关心的是营养，虽然这种饮食观念有点机械化，可对于人的身体健康是有益的。除此之外，西方另一个显著的饮食观念就是快，这也正是"麦当劳"、"肯德基"、"德克士"、"必胜客"等快餐流行的原因。虽然这种快餐饮食符合了西方人快节奏的生活方式和个性特征，但似乎又与他们那注重营养的心理相冲突，所以，很多西方人又把这些快餐食品称为垃圾食品，看来，他们在快与营养之间还是有自己的选择。西方的饮食模式，看起来蛋白质、脂肪类是很充足，但是这种饮食的缺点已经越来越明显了，流行病学的研究发现，这种饮食模式与癌症、心血管疾病的高发有密切关系。

二、饮食结构——五谷与肉类

人的生产活动是受客观条件的制约和影响的，所以人的生产活动所能产生的可供人选择的对象是有限的，人不可能随心所欲地创造出自己想要的东西。马克思和恩格斯指出"人并没有创造物质本身，甚至人创造物质的这种或那种生产能力，也只是在物质本身预先的条件下才能进行"。就中西方人而言，地理环境和气候的差异对其饮食对象的选择有着巨大的影响。

（一）中国饮食结构以"五谷"为主

中国的自然条件有利于农业发展。在它广阔的领土之上，有黄河、长江和黑龙江、珠江水系，有很多江河湖泽，还有广阔的良田沃土。位居东亚的中国还受着典型季风气候的偏爱，强大的夏季风，在高温季节带来充沛的雨水，适宜农作物的生长。得天独厚的自然条件孕育着以小农经济为基础的华夏文化。

中国人的传统饮食习俗是以植物性食材为主的。主食是五谷，辅食是蔬菜，外加少量肉食。中国人以大米、面粉和蔬菜为主食主要原因是中原地区以农业生产为主要的经济生产方式。据西方学者的调查，中国人吃的蔬菜有600多种，比西方多6倍。实际上，在中国人的菜肴里，素菜是平常食品，荤菜只有在节假日或生活水平较高时，才进入平常的饮食结构，所以自古便有"菜食"之说，菜食在平常的饮食结构中占主导地位。中国人以植物为主菜，与佛教徒的宣传有着千缕万丝的联系。他们视动物为"生灵"，而植物则"无灵"，所以，主张素食主义。另外，以热食、熟食为主，也是中国人饮食习俗的一大特点。这和中国文明开化较早和烹调技术的发达有关。

由于饮食结构的关系，中国人显得身材瘦小、肩窄腿短、色黄质弱。因此，有人据此，把中国人称为植物性格的人。素食模式缺点是脂肪和蛋白类食物少，有可能造成蛋白质营养不良。但是在东方的素食文化中，却暗存着一种巧妙的平衡，那就是以大豆为代表的豆类食物占有重要比重。豆类是五谷之一，在中国的饮食中占有重要地位。大豆的蛋白质含量丰富，而且钙的含量也不少，为人们提供了良好的而且是廉价的营养来源。选择以素食为主，有主观因素，更多是受经济条件的制约。人口太多，吃饭的问题只能靠廉价的谷类及豆类来解决。并不是人们不想吃肉类。但正是这种特定条件下的选择给中国以及亚洲地区的人们带来了深远的健康影响。现代流行病学和营养学发现，在日本、中国等以素食为主，又大量食用豆类食物的地区，癌症、心血管疾病的发病率惊人地低。而现在条件好了，大部分的人可以自由选择食物,城市居民的饮食结构已经逐渐西化,也就是肉类、奶类的食用在增加,高油、高糖、高脂的东西吃得越来越多,相应的在疾病谱上也有了很大的变化,以前发病率很低的心脑血管疾病也在逐年增加。从发展趋势看若干年后,这些慢性疾病将会成为影响人类生活质量的最主要的疾病。

(二)西方饮食结构以肉类为主

西方的自然条件相对不利于农业的发展,土地贫瘠,土质很薄,缺少水分,不宜种水稻,但适合种植麦子和草,大片的草原养肥了大群的牛羊。再者,西方人秉承着游牧民族、航海民族的文化血统,以渔猎、养殖为主,以采集、种植为辅。发达的畜牧业给他们提供了丰富的肉类食品和奶制食品。

西方国家传统饮食习俗以肉类、奶制品和面食为主,他们几乎天天都在吃牛肉、啃面包、喝牛奶。荤食较多,吃、穿、用多取之于动物。高热量、高脂肪类的饮食结构适应于高纬度的地理和气候。西方人认为菜肴是充饥的,所以专吃大块肉、整块鸡等"硬菜"。而中国的菜肴是"吃味"的,所以中国烹调在用料上也显出极大的随意性。许多被西方人视为废弃物的东西,在中国都是极好的食物原料,外国厨师无法处理的东西,一旦到中国厨师手里,就可以立刻化腐朽为神奇。足见中国饮食在用料方面的随意性和广博性。中西方在饮食对象上还有一个很大的差异就是西方人不吃动物内脏,不吃动物的头尾与皮,这在中国是难以理解的;而在中国,猪肝、猪肚、猪腰猪肺都是制作名菜的用材。鸡爪则为鸡身上相当贵重的部位,可以做"泡椒凤爪";鸭掌可以做"金鱼鸭掌";用鱼头可以做"砂锅炖鱼头";用猪肠可以做"九转大肠";用猪脚可以做"白云猪手"等。

西方人由于注重营养的摄取,所以他们一般都是大骨骼、高个子、长腿、宽肩、肌肉发达、身体健壮,所以西方人被称为动物性格的人。虽然这些食物给了西方人一个强健的体魄,但也给他们带来了困扰——肥胖。据统计,西方人肥胖的比例远远高于中国。西方的流行病学和营养学家们都认识到西方膳食模式的缺陷了。因此,为了控制癌症以及心脑血管疾病的高发,西方营养学家建议,参考东方的传统饮食模式,控制饱和脂肪、胆固醇的摄入,要多吃蔬菜水果,还要多吃粗粮。

三、饮食方式——和食与分餐

(一)中国饮食的"和食"方式

在中国,饮食已上升到了一种几乎超越其他一切物质形态和精神形态的举足轻重的东西,这也反映在人们日常生活中的各个方面。其中最为常见的要算是中国人之间相互问候的那句"你吃过了吗?"。中国人所谓的"开门七件事：柴、米、油、盐、酱、醋、茶"无一不关系到饮食。孩子出生要吃，满月要吃，周岁要吃，结婚要吃。人到了六十大寿更要操办喜宴庆祝一番，甚至人去世也要吃，叫做"白喜事"；客人来了要吃，称之"接风洗尘"；客人出门要吃，谓之"饯行"；迁居要吃；晋职要吃……通过吃可以交流信息，表达欢迎或惜别的心情，甚至感情上的风波也往往借助于酒菜来平息。有学者将中国人的这种特有的"民以食为天"的观念称为"泛食主义"的文化倾向。如当代学者易中天先生在《闲话中国人》中对此进行了最为生动的描述："把人称为'口'，把职业称为'饭碗'等。又比如，思索叫'咀嚼'，体验叫'品味'，嫉妒叫'吃醋'，幸福叫'陶醉'，司空见惯叫'家常便饭'，轻而易举叫'小菜一碟'……"总之，在中国文化中，不管是物质的还是精神的，似乎都可以吃，甚至连看不见、摸不着的风也可吃，如人们常说的"喝西北风"等。

　　中国人吃的形式后面蕴涵着丰富的心理和文化的意义，是对社会心理的一种调节。吃中处处体现了"礼"。《礼记·礼运》说："夫礼之初，始诸饮食。"这种礼的精神贯穿在饮食活动的过程中，构成了中国饮食文化的逻辑起点。

　　在中国，任何一次进餐，任何一桌宴席，不管人数的多少，也不管是何目的，都只有一种形式，就是大家团团围坐，共享一席，美味佳肴放在一桌人的中心。这样，它既是一桌人欣赏、品尝的对象，又是一桌人感情交流的媒介物。中国人在吃饭的时候都喜欢热闹，很多人围在一起吃吃喝喝，说说笑笑，大家在一起营造一种热闹温暖的用餐氛围。除非是在很正式的宴会上，中国人在餐桌上并没有什么很特别的礼仪。席间相互敬酒敬菜、劝酒劝饭、碰杯夹菜是中餐一大特色，我们暂不论这种饮食方式的卫生程度如何，但它确实反映了中国人"大团圆"的民族心理。人们相互敬酒，相互让菜、劝菜，在美好的事物面前，体现了人们之间互相尊重、礼让的传统美德。在中国人的餐桌上，大家将主要的关注点放在食物上，因而通常忽视了礼仪方面的东西，菜一端上来，大家都争先尝鲜，各有吃相，还互相对食物味道进行评价，虽然从卫生的角度看，这种饮食方式有明显的不足之处，但它符合中国古典哲学中"和"的观念。

　　中国人热情好客，请客吃饭时一般都是菜肴满桌，但无论菜多么丰盛，嘴上总要谦虚地说："没什么好吃的，菜做得不好，随便吃点。"然而，当英美人听到这样的客套话，会觉得很反感："没什么吃的，又何必请我？菜做得不好，又为什么要拿来招待我？"按照中国的习俗，为了表示礼貌，习惯上会一再劝客人多吃点，同时往往是"言不由衷"，明明肚子饿，嘴上却说"我饱了，不用了"。直到主人一请再请，才慢条斯理地"恭敬不如从命"。

（二）西方饮食的"分餐"方式

在西方，不管是自家人吃饭还是宴请宾客，都采用"分食制"，即根据人数的多少把食物分成几小份，每人一份，各吃各的，互不相扰。虽然这种饮食方式符合卫生的要求，但这样总让人觉得缺少点儿什么，似乎过于冷清，没有中国人同桌共食的欢乐气氛。现在西方比较流行的自助餐也是这种分食制的变换式。此法是将所有食物一一陈列出来，大家各取所需，不必固定在位子上吃，走动自由，这种方式便于个人之间的情感交流，不必将所有的话摆在桌面上，也表现了西方人对个性、对自我的尊重。这种饮食方式也突显了西方人以个人为本位，崇尚自由，注重个性的民族特点。这是因为，从历史上看早期的西方人基本上是游牧民族或航海民族，航海事业的发展便利于他们到海外经商，也为他们进行海外殖民活动奠定了基础。长期的殖民活动不仅给西方人创造了丰厚的物质基础，也使西方人养成了酷爱独立、自由和勇于追求真理的精神。为了经商，他们四处流动，与家人相处的时间被大大削减，家庭观念也相对淡薄。由于是以个人的活动为中心，所以强调的自然就是个人价值、个人利益。纵使在集体活动中，也要充分显示个人的相对独立性。为了要突显个人、强调个性，就必须要有较多的自由。因此，个人意识与自由意识往往难舍难分。在个人意识浓厚的社会里，个人要求获得较多的自由，尽可能不受集体的限制和约束。但这种方式各吃各的，互不相扰，缺少了中国人所看重的联欢共乐的情调。

西方人在用餐时，都喜欢幽雅、安静的环境，他们认为在餐桌上的时候一定要注意自己的礼仪，不可以失去礼节，比如在进餐时不能发出很难听的声音。西餐讲究安静，席间宾客很少大声喧哗，很注重自己的言行举止，甚至喝汤或咀嚼食物时都不能发出声音，相互之间干杯也只是象征性地意思一下，没有碰杯的习惯。

西式宴会上，食品和酒尽管非常重要，但实际上都是作为陪衬。宴会的核心在于交谊，通过与邻座客人之间的交谈，达到交谊的目的。如果将宴会的交谊性与舞蹈相类比，那么可以说，中式宴席好比是集体舞，而西式宴会好比是男女的交谊舞。由此可见，中式宴会和西式宴会交谊的目的都很明显，只不过中式宴会更多地体现在全席的交谊，而西式宴会多体现于相邻宾客之间的交谊。与中国饮食方式的差异更为明显的是西方流行的自助餐。在西方饮食中，人们普遍注重餐桌礼仪，参加宴席的人将更多的精力花在遵守就餐礼仪上，在就餐的任何阶段都要严格按照传统规矩安静地进餐。在西方，餐桌是体现一个人的修养的重要场所，对于食物本身，他们反而并不那么关注。

英美人招待客人一般没那么讲究，简简单单三四道菜就可以了。用餐时，一般主人会说:"Help yourself, please!"("请吃。"即你想吃什么就吃什么。)英美人待客尊重个人意志,讲究实事求是,一再问客人要不要食物或强塞食物给客人,是很不礼貌的。

有些不了解英美人习惯的中国人,到英美人家里做客,也客气一番,结果他们请你一遍,至多两遍,便以为你真的不想吃。英美人第二次的问法经常是:"Are you sure? It's no trouble."(真的不要吗?一点也不麻烦的。)注意,这可是最后一请,如果你再客气,只好去喝西北风了。此外,英美人认为菜吃不完留在盘子里,是很不文明的行为,所以宁可第一次少要一些,吃不饱,可大大方方地跟主人说:"Oh, this is delicious."(哦,这真好吃啊。)并再要些刚才吃过的菜,主人对你欣赏他们的菜,会感到很高兴。

四、饮食餐具——筷子与刀叉

中国人自古以来大部分以农耕为主,通常以谷类为主食,倾向于安居乐业、和平与安定,强调以"和"为贵,反对侵略和攻击。而西方很多国家其祖先为狩猎民族,饮食以肉类为主,为了能在残酷恶劣的环境下生存,必须善于捕猎,富于进攻性,形成了争强好胜和乐于冒险的性格特征。这两种近乎相反的文化倾向在饮食餐具的选择以及食用方式上也有反映。

(一)中国的餐具——筷子

中国人的餐具主要是筷子,辅之以匙,以及各种形状的杯、盘、碗、碟。中国烹饪讲究餐具的造型、大小、色彩与菜品的协调,讲究"美器",把饮食当做艺术活动来对待。

筷子的特点是以不变应万变,方的圆的,长的短的,硬的软的,统统可以一夹就起来,确实神奇。远古时期,我们的祖先茹毛饮血,主要靠手抓吃食物,人猿相揖别之后,人们发现把食物做熟了吃更有滋味。先秦时代,人们吃饭一般不用筷子。根据《礼记》中的记载推测,当时人是用手把饭送入口内的。后来由于人们在烧烤食物时不可能直接用手操作,需借助竹枝一类的工具来放置和翻动食物,在炊具中烧煮肉块和蔬菜的羹汤,也用来取食,久而久之,聪明的先民逐渐学会用竹条来夹取,这就是筷子最早的雏形。

筷子古时候叫箸,箸的起源可追溯到周代,《礼记》、《荀子》、《史记》都提到箸,在《韩非子》中特别提到以荒淫奢侈闻名的纣王,使用象牙箸进餐。浙江大学游修龄教授认为:东西方出现进食工具筷子和刀叉的不同,和环境有关系,筷子要发源于有竹子的地方。而东汉许慎的《说文解字》"箸从竹声"则恰好验证了这样的结论。不过《礼记》上说:羹之有菜者用梜,其无菜者不用梜。

而从造字法来看，梜从木。被有些学者认为是木头筷子。回想我国北方多木，南方多竹，祖先就地取材，竹木均成为我国最原始的筷箸原料还是可能的。研究表明大约到了汉代以后，才普遍使用筷子。后来，箸演变为筷，与我国古代江南水乡民俗讳言有关。民间行船时讳言住，而船家行船又偏偏在吃饭时离不开箸，二者同音，索性改成快，后来为了和常说的"快"区分开来便加上了竹子头。

中国的筷子可谓以不变应万变的典范，人多时，只见数双筷子上下翻飞，满桌佳肴很快就化整为零，其势真如风卷残云。据说，中国人的灵巧和聪明与从小用筷子不无关系。中国人使用筷子时温文尔雅，很少出现戳、扎等不雅动作，在餐桌上对待食物的态度是亲和的、温柔的。相反，西方人使用刀叉时又切又割，让人感到一种残酷和暴虐，是毫不掩饰地蹂躏食物。尽管中国人和西方人一样性喜吃肉，但表现得非常含蓄、婉转，丝毫感觉不到那种血淋淋的"厮杀"和"搏斗"。法国著名的文学思想家、批评家罗兰·巴尔特（Roland Barthes）在谈到筷子时认为，筷子不像刀叉那样用于切、扎、戳，因而"食物不再成为人们暴力之下的猎物，而是成为和谐地被传送的物质"。

关于使用筷子更有利锻炼思维能力的说法实有科学依据。科学家们曾从生理学的观点对筷子提出一项研究成果，认定用筷子进食时，要牵动人体三十多个关节和五十多条肌肉，从而有效刺激大脑神经系统的活动，让人动作灵活、思维敏捷。而筷子中暗藏科学原理也是毋庸置疑的。

（二）西方饮食餐具——刀叉

西方人餐具多用金属刀叉，以及各种杯、盘、盅、碟。用餐是比较讲究，一道菜用一副刀叉，就连抹油都有专用的刀子，一般应按照刀叉摆放的顺序从外向里依次取用。但西餐在装盘配器上不像中国人这样强调艺术美，如餐具的种类、菜肴的造型。

西方人吃饭用刀叉，有人说现在还用刀子来切带血的牛肉的民族一定是文明进化得不够，不过因为刀叉很实用，老外也没有改的愿望。不论西方文明再怎么进步，刀叉看来改不了。中国人吃饭用筷子，老外时常惊奇中国人怎么能灵巧地用筷子夹起盘中软软的豆腐和滑滑的花生米。刀叉和筷子时常是餐桌上的话题，这几年不会用刀叉的中国人少了。

刀叉因为适应欧洲人饮食习惯而出现。刀叉的出现比筷子要晚很多。据游修龄教授的研究，刀叉的最初起源和欧洲古代游牧民族的生活习惯有关，他们马上生活随身带刀，往往将肉烧熟，割下来就吃。后来走向定居生活后，欧洲以畜牧业为主，面包之类是副食，直接用手拿。主食是牛羊肉，用刀切割肉，送进口里。到了城市定居以后，刀叉进入家庭厨房，才不必随身带。由此不难看出今天作为西方主要餐具的刀和筷子身份很是不同，它功能多样，既可用来宰杀、解剖、切割牛羊的肉，到了烧熟可食时，又兼作餐具。

大约15世纪前后，为了改进进餐的姿势，欧洲人才使用了双尖的叉。用刀把食物送进口里不雅观，改用叉叉住肉块，送进口里显得优雅些。叉才是严格意义上的餐具，但叉的弱点是离不开用刀切割在前，所以二者缺一不可。直到17世纪末，英国上流社会开始使用三尖的叉，到18世纪才有了四个叉尖的叉子。所以西方人刀叉并用只不过四五百年的历史。

刀叉和筷子，不仅带来了进食习惯的差异，而且影响了东西方人的生活观念。游修龄教授认为，刀叉必然带来分食制，而筷子肯定与家庭成员围坐桌边共同进餐相配。西方一开始就分吃，由此衍生出西方人讲究独立，子女长大后就独立闯世界的想法和习惯。而筷子带来的合餐制，突出了老老少少坐一起的家庭单元，从而让东方人拥有了比较牢固的家庭观念。虽然不能将不同传统的形成和餐具差异简单对应，但是它们适应和促成了这种分化则是毫无疑问的。筷子是一种文化传统的象征。华人去了美国、欧洲，还是用筷子，文化习惯根深蒂固，而老外们在中国学会了用筷子，回到自己的国家依然要重拾刀叉。

当代有学者认为，从人类发展科学角度来看，筷子是一种极端原始的、天然的工具，多数人种在刚开始学会使用工具时，都懂得用几根树枝来取代手夹起食物。不含任何复杂的工艺技术。欧洲人却率先进化，以石刀替代树枝，进而发展到金属刀具，最后又发展出叉子。并在此基础上发展出繁琐的西餐礼仪。刀叉正是欧洲人工业文明、理性精神的一种最直接反映，自己动手，独立性强，重推理，重解析，更有利于锻炼思维能力。而拿筷子的华夏人则是吃现成的，不必思考，一点东西你推我让，团团圆圆模棱两可，凡事爱持模糊概念，所以思维能力不发达，未能产生工业革命。仁者见仁，智者见智，关于筷子和刀叉与思维方式的关系很难得出结论。不过著名的物理学家、诺贝尔物理奖获得者李政道博士，在接受一位日本记者采访时，也有一段很精辟的论述：中华民族是个优秀民族，中国人早在春秋战国时期就用筷子了。如此简单的两根东西，却是高妙绝伦地运用了物理学上的杠杆原理。筷子是人类手指的延伸，手指能做的事它几乎都能做，而且不怕高温与寒冷。真是高明极了！

五、餐桌礼仪——敬长与尊女

中西文化基本精神"和合"与"分争"的不同形成中西餐桌不同，席间礼仪文化也不同。

（一）中国的"圆桌""敬长"礼仪

中国人吃饭一般用圆桌，寓意和平圆满之意，且以圆桌直径确定客位。灯光辉煌之下，高朋满座，佳肴一道道上来摆在中间，好不热闹，碰酒夹菜都极方便，是"合"的象征。圆形桌是中国人进餐的最佳舞台，因为它有着相等的半径，主要菜点常常呈中心向周边辐射状放置，与桌边的距离相差无几，有利于桌旁的每个人进食，对于方形桌中国人或许更喜爱正方形的餐桌。因为它与圆桌相似有相等的边长，而进餐者往往坐在四边，菜点放在正方形的餐桌中间，与餐桌各边的距离也没有太大的差异，同样有利于桌旁的每个人进食，由于它的每边常常坐两人共八人，所以又叫八仙桌。无论如何人们都十分愿意围坐在圆桌或八仙桌旁共夹一盘菜，共舀一碗汤，相互谈笑，一派热闹和乐的景象。于是出现了特别的进餐方式——台餐。然而，如果把餐桌的形状看做中国人合餐唯一决定因素那将是十分片面的。餐桌的形状只是为他们提供了一种外在条件、一种契机。另一个重要条件是各自内在的心理追求与崇尚。中国人崇尚和乐，追求群体利益。在隋唐以前由于没有高的桌椅而以矮小的几案放食品，人们只能分餐而食。到隋唐之际高大的桌椅一出现，人们很快就利用它们改变了进餐方式，大家共围桌同吃一肴，气氛热烈和谐，寓意团圆、统一。

中国人十分看重座位的安排，大多将长幼有序、尊重长者作为排座的标准，位高权重者或年长者常首先入座并坐首席。入席时，年长者、尊贵的客人入上座，年幼者受到特殊照顾。常常是长者、贵客先动手食用，其次才能轮到年轻人动手。这种谦虚、含蓄、尊老爱幼的餐饮礼仪，委婉地表达了中华传统美德，体现了家和万事兴的审美原则。对于吃饭的座次，中国古代也很有讲究。魏晋南北朝之前，中国人吃饭一般是席地而坐，坐西向东的为主席，坐北向南的是次席，再次是坐南向北，最后是坐东向西。胡人的胡床传入中原，桌椅板凳等家具慢慢出现，座次成为人们关注的重要饮食礼仪。唐朝初年，程咬金因为争座次和别人发生争执，江夏王李道宗好言劝架，被程咬金打了一拳，差一点把眼睛打瞎，气得李世民勃然大怒，险些把程咬金处以死刑。现在的座次，一般以"北"为大，皇帝是国家的老大，皇帝的宝座一般是坐北向南，人们习惯把坐北向南的座位视为上座；中国人又习惯以"右"为大，上座右边坐西向东为次座，上座左边的坐东向西又其次，下座当然是坐南向北的方向。在分不清方向的场合，一般是把距离门口最远的地方视为上座，距离门口最近的地方视为下座，这里是上菜的地方，也是陪客的座位。

中国的宴会或多或少地缺乏对女性的尊重，许多地区有"女人不上席"的习俗，即使上席，女性所坐位置一般也不明显。另外，中餐的进餐礼仪体现一个

"让"的精神。宴会开始时,所有的人都会等待主人,只有当主人请大家动嘴时,才表示宴会开始。当有新菜上来,主人一般请主宾和年长者先用以示尊敬。吃饭时,不可以只顾自己吃饭,且不能把多余的饭放回锅里,不能在盘里搅动着挑自己喜欢吃的,更不要自己专占着食物。主人常常要给别人夹菜,时时招呼大家不要客气,习惯频频给客人劝酒、夹菜,并会说些诸如"菜不丰富,请大家吃点"等客气话。吃完饭主人一般都不让客人收拾碗筷。

中国人请客吃饭重视饭菜本身,讲究排场,酒菜要丰盛,一般的正式宴请至少要上七八道菜,这还不包括之前上的冷盘、小吃,中间上的甜点以及最后上的主食(面条、米饭等)。菜肴越丰富、越珍贵就越能体现出主人的殷勤和客人的身份,而且饭菜一般要大大超过主人和客人所能消耗的量,否则就不足以显示主人的好客。这大概源于中国人的传统价值观念:"持家要俭,待客要丰。"正是由于这些传统观念的影响使中国人在请客吃饭时讲究排场,重视饭菜的质量和数量,最为典型的莫过于清朝出现的"满汉全席"。相传"满汉全席"是科举考试后官场中举办的招待主考官的一种宴席,由满人和汉人合作而成。主人往往是地方的最高长官,客人是官差大人,故场面宏大,内容极其丰富。菜分冷菜、烫菜、炒菜、饭菜、甜菜等;茶分清茶、香茶、炒米茶等;点心有甜、咸两种,并有干、稀之别等。菜至少一百零八种,要分三天方可吃完。这些都充分显示了官家的气魄和排场,一时间将饮食内容之丰盛、排场之宏大推向极致。

通常中国人请客吃饭采取的是一种"共享"的方式,大家共享一席,共享桌上的菜肴,往往一道菜刚上桌,在主人的殷勤招呼下,众人群箸齐下,通力合作,共同"消灭"盘中之物,场景好不热闹,最后结账也是争相付钱,这大概源于"饮食所以合欢也"的集体主义思想,强调突出的是一个"合"字。

(二)西方的"长桌""尊女"礼仪

西方一般用方桌,又喜欢点上几支蜡烛,烛光摇曳,轻言细语,显得温馨浪漫。吃饭则采用分餐制,各吃各的,互不影响,连极小的孩子都有专门的高凳,自己的一份菜,一套餐具。长方形桌或条桌是西方人进餐的最佳舞台,是西方人的最爱,因为长方形桌或条桌的边长不相等,长与宽甚至有很大的差异,不利于将菜肴放在中间供人们共同食用。只能将菜肴分别放在每个进餐者的面前由他们分别食用,而这就出现了西方所喜欢的进餐方式——分餐。西方人崇尚独立,追求个体利益,西方社会以畜牧业和工商业为主,它需要经常流动才可能创造更多的财富,人们为了追求利益和财富择地而居,流动性强容易形成个人的相对独立和比较浓厚的个体观念、以个体为本,推崇个体的意志价值。文艺复兴以后更进一步提倡个体观念,要求个人自由,实现个人价值,并尽可能多地不受群体的限制和约束。人们虽然围坐于一桌，但每人一套餐具，每人一套菜点，各人吃自己的，虽显冷清却很从容，寓意自由、独立。

在西方，人们将女士优先、尊重妇女作为宴会排座位的标准，同时也作为宴会上其它行为的标准。在安排座位时，先以宾客的性别列出名单，再据此安排座位的形式和具体座位。如果是男女共同参加的宴会，则由男女主人共同主持，须将男女宾客分列成两个名单，通常的座位安排形式是：男主人与女主人正对面，男主人的左右两侧为女主宾，接着按时针方向朝外侧排列。还应注意两点：一是夫妇座位应在同一边但不相连；二是男宾常依地位而不是根据年龄安排。此外，如果男女同时赶赴宴会，那么男士应为女士开门，让女士先行；当主人把女宾客领进大厅时，首先由男主人邀请第一女主宾入席，并帮她拉椅子、入座，女主人则同男贵宾最后进入。在上菜与进餐时，应首先从左侧给女主宾上菜，然后按顺序分送给其他女士，最后给女主人；接着，再按同样的顺序给男士上菜。当女主人及其他女士拿起餐巾、刀叉开始进餐后，男士们才能开始。进餐结束后，必须等女主人起身离席，其他人方可离席，且仍然要为女士拉椅子，让其先行，以示对女士的尊重。

在西方，盛大的西餐宴席通常不过是六道菜，而且其中只有两道菜算得上是菜，其余不过是陪衬。平时宴请，饭菜更为简单。在美国，有时朋友聚餐会采取大家都作贡献的手法，即每人都带一样菜，让大家共享。还有一种聚会，称之为"Party"主人只提供饮料、酒和一些简单的食物，如奶酪、炸薯条、三明治等，并不提供饭菜。可见，他们将吃饭看成是聚会和交流的机会，是重温旧谊和结交新人的机会，也是获得信息的场所，吃的东西固然必不可少，但并不是最重要的，更不需要摆阔气、讲排场。正是受这一观念的影响，西方的宴会并不重吃，而重宴会形式的自由化、多样化；主人要千方百计地创造出一种轻松、和谐、欢快的气氛，让客人们享受一段自由自在的美好时光。

英、美等西方国家，特别是美国，更加强调个体主义，强调个人的价值与尊严，个体的特征与差异，提倡新颖，鼓励独特风格，因此，很少有人会过问他人的私事。受个体主义思想的影响，西方人请客吃饭的习惯是每人一份，且主客双方各自点自己的饭菜，不必考虑他人的口味和喜好，用餐时也只吃自己的盘中餐，付款也往往采取 AA 制，各人自付各人账。

六、烹饪方式——"艺术"与"科学"

（一）中国的烹饪"艺术"

中国饮食"蒸、煮、焖、炖、煨、烧、爆、烤、煎、炒、烹、炸、拌"等样样精妙。不同的厨师有自己的做菜风格，就是同一个厨师做同一个菜也会因自身情绪的变化或者其时间场合不同，即兴发挥，做出来的菜的品味也会不一样。对厨师来说，烹调是一种艺术，千变万化中却符合科学，体现着严密性与即兴性的统一。中餐的厨房，推门进去，火光冲天，厨师一排，都满头大汗，各种调料摆了几排，最终好不好吃，要看厨师手中的大勺子怎么掌握了。所以中餐在源头上就难统一标准，更多地要靠厨师的个人技术，否则就不是中餐了。中餐的生命力可能就是来自于它的不统一，否则这个世界就太单调了。

（二）西方的烹饪"科学"

西方的饮食哲学是偏于理性的，西方的烹调方式讲究规范，烹调的全过程都严格按照科学规范行事。在实践操作中按科学要求或菜谱对调料的添加量精确到克，烹调时间精确到秒。西餐的厨房像一间工厂，有很多标准设备，有很多计量、温度、时间的控制，厨房的布局也是按流程设计的，有对出品的样式、颜色的严格要求。《海外文摘》曾刊登的《吃在荷兰》一文，文中仔细描述了荷兰人的家中厨房有天平秤、液体量杯、定时器、刻度锅，调料架上排着整齐大小不一的几十种调料瓶，就像一个化学实验室。西方人喜欢把事情标准化、程序化，提高做事的效率和连贯性，麦当劳和星巴克都是产品标准化的结果。

西方人秉承游牧民族、航海民族的文化血统，对于肉食有着特别的喜欢，他们认为菜肴是用来充饥的，煮熟吃下去补充了能量，就达到了饮食的目的，自然不愿意将很多心思花在食物的烹饪上，所以他们对于肉的处理通常就是切成一大块，放在锅里煎一煎，再加点调料就可以吃了，也就是西餐中的"排"的做法，对于蔬菜也只是生吃或简单地煮熟，不像中餐有"煎、炒、焖、蒸"等各种处理。缺少精细的处理与烹调，在味道上，西餐要比中餐单调得多。甚至，在西餐中，与内在的"味"相比，外在的"色、形"也更重要。

思考题

1. 中西饮食追求美味与追求营养的不同文化内涵。
2. 中西饮食方式"和食"与"分餐"的文化背景。

参考文献

[1] 孙太群. 中国饮食文化的对比研究. 齐齐哈尔大学学报, 2009 (1).
[2] 蒋艳. 中西饮食文化差异的原因分析及其研究意义. 湖北教育学院学报, 2007 (4).
[3] 孔润常. 中西方饮食文化差异. 中国食品, 2007 (5).
[4] 万建中. 中西饮食文化之比较. 中华文化论坛, 1995 (3).
[5] 董金男. 从饮食文化差异透视中美核心价值观. 广西青年干部学院学报, 2007 (2).
[6] 刘立新, 王东. 中西饮食文化差异. 烹调知识, 2007 (8).
[7] 周静. 与时俱进——话中西饮食交流. 烹调知识, 2005 (4).
[8] 何宏. 中外饮食文化. 北京：北京大学出版社, 2006.
[9] 李麟. 东方人和西方人的饮食. 北京：中华工商联合出版社, 2004.
[10] 杨乃济. 吃喝玩乐：中西比较谈. 北京：中国旅游出版社, 2002.
[11] 赵红群. 世界饮食文化. 北京：时事出版社, 2006.
[12] 李维冰, 华干林. 中国饮食文化概论. 北京：中国商业出版社, 2006.
[13] 钱瑞娟. 国外的饮食文化. 北京：中国社会出版社, 2006.
[14] 李维冰. 国外饮食文化. 沈阳：辽宁教育出版社, 2005.
[15] 蔡德贵. 筷子、手指和刀叉——从饮食习惯看文化差异. 北京：世界知识出版社, 2009.
[16] 中华国学网 www.iguoxue.cn.

后 记

《中西文化比较》由北京理工大学珠海学院、燕山大学、中北大学、太原理工大学等单位联合编写。序言由陈坤林教授撰写，第一讲"中西文化起源比较"由伊卫风博士撰写，第二讲"中西文化基本精神比较"由李晓进博士撰写，第三讲"中西语言文化比较"由戴湘涛老师撰写，第四讲"中西宗教文化比较"由马英博士撰写，第五讲"中西科学技术文化比较"及第六讲"中西政治文化比较"由孟节省副教授撰写，第七讲"中西法律文化比较"由副教授何强博士撰写，第八讲"中西文学比较"由王永博士撰写，第九讲"中西艺术比较"由陈坤林教授撰写，第十讲"中西建筑文化比较"由戴湘涛老师撰写，第十一讲"中西社会习俗比较"由伊卫风博士撰写，第十二讲"中西服饰文化比较"和第十三讲"中西饮食文化比较"由钱伟老师撰写。全书由陈坤林教授统稿。

由于各校距离遥远，联络较为困难，交流讨论十分不便，编写组秘书伊卫风付出了巨大努力。另外本书编写过程中也得到国防工业出版社的大力支持。为此，编写组特向全体撰稿人和出版社工作人员表示最诚挚的感谢！

本书编写组